Psicoterapia

El reto de evaluar efectividad ante el nuevo milenio

Nota del Autor

Guillermo Bernal, es Catedrático en el Departamento de Psicología de la Universidad de Puerto Rico, Recinto de Río Piedras y Director del Centro Universitario de Servicios y Estudios Psicológicos (CUSEP). Recibió su doctorado (Ph.D.) en psicología con especialidad en psicología clínica de la Universidad de Massachusetts en Amherst en el 1978. Su trabajo se ha focalizado en el adiestramiento de estudiantes, la investigación y el desarrollo de servicios de salud mental inicialmente en la Universidad de California, San Francisco y desde el 1986 en la Universidad de Puerto Rico. Ha publicado mas de 75 artículos profesionales y científicos sobre la salud mental, la psicoterapia, la terapia de familia y matrimonial, el abuso de substancias y estudios de eficacia y efectividad. Su investigación actual es en el área de los tratamientos para la depresión y en modelos de vulnerabilidad psicológica de la depresión.

Desde el 1989, dirige el programa de Adiestramiento en la Investigación Biopsicosocial (Career Opportunities in Research) y desde el 1992 el programa para el Desarrollo de la Infraestructura de Investigación: Adelantando la Investigación en Puerto Rico (Minority Resarch Infrastructure Support Program – MRISP) ambos apoyados por el *National Institute of Mental Health* (NIMH) y por la Universidad de Puerto Rico, Recinto de Río Piedras. Actualmente es parte del nuevo programa de investigación *Latino Research Program Project* también respaldado por el NIMH y ubicado en el Recinto de Ciencias Médicas.

Además, pertenece a la Asociación de Psicólogos de Puerto Rico, la Asociación Americana de Psicólogos (APA) y a la Sociedad Interamericana de Psicología (SIP) entre otras asociaciones profesionales. Presidió la *Society for the Psychological Study of Ethnic and Minority Issues -División 45* (1996-97) y la Sección 6 (*The Clinical Psychology of Ethnic Minorities*) de la División de Psicología Clínica (1995-96) ámbas de la APA. También fue Tesorero (1987-1993) y Vice Presidente por Centro América y el Caribe (1997-1999) de la SIP. Ha sido asesor y consultor al NIMH, *National Institute on Drug Abuse* (NIDA), la Fundación Ford y la APA. En el 1998, la Asociación de Psicólogos de Puerto Rico honró su trabajo con el premio de Psicólogo del Año y en el 1999 recibió un reconocimiento de la Sección 6 de la División de Psicología Clínica de la APA por sus contribuciones al adiestramiento y formación de psicólogos y psicólogas (Mentor Award).

Guillermo Bernal, Ph.D.

Psicoterapia

El reto de evaluar efectividad ante el nuevo milenio

DECANATO DE ESTUDIOS GRADUADOS
E INVESTIGACIÓN

Publicaciones Puertorriqueñas
EDITORES

Créditos editoriales

Edición, 2000

ISBN 1-881713-95-4

Producido en Puerto Rico

Impreso en Panamericana Formas e Impresos S.A.

Impreso en Colombia • Printed in Colombia

Editor
ANDRÉS PALOMARES

Diseño Tipográfico
EVA GOTAY PASTRANA

Portada
STAFF PP

Corrector de estilo en español
PROF. ROSA GUZMÁN

Negativos y separación de colores
PUBLICACIONES PUERTORRIQUEÑAS

Distribución
EDGAR REXACH - HAYDÉE GOTAY - CELESTINO MARTÍNEZ

Publicaciones Puertorriqueñas, Inc.
Calle Mayagüez 104
Hato Rey, Puerto Rico 00919
Tel. (787) 759-9673 Fax (787) 250-6498

Publicaciones Puertorriqueñas Editores

E-Mail: pubpr@tld.net
http://www.tld.net/users/pubpr/3/

A la memoria y el legado
de Alfonso Bernal del Riesgo

TABLA DE CONTENIDO

Agradecimientos

Este trabajo no hubiera sido posible sin la ayuda y colaboración de muchas personas y entidades. Comenzamos la redacción y compilación de materiales gracias a una sabática del Departamento de Psicología, Facultad de Ciencias Sociales de la Universidad de Puerto Rico, Recinto de Río Piedras en el 1994-1995. Ese año de sabática me brindó la oportunidad de redactar un borrador inicial de este trabajo. Otro apoyo importante fue el que recibí de los Fondos Institucionales Para la Investigación (FIPI) del Decanato de Estudios Graduados e Investigación (DEGI), de la Universidad de Puerto Rico, Recinto de Río Piedras. Gracias a varios proyectos FIPI he contado con los recursos para las asistencias de estudiantes que formaron parte de mi equipo de investigación. Estos recursos, aunque modestos, hicieron la diferencia al poder iniciar estudios sobre la evaluación de la psicoterapia y sobre el desarrollo de instrumentos cuyos hallazgos hemos utilizado para este libro. También debo destacar el aporte del programa de publicaciones del DEGI que facilitó la publicación del trabajo final. Otra instancia institucional de apoyo ha sido la del Centro Universitario de Servicios y Estudios Psicológicos (CUSEP). He tenido la fortuna de dirigir esta unidad desde el 1986, que me facilitó un espacio y una infraestructura para la investigación. Le agradezco a todo el personal del CUSEP, así como a la facultad y al estudiantado asociado al mismo su colaboración con este trabajo.

Como toda institución está compuesta por personas, es necesario destacar la participación de varias personas relacionadas con este trabajo. He contado con una rica colaboración de estudiantes tanto a nivel de bachillerato como a nivel graduado. La colaboración de Janet Bonilla se inició como una asistencia de investigación. Esta asistencia se convirtió en una coordinación de proyectos que luego se transformó en colaboración entre colegas. Con la Dra. Janet Bonilla he tenido una larga y fructífera asociación. Gracias a ella, la coordinación de los proyectos en sus distintas fases, y muy en especial el adiestramiento de los asistentes de investigación, siempre estuvieron en manos hábiles y competentes. La coordinación del proyecto de la alianza psicoterapéutica luego pasó a las diestras manos de Lymaris Padilla a quien también le debo mi agradecimiento. En uno de los primeros equipos de investigación del proyecto sobre la alianza psicoterapéutica colaboraron las siguientes personas: Maribel Matos, Lionel Martínez, Vanessa Arce, Elixmahir Dávila, Yvette Porte, Axel Santos, Mineira Serrano, Ivonne Marie Ocasio, Luis Viera y Gerardo Sotomayor. En años subsiguientes, los equipos se fueron transformando. Le agradezco a Omar Pérez del Pilar su ayuda técnica con la gráfica del primer capítulo. Más recientemente en ese aspecto artístico le debo mi agradecimiento a María Scharrón del Río por su valiosa ayuda con el programa de publicación para generar los apéndices en un formato de calidad.

Quiero dejar constancia de mi gratitud a personas que fueron lectores de las distintas versiones de este texto. El lector o lectora externo del Programa de FIPI de publicaciones ofreció importantes sugerencias y comentarios. Le agradezco a la Dra. Ana Isabel Alvarez su cuidadosa lectura de este trabajo. La Dra. Jeannette Roselló aportó con valiosos comentarios a este texto. También un grupo de estudiantes de mi seminario graduado de Teorías de Personalidad y Psicoterapia (Silvia Arosemena, Marlene Birriel Rivera, Frances Centeno Morales,

Rebeca Díaz, Adriana Lasanta, Karen Mir Badillo, Yamilette Ruíz y Sonaly Sierra) ofrecieron importantes sugerencias.

En las distintas fases de la preparación de este libro conté con la indispensable ayuda de Ada Rivera Pagán y Mariely López, compañeras del personal del CUSEP quienes me asistieron con la mecanografía y con los interminables cambios editoriales en el texto. Estas compañeras encarnan un alto nivel de profesionalismo en su trabajo que se caracteriza por la solidaridad, disponibilidad y competencia.

Son muchos los reconocimientos que siento debo de hacer. Mas allá de las instancias particulares relacionadas a este libro, también han habido personas que me han apoyado y han alentado a trabajar en este texto. Me refiero a parte de la creciente familia en CUSEP: Wanda Rodríguez, Jeannette Roselló, Irma Serrano-Gracia, José Bauermeister, Blanca Ortíz, Ana Isabel Alvarez y Edwin Fernández quienes de alguna manera u otra, de manera directa o indirecta han ofrecido su respaldo. Finalmente, debo destacar que cualquier error o presentación incorrecta es responsabilidad del autor. Gracias a todos y a todas.

Prólogo

En Puerto Rico se ha mencionado innumerablemente que el problema de salud mental es el problema de salud más frecuente. Esto constituye un reto para los/as profesionales de la salud mental quienes numéricamente no son suficientes para atender la demanda de servicios. Es importante conocer las formas mas efectivas de psicoterapia para resolver los problemas de salud mental, detener el sufrimiento que ocasionan y fomentar vidas saludables en todas sus dimensiones.

El Dr. Guillermo Bernal ha logrado producir un trabajo excelente y necesario que afronta preguntas esenciales en este campo de la psicoterapia en el contexto de países hispano parlantes. ¿Es efectiva la psicoterapia? ¿Qué tipo de psicoterapia es mas eficaz? ¿Para cuáles problemas? ¿Para qué tipos de pacientes? ¿En qué contextos? El liderato en este campo ha sido asumido por norteamericanos/as gracias a los recursos económicos que poseen y pueden dedicar a la investigación psicoterapéutica que en sí es sumamente costosa y compleja. Las aportaciones norteamericanas presentan un punto de partida y una referencia valiosa, no un producto final ni universal. En los países hispanos parlantes existe la tendencia a copiar indiscriminadamente psicoterapias diseñadas e implantadas en otros contextos culturales, sociales, políticos, económicos y lingüísticos. Es evidente el vacío existente de terapias relevantes a estas culturas.

El presente libro es un paso adelante en examinar la psicoterapia y propulsar su investigación en contextos diferentes al norteamericano. Elabora planteamientos en cuanto a poblaciones diferentes, validez ecológica, sensibilidad cultural, proceso psicoterapéuticos y desarrollo de instrumentos evaluativos. Presenta la teoría metodológica e investigaciones en torno a la depresión como ejemplos de trabajos necesarios para afinar las intenciones y modelos psicoterapéuticos. Discute la posibilidad de realizar transferencia tecnológica de forma válida y apropiada para una cultura diferente. Finaliza con un análisis del reto que representa la evaluación de la psicoterapia y recomendaciones para tal tarea. La agenda para el futuro es una contribución valiosa que puede guiar y organizar los esfuerzos en este campo profesional.

Como investigadora, psicoterapeuta y profesora de psicoterapia deseo reconocer la importancia y necesidad de este libro en nuestro quehacer diario. Nadie mejor que el Dr. Bernal, con su vasta experiencia, para exponer y desarrollar este tema. Establece unas bases claras para estimar la eficacia del trabajo psicoterapéutico, su enseñanza y su investigación. Expone asuntos críticos que debemos conocer en esta labor. Exhorto a colegas y estudiantes a leer este trabajo y a darle continuidad al mismo.

Jeannette Rosselló, Ph. D.
Psicóloga Clínica
Catedrática
Universidad de Puerto Rico

Prefacio

> *La ciencia del espíritu, menos perfeccionada que las demás por estar formada de leyes mas ocultas y hechas menos visibles, ha de construirse sobre el descubrimiento, clasificación y codificación de los hechos espirituales*[1].
>
> José Martí

La psicología para José Martí fue la "ciencia del espíritu" (Gonzáles Serra, 1998). La psicoterapia surge de esta ciencia del espíritu que como bien señalaba Martí hace mas de 100 años atrás era mas oculta y menos visible. La psicoterapia ante el umbral del nuevo milenio es mucho menos oculta y mas visible. Sin embargo será necesario continuar aportando al descubrimiento, clasificación, codificación y experimentación de estos hechos que de cierta manera siguen siendo "espirituales"[2].

Este libro es parte de un esfuerzo por propiciar una mayor integración entre la docencia, la investigación y la práctica de la psicoterapia. Consciente de la brecha entre lo que se enseña, lo que se investiga y lo que se práctica en torno a la psicoterapia, hemos iniciado una serie de

---

[1] Martí, J. (1975) *Obras completas.* La Habana: Editorial Ciencias Sociales, p. 347.

2 Gonzáles Serra, D. J. (1999). *Martí y La ciencia del espíritu.* Habana: Editorial SI-MAR.

trabajos dirigidos a establecer lazos más estrechos para abordar el tema de la psicoterapia desde el ámbito de la docencia, la investigación y la práctica. Este libro de cierta manera responde a una variedad de experiencias tanto en cursos que he ofrecido a nivel graduado y de bachillerato en el Departamento de Psicología de la Universidad de Puerto Rico, Recinto de Río Piedras, como en supervisiones de prácticas clínicas, en la práctica de la psicoterapia y en la investigación de la misma. De estas experiencias surge el planteamiento de evaluar cuidadosamente la efectividad de la psicoterapia así como la pertinencia y significación del cuerpo de información existente sobre efectividad para Puerto Rico y para poblaciones que no han formado parte de dichos estudios.

La efectividad de la psicoterapia es un reto que enfrentamos en este trabajo. En estas páginas examinaremos los debates sobre la efectividad de la psicoterapia, si la misma funciona, cuál psicoterapia y para quién es de mayor beneficio. La investigación psicoterapéutica es de suma importancia para la psicología clínica, para la psiquiatría, para el trabajo social clínico y para otras disciplinas a fines. Sin embargo, este campo no ha recibido mucha atención en Puerto Rico. Este tipo de investigación aporta al desarrollo de la teoría, particularmente en relación a los elementos relacionados al cambio terapéutico. Debido a que esta área de trabajo evalúa las técnicas de tratamiento, de esta manera se contribuye a mejorar los métodos psicoterapéuticos y a cuestionar la utilidad de otras estrategias para aliviar áreas de problemas psicológicos o trastornos específicos. Por lo tanto, la práctica clínica se nutre de la investigación sobre la efectividad. De hecho, las investigaciones orientadas a demostrar la efectividad de tratamientos psicológicos aportaron a fortalecer y a establecer la vigencia de la psicología clínica. Los estudios de eficacia han ayudado a definir una mayor especificidad en el quehacer clínico. Estos son algunos de los asuntos que abordamos en el primer capítulo.

Un valor teórico del libro se fundamenta en el esfuerzo por integrar dos acercamientos teóricos y metodológicos al estudio de la investigación en psicoterapia. Hay dos acercamientos amplios que pretenden establecer la relación entre el alcance de los datos y el ámbito de las teorías. Un acercamiento utiliza fundamentalmente el método de la lógica deductiva al desarrollo de la teoría formal y pretende demostrar si se aceptan o rechazan planteamientos teóricos. Este acercamiento se conoce como uno orientado a la verificación de hipótesis. El mismo utiliza mayormente métodos cuantitativos, la lógica deductiva y destaca la validez interna, irrespectivamente de la aplicabilidad del conocimiento obtenido a instancias particulares (generalización). El otro acercamiento surge del estudio de caso y destaca la importancia de los fenómenos mismos sin necesariamente articular un encuadre teórico que signifique los hallazgos. De hecho, son los patrones de las observaciones realizadas los que nos llevan al desarrollo de la teoría. Este acercamiento utiliza mayormente métodos cualitativos, técnicas estadísticas innovadoras, la lógica inductiva y se conoce como uno exploratorio u orientado al descubrimiento. El acercamiento orientado al descubrimiento destaca la generalización de los hallazgos sin tomar en consideración otras posibles explicaciones de los hallazgos. En este libro proponemos una integración entre estos dos acercamientos usualmente presentados como posiciones opuestas y con metodologías contrarias. La posición integradora propone un pluralismo metodológico hacia la investigación psicoterapéutica argumentado más a favor de que tipo de metodologías alternas (cuantitativa y cualitativa; el experimento y el estudio de caso) pueden complementarse. El acercamiento orientado hacia el descubrimiento (procesos) y el acercamiento orientado a la verificación de hipótesis (eficacia) pueden ser integrados como parte de una misma investigación para lograr una comprensión más profunda y abarcadora del fenómeno bajo estudio. En el segundo capítulo se presenta un marco conceptual como recurso para integrar distintos acercamientos metodológicos.

En los próximos seis capítulos se agrupan por primera vez un conjunto de estudios que en el transcurso de preparar este libro se han publicado en distintas revistas profesionales y científicas. Por primera vez como parte de un mismo texto se reúnen una serie de trabajos en torno a la psicoterapia y su evaluación. Entendemos que estos trabajos son de gran pertinencia, tanto como modelos de evaluación sobre la efectividad (capítulo 3), así como instrumentos necesarios para evaluar las mismas (capítulos 4, 5, 6, 7 y 8). El último capítulo presenta un resumen de los temas de mayor interés en la investigación de la psicoterapia y finaliza con recomendaciones para una agenda de trabajo para la academia, las clínicas de servicio y la investigación. Finalmente, el apéndice incluye instrumentos, formularios y escalas que pueden servir de recurso a personas interesadas en evaluar servicios de psicoterapia. En estas páginas señalamos la urgente necesidad de evaluar modelos de intervención ya desarrollados en otros contextos y de elaborar modelos propios que surgan y respondan a nuestra realidad. Siendo la salud mental un asunto crítico para nuestra sociedad, conocer la efectividad de intervenciones psicológicas y de la psicoterapia en Puerto Rico cobra aun un mayor significado. Con este libro pretendemos aportar al debate sobre la efectividad de la psicoterapia y aspiramos establecer puentes entre la docencia, la investigación y la práctica clínica y por ende al desarrollo de la psicoterapia en Puerto Rico.

Guillermo Bernal
febrero del 2000

CAPÍTULO 1:
La investigación psicoterapéutica

La pregunta en la investigación psicoterapéutica

¿Funciona la psicoterapia? ¿Ayuda la psicoterapia? Estas preguntas subyacen la investigación psicoterapéutica encaminada a establecer la efectividad o eficacia de los tratamientos psicosociales. Los estudios en torno a la efectividad, eficacia y eficiencia de tratamientos psicosociales aportan al desarrollo de teorías que guían nuestra práctica clínica. Estudios de efectividad pueden esclarecer factores y variables relacionadas al cambio psicológico, interpersonal y conductual. Esta área de trabajo evalúa las estrategias, procesos y técnicas de tratamiento, contribuye al mejoramiento de los métodos psicoterapéuticos y a la evaluación crítica de modelos de intervención que pretenden aliviar problemas psicológicos en trastornos específicos. Por ende, la teoría y la práctica clínica se nutre de los estudios sobre la efectividad psicoterapéutica.

Mas allá del interés teórico, este planteamiento sobre la efectividad de la psicoterapia cobra un nuevo significado en nuestro contexto caracterizado por una creciente concienzación del consumidor por recibir servicios de calidad y efectividad demostrados. Por otro lado, en la medida en que terceros agentes, como las empresas aseguradoras, intervienen para determinar si se paga o no por determinado tratamiento psicoterapéutico, establecer la efectividad de la psicoterapia es fundamental. De hecho, en el debate para la reforma del sistema de salud en los Estados Unidos, la investigación sobre la efectividad de la psicoterapia juega un papel determinante para incorporar la misma como parte de los servicios de salud a ser ofrecidos a la población. Todavía en Puerto Rico no hemos llegado a este nivel de sofisticación y la investigación no juega un papel tan determinante.

Inicialmente, la pregunta de si funciona o no la psicoterapia parece ser fácil de contestar. Sin embargo, esta pregunta tiene dimensiones políticas, sociales e individuales, además de la dimensión científica. Plantearnos si funciona o no la psicoterapia, es un poco como plantearnos si funciona la educación, la cirugía, la economía, el adiestramiento de profesionales, y el sistema de salud, entre otros. La pregunta está formulada de manera tan amplia que no es posible contestarla fuera del ámbito político y social.

Por otro lado, para el individuo no deja de tener importancia saber si determinada intervención es o no de utilidad. ¿Funciona la cirugía? Para algunas condiciones, sí; pero no se recomendaría para un catarro. ¿Funcionan los programas de prevención del VIH-SIDA? Se ha demostrado que sí, siempre y cuando la persona practique conductas del sexo seguro. Como es evidente, la formulación de la pregunta de efectividad requiere mayor especificidad. De hecho, antes de entrar en la discusión de si funciona o no la psicoterapia es importante establecer ¿qué es la psicoterapia?

¿Qué es la psicoterapia?

En la actualidad existen múltiples definiciones de la psicoterapia y cientos de textos sobre el tema. No hay sólo una psicoterapia. De hecho, se han informado más de 400 variantes de psicoterapia y estas cifras van en crecimiento acelerado (Garfield, 1992).

Sin embargo, es posible establecer algunos parámetros que definen la psicoterapia. En términos generales, podemos afirmar que la psicoterapia es el uso sistemático de una relación de confianza para propósitos terapéuticos, es decir para el beneficio de la persona que solicita ayuda. Strupp (1982) plantea que la psicoterapia está orientada al cambio de la personalidad y al cambio conductual. Una persona que busca ayuda para un problema psicológico desea cambio o mejoría en su situación. Dicha persona desea sentirse mejor, funcionar mejor, o cambiar algo en su comportamiento. El o la terapeuta está en la posición de ayudar a el o la cliente a lograr sus objetivos. Según Fernández-Alvarez (1992), "las psicoterapias o terapias por medios psicológicos constituyen un conjunto de técnicas destinadas a promover situaciones de cambio personal en individuos que padecen, cuando dicho padecimiento no se sostiene en alguna forma de valoración que lo justifique" (p. 271).

Frank (1973) plantea que casi todos los acercamientos de la psicoterapia comparten cuatro elementos fundamentales. El primer elemento es una relación en la que el o la paciente tiene confianza en un terapeuta y que dicho terapeuta es competente y se preocupa por su bienestar. El segundo, es que el escenario de práctica o trabajo esta definido por el mismo contexto social como un lugar de sanación. El tercer elemento reside en el racional o "mito" que la psicoterapia explica el sufrimiento del paciente y señala como este sufrimiento puede atenderse. Finalmente, los procedimientos a utilizarse requieren la participación activa tanto del terapeuta como del paciente y donde ambos creen que estos procedimientos son los necesarios para reestablecer la salud de la persona afectada.

Una visión sistémica de la psicoterapia la ofrecen Strupp y Howard (1992). Estos autores plantean que la psicoterapia es un servicio ofrecido por profesionales de distintas disciplinas como: medicina, enfermería, psicología, trabajo social y consejería, entre otras. Los anteriores definen la psicoterapia como un sistema de tratamiento influenciado por los valores y normas de cada disciplina, por el público (los y las clientes, las familias, las escuelas, los tribunales, entre otros) y las personas que establecen la política de salud mental (agencias gubernamentales y empresas aseguradoras). Cada uno de estos sectores requiere información distinta en torno a la efectividad. La psicoterapia en el mundo contemporáneo puede caracterizarse como "un servicio profesional que provee ayuda personal en la esfera de la vida privada bajo la guía y autoridad del conocimiento científico" (Orlinsky y Howard, 1995, p. 9).

Partiendo de una perspectiva crítica, Cushman (1992) define la psicoterapia como resultado de los desarrollos sociopolíticos de las dos guerras mundiales y de la forma particular que ha tomado el capitalismo avanzado. Este autor sugiere que la psicoterapia ha sido impulsada y estimulada por una sociedad orientada al consumo y por la hegemonía de la industria propagandística puesta al servicio del consumo desenfrenado. Según Cushman, "la agenda modernista de la construcción y cura de la interioridad de cada individuo autocontenido ha sido abrazada por la psicoterapia como su tarea principal, que de hecho, es su razón de ser. Los psicoterapeutas se han convertido primero y principalmente en doctores de la interioridad psicológica" (Cushman, 1992, p. 57). Este autor concluye que como los "doctores (y doctoras) de la interioridad" (paréntesis míos), a los y las psicoterapeutas se le ha asignado el papel de por un lado cuidar y por el otro construir la nueva organización o configuración del Yo (self).

Lo expuesto anteriormente es muestra de la magnitud del problema. Meramente definir la psicoterapia es de por sí una tarea de considerable envergadura. Un primer paso para responder a la pregunta ¿funciona la psicoterapia? es precisar sobre la definición de ¿qué es lo que funciona bien o mal? El "qué es" puede representar un sistema teórico psicoanalítico, conductual, cognoscitivo, como pudiera ser una terapia individual, familiar, o grupal. Como variable para propósitos investigativos, la psicoterapia es entonces una "intervención" que presenta un reto al intentar definirla. Claro está que como intervención, la psicoterapia en los estudios de efectividad y particularmente en los ensayos clínicos resulta ser la variable "manipulada" en la investigación y por ende es considerada como la variable independiente y tiene que estar especificada y operacionalizada.

Sin embargo, las intervenciones psicoterapéuticas representan un conjunto de técnicas o procedimientos impartidos por el o la terapeuta. Por ende las destrezas personales, el estilo, el trasfondo social y cultural de la persona del/la terapeuta entran en juego.

Por otro lado, es necesario definir qué es lo que funciona, así como los criterios para establecer un rendimiento efectivo. ¿Cuáles son los objetivos de la terapia? ¿Qué resultados se esperan? Algunas terapias tienen como parte de sus objetivos cambios en la personalidad, otras plantean una mejoría en términos de sintomatología y en otros casos crecimiento o desarrollo personal. Terapias de corte familiar plantean cambios en las interacciones entre los familiares. Dada esta situación, cabe preguntar, ¿evaluamos las distintas terapias con los mismos criterios? Este es un asunto en el que la definición de la variable dependiente concierne para establecer la efectividad. Definir las variables dependientes para propósitos de investigación es otro de los retos que se enfrentan en la investigación psicoterapéutica. ¿Se espera que la terapia funcione de igual manera para todos y todas? Por ejemplo, ¿es la psicoterapia igualmente efectiva para grupos étnicos y minoritarios que para los grupos de mayoría? ¿Es la psicoterapia igualmente eficaz para personas de bajos recursos como para aquellas personas de altos recursos? ¿Qué consideración se le da a los distintos diagnósticos o a la cronicidad de la condición? O ¿partimos del supuesto que un tratamiento debe funcionar de igual forma para todos y todas?

Las condiciones en la que determinado tratamiento "funciona" es otro asunto a considerar. Por ejemplo, ¿debe ser igualmente efectivo un tratamiento en el domicilio que un tratamiento en la oficina vs. un tratamiento en el hospital? Otras condiciones de la terapia que entran en consideración incluyen si la terapia es breve o de larga duración, si el tratamiento es voluntario o involuntario, entre otros.

Lo anterior nos lleva a una reformulación de la pregunta planteada por Gordon Paul (1967) "¿funciona la psicoterapia?" Este autor propuso una re-definición de la pregunta de investigación sobre la eficacia de la siguiente manera: "¿Qué tratamiento; para quién es más efectivo; para cuál individuo con tal problema específico; y bajo qué conjunto de circunstancias?" (Paul, 1967, p. 111). Con esta reformulación de la pregunta básica de investigación, se establecieron nuevas estrategias que adelantaron el campo de la investigación psicoterapéutica. A continuación presentamos una breve reseña histórica en torno a la investigación de efectividad psicoterapéutica.

Recuento Histórico

La investigación psicoterapéutica se ha establecido como área legítima de investigación durante las últimas tres décadas. Este desarrollo se fundamenta de varias formas. En primer lugar, ya existe una sociedad internacional sobre este tema, la *Society for Psychotherapy Research* (SPR, por sus siglas en inglés) que cuenta con más de 1,000 socios. En Latinoamérica existe un capítulo de la SPR de reciente fundación. Segundo, existen varias revistas profesionales y científicas como el *Journal of Consulting and Clinical Psychology* y el *Clinical Psychology: Science and Practice* (ambos de la American Psychological Association) que dedican el grueso de sus publicaciones al tema de la investigación psicoterapéutica. También está la revista *Psychotherapy Research* publicada por la SPR y se dedicada exclusivamente a dicho tema y la revista *Journal of Clinical Psychology* es otra que publica muchos artículos sobre la investigación psicoterapéutica. Finalmente, se han publicado tres ediciones del texto clásico *Handbook of psychotherapy and behavior change: An empirical analysis* (Bergin & Garfield, 1971; Garfield & Bergin, 1978, 1986). También, con la celebración de los 100 años de la psicología norteamericana, se publicó *History of psychotherapy:*

A century of change (Freedheim, 1992). En estos textos se documentan revisiones extensas sobre la historia de la investigación psicoterapéutica.

Inicios de la Investigación Psicoterapéutica. La investigación en torno a la psicoterapia comienza con la evaluación de la efectividad de tratamientos psicoanalíticos. Por ejemplo, en su informe sobre los trabajos durante la década del 1920, Fenichel (1930) publica los resultados de diversos estudios realizados en el Instituto Psicoanalítico de Berlín. Este informe presentó datos sobre el porcentaje de pacientes que finalizaron un tratamiento psicoanalítico. Los expedientes de dichos pacientes fueron evaluados en torno a las siguientes categorías: "curado", "bastante mejorado", "mejorado" o "no curado". Las dificultades con los estudios de esta época fueron que típicamente estaban constituidos por muestras pequeñas, no contaban con diagnósticos claros y los tratamientos no estaban definidos.

Para los inicios de la década del 1950, Hans Eysenck reta el campo a demostrar la efectividad de la psicoterapia (Eysenck, 1952). Este autor publica una serie de artículos en los que pretende demostrar que aproximadamente dos terceras partes de los pacientes neuróticos mejoran en un periodo de dos años con o sin psicoterapia. Este fenómeno se denominó como la "ley de las dos terceras partes" y estimuló al campo a producir evidencia concreta en torno a la pregunta de si funciona o no la psicoterapia.

La respuesta más abarcadora y coherente la articuló Allen Bergin (1967, 1971). Este investigador retomó los 24 estudios evaluados por Eysenck (1952) y logró demostrar porque dichos trabajos eran inadecuados para llegar a conclusiones sobre la efectividad de la psicoterapia, y que estaban sujetos a los sesgos y prejuicios del investigador o de la investigadora. Por ejemplo, en el estudio de Otto Fenichel (1930), Eysenck calculó una taza de mejoría de 39% considerando sólo las categorías de "curado" y "bastante mejorado", pero considerando a las personas que terminaron el tratamiento de forma prematura como fracasos terapéuticos. Bergin demostró una taza de mejoría de 91% cuando se incluyeron los "mejorados" además de las dos primeras categorías y se eliminaron los casos que no terminaron el tratamiento. El argumento de Bergin no era que su forma de definir la efectividad era mejor que la de Eysenck. El problema estriba en la naturaleza de los estudios que carecen de los controles necesarios. Además, Bergin logró demostrar cómo las premisas de la persona que evalúa dichos estudios están atadas a los prejuicios y preferencias de la misma persona que define las categorías de evaluación.

Adicionalmente, Bergin logró demostrar las inconsistencias en los criterios utilizados por Eysenck. Por un lado, se utilizaban criterios sumamente estrictos para evaluar la efectividad de la psicoterapia y otros lazos para determinar la mejoría sin tratamiento o la "remisión espontánea". Eysenck fundamentó la llamada ley de las 2/3 básicamente partes en dos estudios. Un estudio informó una taza de 72% a pacientes neuróticos hospitalizados dado de alta (Landis, 1937). El otro estudio informó un 72% de mejoría por un periodo de dos años en personas que no recibían tratamiento y que reclamaron incapacidad en pólizas de seguro de vida (Denker, 1947). Bergin demostró que ambos estudios sufrían de serios problemas metodológicos y que las tazas informadas eran incorrectas.

Posteriormente, Bergin realizó una evaluación de estudios adicionales y demostró una taza de aproximadamente 43% de recuperación espontánea (Bergin & Lambert, 1978). El problema es que las tazas fluctúan mucho y no representan un punto de comparación adecuado para los estudios con grupos de tratamiento. De este tipo de análisis surge la recomendación de realizar "ensayos clínicos", es decir, investigaciones con grupos de control para establecer una base de comparación y poder responder a la pregunta de efectividad.

Sin embargo, Bergin logró presentar evidencia inicial en torno a la efectividad de la psicoterapia concluyendo que la psicoterapia tenía un efecto moderado con pacientes neuróticos ambulatorios.

Dicho autor pudo calcular que aproximadamente el 65% de los pacientes se recuperan después de dos años en tratamiento en comparación a la taza de recuperación de pacientes no tratados en grupos de control. Mas aún, si fuéramos a aceptar el planteamiento de Eysenck, sus datos demuestran que aproximadamente el 67% de personas con disturbios emocionales que no buscan psicoterapia individual mejoran en dos años siendo esto el resultado de un conjunto de eventos terapéuticos, excluyendo la psicoterapia formal. En comparación, el 67% de aquellas personas que sí buscan psicoterapia mejoran en aproximadamente un período de dos meses (Howard, Kopta, Krause, & Orlinsky, 1991).

El debate entre Eysenck y Bergin generó una serie de investigaciones orientadas a responder a la pregunta ¿qué de la psicoterapia funciona? Esta variante sobre la pregunta de investigación inicial se trabaja más o menos a partir de la década del 1960 y pretende dilucidar las condiciones "necesarias y suficientes" relacionadas al cambio psicoterapéutico. También durante esta década, se inicia el planteamiento en torno a los efectos negativos de la psicoterapia (Stubbs & Bozarth, 1994). Lamentablemente, a pesar de que el debate inicial sobre si la psicoterapia funciona o no ayudó al desarrollo de una línea importante de investigación; el énfasis casi exclusivo en la pregunta en torno al rendimiento efectivo también obstaculizó la formulación de otras preguntas en torno al proceso psicoterapéutico, como por ejemplo, las condiciones de la terapia relacionadas a la efectividad.

Condiciones necesarias y suficientes vinculadas a la efectividad. Para los inicios de la década del 1960, la investigación psicoterapéutica ya se caracteriza por un esfuerzo en establecer las condiciones necesarias y suficientes para lograr un cambio terapéutico. Específicamente, se desarrollan trabajos sobre los siguientes temas: la naturaleza de la llamada "recuperación espontánea", los efectos negativos o detrimentales de la psicoterapia y estudios en torno a la eficacia de tratamientos.

La llamada "recuperación espontánea" es un término que expresa la ignorancia sobre los procesos que están operando sobre las personas asignadas a los grupos de control o de comparación. También presupone que la persona es un ente pasivo y que no hace nada para mejorar una situación de malestar psicológico. En otras palabras, decir que algún cambio es espontáneo es un reconocimiento de que no sabemos por qué ciertas personas mejoran (Bergin, 1967). Por otro lado, sabemos que la mayoría de las personas que experimentan malestar no buscan ayuda profesional, pero sí reciben ayuda por medios de familiares, amigos, la red social o por procedimientos de auto-ayuda. Otras personas que necesitan ayuda la reciben de ministros, médicos u otros profesionales no vinculados a la salud mental (Gurin, Veroff, & Feld, 1960). Esto nos sugiere que los procesos de cambio psicoterapéutico pueden ser un ejemplo particular de procesos de cambio social más amplios.

Mas aún, en un análisis de siete estudios controlados, Bergin (1967) señala que existía poca diferencia en los promedios de las puntuaciones en la medida después del tratamiento entre el grupo tratado y el grupo control. También encontró mucha variabilidad para el grupo tratado con la varianza de dichas puntuaciones en relación al grupo de control. Esto lo llevó a concluir que la psicoterapia resultaba ser "para bien o para mal" dado que se podían reflejar cambios beneficiosos así como deterioro para cierto número de los casos.

La ilustración 1, adaptada de Bergin y Lambert (1978) es una representación gráfica de los cambios asociados a una intervención y la necesidad de contar con grupos de comparación. Como se puede observar, en cualquier investigación con un tratamiento que se evalúa a través del tiempo, puede haber un por ciento de los casos que no cambian, otro por ciento de los casos que empeoran, otro por ciento de los casos que mejoran debido a la recuperación espontánea (es decir, que hubieran mejorado irrespectivamente de recibir o no un tratamiento) y por último, un por ciento de los casos que reflejan el cambio terapéutico; es decir el cambio debido a la intervención[1].

ILUSTRACIÓN 1

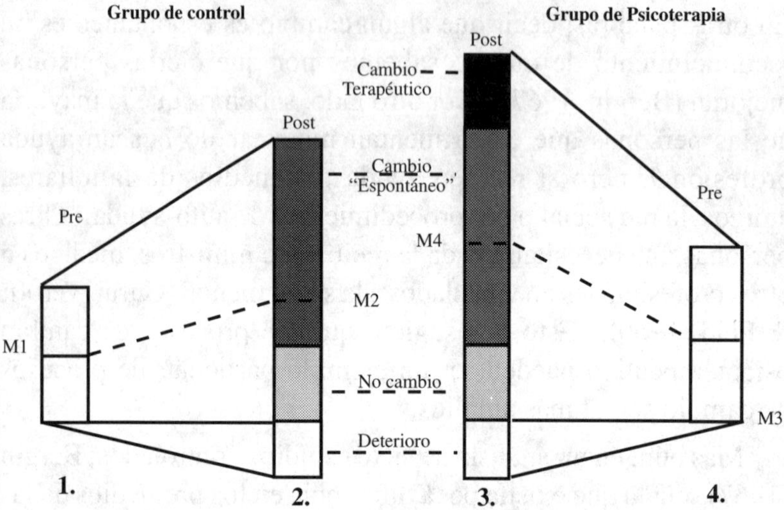

Ilustración 1. Representación esquemática del cambio en ensayos clínicos tomando medidas antes y después del tratamiento psicoterapéutico y el grupo control. Adaptado de Bergin & Lambert (1978).

M1, M2, M3, M4	Puntuación de la media para evaluación Pre y Post demostrando mayor cambio en el grupo de psicoterapia que en el grupo control.
Columna 1	Distribución de las puntuaciones en una variable dependiente al inicio para el grupo control en un ensayo clínico.
Columna 2	Distribución de las puntuaciones en una variable dependiente para el grupo control al finalizar el tratamiento reflejando el "cambio espontáneo", el no cambio y el deterioro.
Columna 3	Distribución de las puntuaciones en una variable dependiente para el grupo de psicoterapia al inicio del tratamiento.
Columna 4	Distribución de las puntuaciones en una variable dependiente para el grupo de psicoterapia al finalizar el tratamiento reflejando el cambio terapéutico, el cambio espontáneo, el no cambio y el deterioro.

Fuente: Adaptado de Bergin, A. E. & Lambert, M.J. (1978) en S. Garfield y A. Bergin (Eds.) *Handbook of Psychotherapy and behavior Change.* New York: Wiley. Reimpreso con la autorización de la Editorial John Wily and Sons.

Otra trayectoria durante este tiempo fue aquella informada por la terapia centrada en el cliente. Rogers (1957) planteó que las condiciones fundamentales para lograr el cambio psicoterapéutico eran la congruencia del/la terapeuta, la empatía y una consideración positiva e incondicional del/la terapeuta hacia el cliente. Como puede ser evidente, todas son variables relacionadas a las destrezas y a la persona del o la terapeuta. La tesis de Rogers se basa en una relación predictiva entre las condiciones necesarias y suficientes (empatía, autenticidad, calor humano y la consideración positiva incondicional) y el resultado positivo de la psicoterapia. Los resultados iniciales de estas investigaciones fueron alentadores generando entusiasmo en esta línea de investigación. Por ejemplo, se encontraron resultados positivos asociados a altos niveles de las condiciones terapéuticas y resultados negativos asociados a bajos niveles en dichas condiciones (Truax & Carkhuff, 1967). La revisión de la literatura de Truax y Mitchell (1971) respalda la relación entre la efectividad y las cualidades del/la terapeuta. Sin embargo, las críticas de los estudios iniciales unidas a resultados negativos de estudios posteriores (Mitchel, Bozarth, & Krauft, 1977) condicionan los planteamientos iniciales sugiriendo una menor potencia y generalización de variables como empatía y consideración positiva incondicional, entre otras, y la efectividad. En un análisis cualitativo reciente de esta literatura, Stubbs & Bozarth (1994) concluyen que la hipótesis de Rogers no ha sido evaluada adecuadamente, pero continúa como hilo conductor en el campo de la investigación psicoterapéutica.

La otra vertiente de investigación concierne a la magnitud del efecto psicoterapéutico con los estudios de eficacia y efectividad. La revisión de literatura por Bergin y Lambert (1978) indica que tratamientos relativamente breves, es decir, de una duración de seis meses o menos, son efectivos en reducir la sintomatología. Esta línea de trabajo continúa retando el planteamiento inicial de Eysenck. De nuevo, si el estimado de la recuperación espontánea de dos terceras partes de los casos en un periodo de dos años fueran correctos, es mucho más eficaz y por supuesto humanitario proveer un tratamiento que alivie los síntomas en un periodo de seis meses.

En torno a la eficacia de tratamientos psicoterapéuticos, ya para finales de la década del 1970, Bergin y Lambert (1978) concluyeron que varias modalidades de tratamientos cuentan con validación empírica. Específicamente, los tratamientos de corte psicoanalítico u orientados a la introspección, las terapias humanistas (centradas en el/la cliente), varias terapias de corte conductual y algunas terapias de corte cognoscitivo cuentan con una base empírica en torno a su efectividad relativamente "razonable". Dichos tratamientos demostraron su superioridad en ensayos clínicos que utilizan un grupo de control o placebo.

Estas conclusiones fueron avaladas por la revisión meta-analítica de Smith y Glass (1977). Los resultados de 375 ensayos clínicos (estudios con grupos de control) fueron evaluados mediante la innovadora técnica estadística conocida como meta-análisis[2]. A base de la síntesis de los 375 estudios, Smith & Glass (1977) concluyeron que la persona promedio que recibe psicoterapia se encuentra mejor que el 75% de las personas que no la recibieron (Smith & Glass, 1977). Estos investigadores demostraron los resultados beneficiosos de la consejería y la psicoterapia. Mas aún, a pesar de la acalorada discusión en torno a la efectividad de un modelo sobre el otro y el volumen de literatura generado por distintas escuelas de psicoterapia, los resultados a base del estudio meta-analítico demostraron diferencias mínimas entre tipos de terapias.

Especificidad de los tratamientos vs. factores en común. Ya para la década del 1980 se podía afirmar que *la psicoterapia sí funcionaba.* Después de treinta años de investigación, se puede concluir què en términos generales ¡algo es mejor que nada! También surge un cúmulo de información en torno a los llamados factores "no específicos" de la psicoterapia y la relación de éstos a la efectividad (Garfiel & Bergin, 1986). Los factores no específicos son típicamente elementos interaccionales o interpersonales presentes en casi todo tipo de psicoterapia.

El debate en torno a la efectividad de los factores no-específicos vs. los específicos surge, en parte, por la dificultad en encontrar diferencias entre los distintos modelos teóricos psicoterapéuticos. Por ejemplo, en la evaluación de literatura de Luborsky, Singer y Luborsky (1975), los autores examinaron cien estudios con grupos de control en torno al rendimiento psicoterapéutico. Las comparaciones entre las distintas modalidades psicoterapéuticas no revelaron diferencias en su efectividad. Posteriormente, el estudio meta-analítico de Smith y Glass (1977) tampoco encontró diferencias en el tamaño del efecto entre las modalidades conductuales y no-conductuales. Sólo encontraron algunas diferencias entre tipos de tratamientos más específicos. En el estudio de Sloan, Staples, Cristol, Yorkston y Whipple (1975) también se comparó el impacto de un tratamiento de corte psicoanalítico, la terapia conductual y un grupo control en lista de espera. Los dos grupos tratados mejoraron significativamente en sintomatología al concluir el tratamiento, en comparación con el grupo de control. Sin embargo, no se encontraron diferencias notables entre la psicoterapia de corte psicoanalítico y la de corte conductual. Estos hallazgos ejemplifican el problema de la falta de diferenciación entre modelos teóricos muy disímiles pero con una efectividad comparable.

En su revisión en torno a la efectividad de la psicoterapia Luborsky, Singer y Luborsky (1975) concluyen con el veredicto del "pájaro Dodo" de Alicia en el país de las maravillas. Refiriéndose a los modelos de psicoterapia estudiados, todos son ganadores y todos deben de ser premiados. Este "veredicto" se torna controversial y como veremos más adelante, es motivo de gran debate en el campo de la investigación psicoterapéutica (Barlow, 1994; Lipsey & Wilson, 1993; Martínez Taboas, 1988; y Stubbs & Bozarth, 1994).

¿Cómo explicar entonces resultados similares en torno a la efectividad a base de tratamientos que parten de visiones teóricas discrepantes y, a veces, de procedimientos supuestamente contrarios? Es evidente que existen caminos diferentes para llegar al mismo lugar. ¿Cuáles son estos caminos? ¿Qué tienen en común los procedimientos y las teorías psicoterapéuticas? ¿Qué son éstos llamados efectos no específicos?

En la actualidad estos factores no-específicos se conocen como los factores comunes. Entre ellos, se encuentran la misma relación psicoterapeútica, las expectativas en torno al éxito de la psicoterapia, la motivación a cambiar, el enfrentamiento con el problema, las experiencias de éxito en el manejo de situaciones problemáticas y las atribuciones en torno al éxito o fracaso de la terapia (Weinberger, 1995). Estos factores están vinculados a lo que ocurre en un proceso interpersonal intenso en el contexto de una relación entre una persona que busca ayuda y otra que escucha con empatía, aceptación, entendimiento, calor y ofrece esperanza en una atmósfera de confianza. Claramente, estos factores comunes representan una serie de variables relacionadas a la relación cliente-terapéuta y a variables entre el/la cliente y el/la terapeuta.

¿Existen tratamientos específicos particularmente efectivos para determinados trastornos? Al evaluar la literatura más reciente en torno a esta pregunta, Stubbs y Bozarth (1994) concluyen que los estudios sobre la especificidad de los tratamientos, los trastornos, las variables de el/la terapéuta y las de el/la cliente están caracterizados por "fragmentación, pocas replicaciones y falta de generalización" (p. 116).

Durante los últimos diez o quince años de investigación, un gran esfuerzo en la investigación psicoterapéutica se ha encaminado hacia contestar la pregunta de Paul (1967) en torno a qué tratamiento, para qué problema o trastorno, por quién, para quién y bajo qué conjunto de circunstancias es efectivo. Usualmente, investigadores e investigadoras que abogan por el acercamiento conductual argumentan que las terapias conductuales son más efectivas que las no-conductuales (Kazdin & Wilson, 1978; Rachman & Wilson, 1980; y Lazarus (1990). Por ejemplo, Lazarus realizó una revisión de terapias conductuales para la ansiedad, fobia y trastornos de conducta; y concluye que existen tratamientos específicos para determinados problemas en síndromes particulares. Por otro lado, Klein y colaboradores (1983) examinaron la efectividad de 13 estudios de desensibilización sistemática para la fobia. Sólo dos de los estudios lograron demostrar la superioridad de la terapia conductual sobre la terapia psicodinámica (Stubbs & Bozarth, 1994). Dichos efectos no eran significativos después de seis meses del tratamiento. Por otro lado, autores que han evaluado las investigaciones en torno a la terapia centrada en el cliente (Tasuh, 1987) y la terapia psicodinámica (Strupp, 1990) concluyen que estas son modalidades efectivas para tratamientos específicos.

Parte del problema en los estudios comparativos reside en serias dificultades metodológicas. Primero, muchos de los estudios iniciales en los que se comparaban distintos tratamientos eran realizados en laboratorios que utilizaron tratamientos "análogos" en muestras de estudiantes voluntarios con sintomatología relativamente leve. Por tanto, la generalización de dichos estudios es cuestionable (Bozarth, 1991; Kazdin, 1978; y Shapiro & Shapiro, 1983).

El estudio colaborativo auspiciado por el Instituto Nacional de Salud Mental (National Institute of Mental Health) para el tratamiento de la depresión estaba orientado a resolver estos problemas metodológicos y establecer la eficacia de tratamientos para la depresión (Elkin et al., 1989). Un total de 250 personas fueron asignadas aleatoriamente a uno de cuatro tratamientos: terapia interpersonal, terapia cognitiva, tratamiento farmacológico (hidrocloro imipramina) y un placebo combinado con manejo clínico para la depresión mayor. Los resultados de este estudio, realizado en tres ciudades norteamericanas fueron reducciones significativas en la depresión y mejoría en el funcionamiento a través del tratamiento. Los y las autoras del estudio indicaron un "ordenamiento" a base de la efectividad de los tratamientos donde el farmacológico quedó en primer lugar y el placebo en último lugar. Los tratamientos psicoterapéuticos quedaron ubicados casi en el medio, pero más cercanos en efectividad al tratamiento farmacológico con manejo clínico. Sin embargo, "no se encontró evidencia sobre mayor efectividad de una de las psicoterapias en comparación con la otra y no se encontró evidencia de que cualquiera de las dos psicoterapias era significativamente menos efectiva que el tratamiento estándar de referencia" (p. 971). En otras palabras, no se encontraron diferencias en efectividad entre los tres tratamientos. De hecho, la intervención de "placebo" que incorporó un elemento orientado al "manejo clínico" de la condición también resultó relativamente efectiva, a pesar de quedar en último lugar. Estos hallazgos respaldan la tesis de los factores comunes en la psicoterapia.

En una revisión crítica cuestionando los hallazgos en torno a la efectividad de todo tipo de psicoterapia, Martínez Taboas (1988) concluye que no todas las psicoterapias son de igual efectividad. Al examinar cuidadosamente varios estudios meta-analíticos, éste autor reta el planteamiento que todas las psicoterapias son mas o menos de igual efectividad (por ejemplo, Bergin y Lambert, 1978; Smith y Glass, 1977). Martínez Taboas afirma que los resultados de investigaciones empíricas respaldan que algunas terapias son mejores que otras, específicamente, los tratamientos cognoscitivos y conductuales para ciertos tipos de trastornos.

Recientemente, Barlow (1994) resume el trabajo de Andrews (1993) en torno a los tratamientos psicológicos que se han encontrado efectivos para trastornos específicos. Dichos autores utilizaron los criterios de la Organización Mundial de la Salud para su estudio meta-analítico. El mismo giraba en torno a estudios de ensayo clínico (con asignación aleatoria y grupos de control o placebo). Se calculó el tamaño del efecto y el tamaño de la muestra de estudios realizados en la década del 1980 para establecer un umbral de comparación. También se utilizaron los siguientes criterios de inclusión: tres estudios independientes, especificación del tratamiento, clientes con un diagnóstico o trastorno mental, y la capacidad para calcular el tamaño del efecto en el grupo placebo (Barlow, 1994). De esta forma, 19 estudios fueron identificados para el meta-análisis cubriendo seis trastornos clínicos. Estos investigadores encontraron evidencia de la efectividad de tratamientos psicológicos para el abuso de alcohol y la dependencia de sustancias, la depresión, el trastorno de pánico con y sin agorafobia, la ansiedad generalizada, el trastorno obsesivo compulsivo y la esquizofrenia (Andrews, Crino, Hunt, Lampe & Page, 1993, citado por Barlow, 1994).

En su resumen en torno a la efectividad de los tratamientos psicológicos, Barlow (1994) concluye que actualmente contamos con un cuerpo de información sobre una variedad de tratamientos psicoterapéuticos para trastornos psicológicos de severidad. El autor indica que estos tratamientos específicos no sólo son superiores la ausencia de tratamiento (comparaciones a grupos en lista de espera), que pueden resultar aún mejor que una "alternativa creíble" (placebo) de intervención psicológica. También añade que para muchos trastornos (las terapias psicológicas) son tan buenas o mejores que un tratamiento farmacológico" (Barlow, 1994, p. 118). Al igual que Martínez Taboas (1988) anteriormente, Barlow concluye que para la mayoría de los trastornos psicológicos la hipótesis de "pájaro Dodo" (en la que todas las psicoterapias son de igual efectividad y todos los modelos deben de ser premiados) ya no es válida.

En una revisión de la literatura meta-analítica en torno a la eficacia de los tratamientos psicológicos, educativos y conductuales, Lipsey y Wilson (1993) examinaron 290 estudios meta-analíticos. El trabajo de estos autores es un esfuerzo abarcador y comprensivo al examinar la literatura del campo a un nivel macro. De cierta manera, este esfuerzo representa casi un meta-análisis de los estudios meta-analíticos. En torno al problema de la eficacia, los autores concluyen que los estudios meta-analíticos demuestran un patrón fuerte y positivo del efecto terapéutico. Específicamente, tratamientos psicológicos, educativos y conductuales que han sido "bien articulados" tienen generalmente un efecto positivo en las variables de rendimiento efectivo (outcome). Sin embargo, señalan la importancia de que esta conclusión no aplica a todo tipo de intervención psicológica o educativa. Por un tratamiento "bien articulado" se entiende uno que surge de un cuerpo de información empírica con suficientes estudios comparativos de calidad y que cumple con los criterios necesarios para un encuadre estadístico. Lipsy y Wilson exponen el error que es el concluir que todo tratamiento psicológico funciona. En este sentido estos autores concuerdan con Barlow (1994) y Martínez Taboas (1988); el campo de la investigación psicoterapéutica ha llegado a un nivel donde contamos con un cuerpo de información sobre una variedad de tratamientos psicoterapéuticos "bien articulados" o específicos para determinados trastornos psicológicos.

Cuando en el campo se estaba casi a punto de concluir que la hipótesis de "pájaro Dodo" (en la que todas las psicoterapias son de igual efectividad y todos los modelos deben de ser premiados) carece de validez empírica, este debate toma una nueva dimensión con la publicación del informe de *Consumer Reports* (CR) en noviembre del 1995. Esta revista orientada al evaluar la calidad de productos y servicios presenta los resultados de una encuesta abarcadora para determinar si la psicoterapia para problemas de salud mental ayuda (Mental Health: Does therapy help?). Aproximadamente 4000 personas respondieron que sí habían solicitado ayuda o servicios para resolver problemas de índole psicológicos o de salud mental. El informe de CR concluye que los beneficios de la psicoterapia son substanciales. La mayoría de los y las participantes en la encuesta indicaron estar altamente satisfechos con el tratamiento recibido. Es importante señalar que dicho tratamiento no era uno "bien articulado" o controlado. También el informe concluye que los tratamientos a largo plazo eran mejores que los de corta duración y no se encontraron diferencias entre la psicoterapia sola y la psicoterapia combinada con farmacoterapia. Muy en particular en el informe se concluye que ninguna modalidad de psicoterapia se encontró ser mas efectiva que cualquiera otra. Este hallazgo fue cierto para todo tipo de condición o problema.

Seligman (1995) examina las ventajas y limitaciones del estudio de CR comparándolo con los métodos mas tradicionales de ensayos clínicos (los estudios de eficacia). Este autor, que ha estado identificado con los estudios de eficacia y métodos experimentales, concluye que los estudios de efectividad, como el de CR, complementan los estudios de eficacia. Indica además que ambos métodos son importantes para la validación empírica de la psicoterapia. Si los estudios de efectividad que no especifican el tratamiento complementan los de eficacia que si articulan el tratamiento, entonces en general, todas las psicoterapias son efectivas, pero algunas son más eficaces que otras.

Resumen y Conclusión

Este capítulo se inicia con el tema de la pregunta de investigación en los estudios de efectividad. ¿Es la psicoterapia efectiva o no?, fue la pregunta que estimuló una generación de estudios sobre la eficacia de tratamientos específicos (Bergin & Lambert, 1978). Posteriormente, esta pregunta se reformuló de la siguiente forma, ¿Qué tratamientos, para qué personas, con cuáles características, en qué situación y con que problemas es efectiva o no la psicoterapia? Este nuevo planteamiento impulsó una nueva generación de estudios de mayor especificidad (Bergin & Lambert, 1978). Por otro lado, el planteamiento de las condiciones necesarias y suficientes para lograr efectividad impulsó una línea de trabajo sobre el proceso psicoterapéutico (Orlinsky & Howard, 1986). Los estudios comparativos de efectividad y el surgimiento del meta-análisis, unidos a un cuerpo de información sobre la eficacia de tratamientos específicos para determinados trastornos, apoyan la efectividad de la psicoterapia.

Habiendo establecido que la psicoterapia funciona y que los tratamientos “bien articulados” cuentan con una base empírica sobre su efectividad, en la actualidad, nos planteamos un conjunto de preguntas de importancia para el campo. Una de las preguntas gira en torno a las variables de proceso y su relación al rendimiento efectivo. ¿Cuáles son los factores del tratamiento que son más efectivos? ¿Cuáles son los procesos que mediatizan éstos y que los hacen más efectivos y eficaces? ¿Cuáles son las características de los y las clientes, los y las terapeutas, del contexto social y cultural o del propio trastorno, que afectan el rendimiento efectivo? ¿Cuál es el costo de dichos tratamientos (eficiencia) y cómo se relacionan con la efectividad? Este tipo de pregunta presupone que la psicoterapia es efectiva. La nueva pregunta, como sugiere Lipsy y Wilson (1993) es cómo hacer que la psicoterapia funcione mejor. Finalmente, otro asunto concierne a la generalización de estos hallazgos a otras poblaciones. La mayoría de los estudios reseñados se realizaron con muestras anglosajonas, de clase media o clase media alta y de raza blanca. ¿Son generalizables estos resultados a poblaciones latinoamericanas o hispanoparlantes? También, tenemos que cuestionarnos las consecuencias de la importación acrítica de modelos terapéuticos elaborados en otro contexto y en otro encuadre cultural que frecuentemente están en contradicción con el nuestro. Una alternativa es considerar modelos que cuentan con una base empírica para adaptarlos al contexto cultural. No hay que re-inventar la rueda. Sin embargo, en algunas instancias la elaboración de aspectos innovadores psicoterapéuticos que respondan a nuestra realidad socio-cultural es un reto que al enfrentarlo adelantaría el estado de conocimiento del campo.

En el próximo capítulo examinaremos con mas detalle las diferencias entre estudios de eficacia y los de efectividad señalando las diferencias metodológicas. Estos acercamientos al estudio de la psicoterapia no sólo se complementan, si no que pueden y deben integrarse. El campo de la investigación psicoterapéutica necesita avanzar más allá de posiciones polarizadoras como las que se refleja en el debate sobre la hipótesis del "pájaro Dodo", entre que tipo de tratamiento es mejor que otro o si todas las psicoterapias son de igual efectividad. Una línea de investigación mas productiva sería en la búsqueda de los elementos que distintas terapias tienen en común y en los mecanismos de cambio de modalidades supuestamente distintas. En el próximo capítulo presentaremos un marco conceptual que pretende servir de recurso para integrar posiciones epistemológicas que aparentan ser disímiles.

Notas

Nota 1: Si le restamos a las puntuaciones post del grupo tratado a las puntuaciones post del grupo de control, la diferencia sería el cambio debido a la intervención psicoterapéutica. Si esa diferencia la dividimos por la desviación típica de las puntuaciones en la medida post del grupo de control, el resultado es el tamaño del efecto terapéutico expresado en puntuaciones de zeta.

Nota 2: La Ilustración 1 refleja la diferencia debido a la intervención psicoterapéutica. Como distintos estudios utilizan diferentes mediadas para evaluar una gama de síntomas, esta diferencia no es comparable de un estudio a otro. La innovación de Smith & Glass (1977) fue dividir dicha diferencia por la desviación típica y de esta forma convirtiendo la magnitud o tamaño del efecto terapéutico a una misma escala expresado en puntuaciones zeta. La formula básica es la siguiente: M*t-post* - M *c-post/DT*c-post. El promedio de las puntuaciones en el grupo de tratamiento menos el promedio de las puntuaciones en el grupo de control, dividido por la desviación típica de las puntuaciones del grupo de control. Como se podrá observar esta formula es la misma a la utilizada por estandarizar o tipificar puntuaciones. Al estandarizar el tamaño del efecto (effect size) se posibilita la comparación de un estudio a otro. Estos autores calcularon el tamaño del efecto para los 375 estudios y no encontraron diferencias en efectividad entre los acercamientos conductuales y los no conductuales. Este hallazgo ha sido criticado y los datos originales re-analizados (Rosenthal, 1995).

Referencias

Andrews, G. (1993). *The essential psychotherapies. British Journal of Psychiatry, 162,* 447-451.

Barlow, D. H. (1994). Psychological interventions in the era of managed competition. *Clinical Psychology: Science and Practice. 1*, 109-121.

Bergin, A. E. (1967). Some implications of psychotherapy research for therapeutic practice. *International Journal of Psychiatry*, *3*, 136-150.

Bergin, A. E. (1971). The evaluation of therapeutic outcomes. In S. L. Garfield & A. E. Bergin (Eds.) *Handbook of psychotherapy and behavior change* (1st ed., pp. 217-270). New York: Wiley.

Bergin, A. E. & Lambert, M. J. (1978). The evaluation of therapeutic outcomes. In S. L. Garfield & A. E. Bergin (Eds.) *Handbook of psychotherapy and behavior change* (Second Edition). New York: Wiley.

Consumer Reports. (1995, November). Mental health: Does therapy help? pp. 734-739.

Denker, P. G. (1947). Results of treatment of psychoneuroses by the general practitioner. *New York State Journal of Medicine*, *3*, 2164-2166.

Elkin, I., Shea, T. M., Watkins, J. T., Imber, S. D., Stosky, S. M., Collins, J. F., Glass, D. R., Pilkonis, P. A., Leber, W. R., Docherty, J. P., Fiester, S. J., & Parloff, M. B. (1989). National Institute of Mental Health Treatment of Depression Collaborative Research Program. General effectiveness of treatments. *Archives of General Psychiatry*, *46*, 971-982.

Eysenk, H. J. (1952). The effects of psychotherapy: An evaluation. *Journal of Consulting Psychology*, *16*, 319-324.

Fenichel, O. (1930). Statistical report on the therapeutic activities, 1920-1930. In *Zehn Jahre Berliner Psychoanalytisches Institut* (Ten years of the Berlin Psychoanalytic Institute) (pp. 13-19). Vienna, Austria: Internationaler Psychoanalytisher Verlag.

Frank, J. D. (1973). *Persuasion and healing: A comparative study of psychotherapy* (Rev. ed.). Baltimore: John Hopkins University.

Gurin, G., Veroff, J., & Feld, S. (1960). *American view their mental health.* New York: Basic Books, 1960.

Kazdin, A. E (1978). Evaluating the generality of findings in analogue therapy research. *Journal of Consulting and Clinical Psychology*, *46*, 673-689.

Kazdin, A. E., & Wilson, G. T. (1978). *Evaluation of behavior therapy: Issues, evidence and research.* Cambridge, MA: Ballinger.

Klein, D. F., Zitrin, C. M., Woener, M. G., & Ross, D. C. (1983). Treatment of phobias: Behavior therapy and supportive psychotherapy: Are there any specific ingredients? *Archives of General Psychiatry*, *43*, 139-145.

Landis, C. (1937). A statistical evaluation of psychotherapeutic methods. In L. E. Hinsie (Ed.), *Concepts and problems of psychotherapy*. New York: Columbia University.

Lazarus, A. A. (1990). If this be research. *American Psychologist*, *45*, 670.

Lipsey, M. W., & Wilson, D. B. (1993). The efficacy of psychological, educational, and behavioral treatment: Confirmation from meta-analysis. *American Psychologist*, *48*, 181-1209.

Luborsky, L., Singer, B., & Luborsky, L. (1975). Comparative studies of psychotherapies. Is it true that "Everyone has won and all must have prizes?" *Archives of General Psychiatry*, *32*, 995-1007.

Martínez Taboas, A. (1988). ¿Son todas las psicoterapias igualmente efectivas? *Revista Latinoamericana de Psicología*, *20*, 309-330.

Mathews, A. (1978). Fear reduction research and clinical phobias. *Psychological Bulletin*, *85*, 390-404.

Orlinsky, D., & Howard, K. (1995). Unity and diversity among psychotherapies: A comparative perspective. En B. Bongar & L. E. Buetler (Eds.), *Comprehensive textbook of psychotherapy: Theory and practice* (pp. 3-23). New York: Oxford University Press.

Rachman, S. J., & Wilson, G. T. (1980). *The effects of psychological therapy* (2nd ed.). New York: Pergamon Press.

Rosenthal, R. Progress in clinical psychology: Is there any? *Clinical Psychology: Science and Practice*, *2*, 133-150.

Seligman, M. E. P. (1995). The effectiveness of psychotherapy: The Consumer Reports Study. *American Psychologist*, *50*, 965-974.

Shapiro, A. D., & Shapiro, D. (1983). Comparative therapy outcome research: Methodological implications of meta-analysis. *Journal of Consulting and Clinical Psychology*, *51*, 542-553.

Sloane, R. B., Staples, F. R., Cristol, A. H., Yorkston, N. J., & Whipple, K. (1975). *Short term analytically oriented psychotherapy vs. behavior therapy*. Cambridge, MA: Harvard University Press.

Strupp & Howard, K. (1992). A brief history of psychoterapy research. En D. Freedheim (ED.) *History of Pshychotherapy: A century of change* (309-334). Washington, DC: American Psychological Association.

Stubbs, J. P. & Bozarth, J. D. (1994). The Dodo bird revisited: A qualitative study of psychotherapy efficacy research. *Applied and Preventive Psychology*, *3*, 109-120.

Smith, M. L., & Glass, G. V. (1977). Meta-analysis of psychotherapy outcome studies. *American Psychologist*, *32*, 752-760.

Truax, C. B., & Carkhuff, R. R. (1967). *Toward effective counseling and psychotherapy: Training and practice*. Chicago: Aldine.

Truax, C. B., & Mitchell, K. M. (1971). Research on certain therapist interpersonal skill in relation to process and outcome. In A. E. Bergin & S. L. Garfield (Eds.), *Handbook of psychotherapy and behavior change: An empirical analysis*. New York: Wiley.

Weinberger, J. (1995). Common factors aren't so common: The common factors dilemma. *Clinical Psychology: Science and Practice*, *2*, 45-69.

CAPÍTULO 2:
La psicoterapia, la diversidad humana y las minorías étnicas

Hacia un marco conceptual

La investigación psicoterapéutica se ha desarrollado a base de estudios realizados en un sector muy particular de la sociedad. La abrumadora mayoría de estas investigaciones son con participantes anglo-parlantes, educados, de raza blanca, clase media o media alta y predominantemente mujeres. Desconocemos que pertinencia, si alguna, tienen los estudios de eficacia y efectividad de la psicoterapia para los hispano parlantes, grupos de origen latinoamericano e inclusive para grupos marginados, pobres y de poca educación. De hecho, desde una perspectiva de la investigación tradicional se conoce muy poco sobre la eficacia de tratamientos psicoterapéuticos con grupos marginados o minorías étnicas e inclusive con poblaciones no angloparlantes. Sin embargo, desde una perspectiva alterna, que propondremos mas adelante, sí contamos con una base de conocimientos. La pregunta de como sabemos lo que sabemos puede ser mas importante que lo que supuestamente sabemos. En otras palabras, el método condiciona el contenido del conocimiento. Este capítulo examina el estado de la investigación psicoterapéutica con poblaciones "minoritarias" en los Estados Unidos. Primero analizaremos el porqué la investigación con sectores poblacionales comúnmente denominados como "minorías étnicas" es necesaria. Segundo, se examina como sabemos lo que sabemos y los problemas metodológicos y teóricos relacionados con este problema. Se presenta un acercamiento conceptual que pretende integrar las distintas vertientes metodológicas en el campo de la investigación psicoterapéutica haciendo énfasis en las investigaciones orientadas al descubrimiento y aquellas orientadas a la prueba de hipótesis. De dicho acercamiento integrador, se desprenden las diferencias entre las investigaciones de eficacia y las de efectividad. Por último se sugiere una re-conceptualización de las prioridades de investigación que apuntan hacia esfuerzos colaborativos para adelantar el estado de conocimiento en esta área.

La psicoterapia, la diversidad humana y las minorías étnicas

El concepto de la "diversidad humana" ha surgido como un aspecto central en la psicología norteamericana en los últimos años (Tricket, Watts & Birman, 1994). Este concepto presenta un reto al paradigma contemporáneo de la psicología norteamericana que se fundamenta en una base de conocimientos monoculturales y frecuentemente desligado de su contexto histórico. La noción de la diversidad humana pretende incluir la exploración de la persona en su contexto histórico, social y político (Tricket, Watts & Birman, 1994) abarcando a grupos marginados, a minorías étnicas y a distintos grupos culturales incluyendo a los sectores predominantes de la sociedad. Cuando usamos el término "diversidad" nos estamos refiriendo a un acercamiento multicultural que toma en consideración el contexto histórico-social. Por otro lado, el término "minoría étnica" es uno muy controversial. Este término se utiliza en contextos norteamericanos para referirse a toda persona que no es de raza blanca y de origen europeo. A base de ésta definición, la mayoría de la población mundial es étnica y minoritaria. Por ende, la llamada "minoría" en realidad es una mayoría numérica. Pero el término de minoría étnica se refiere a grupos marginados con un historial de opresión o conquista como es el caso de las tribus indias nativas en las Américas, los afro-americanos, los mexico-americanos, los puertorriqueños y algunos grupos asiáticos como los chinos y japoneses en el contexto norteamericano. En la actualidad, cuando se habla de minorías étnicas se entiende casi todo grupo tercermundista, por estas razones preferimos el término de diversidad humana o diversidad por su carácter mas inclusivo y abarcador. Sin embargo, en este capítulo, a veces utilizamos los términos de diversidad humana y minoría étnica de modo intercambiable.

Para el 1990 en los Estados Unidos el 25% de la población era considerada minoritaria. Para el año 2050, las proyecciones indican que el sector denominado como "minoría étnica" será la mayoría numérica en Estados Unidos. A nivel mundial, como ya hemos señalado los paises tercermundista constituyen la mayoría. Por lo tanto, es necesario establecer tratamientos psicoterapéuticos empíricamente validados para estos sectores de una sociedad diversa y crecientemente multicultural.

Por otro lado, se ha demostrado que la psicoterapia no es utilizada o provista a grupos minoritarios en igual proporción a la población. Los personas consideradas minorías étnicas experimentan de una forma desproporcionada un alto nivel de pobreza y estresores sociales mayor que personas de sectores no-minoritarios. Hay evidencia que sugiere que las minorías étnicas experimentan problemas serios de salud mental. Como mínimo, los estudios epidemiológicos demuestran que las tazas de prevalencia para las minorías étnicas son por lo menos tan altas como para el resto de la población general. Por lo tanto, necesitamos desarrollar y evaluar la efectividad de intervenciones con diversas poblaciones de alto riesgo de personas que no buscan psicoterapia o servicios de salud mental.

En un estudio sobre quien busca psicoterapia (Vessey & Howard, 1993) a base de varias encuestas en gran escala y de corte epidemiológico, los autores lograron estimar las características sociodemográficas de las personas que solicitan recursos de salud mental. Vessey & Howard (1993) encontraron que aproximadamente dos terceras partes de los pacientes ambulatorios eran mujeres, casi un 50% tenia alguna educación universitaria, como un 50% eran casadas, sobre el 90% era de raza blanca y como un 80% tenía entre 21 y 50 años de edad. Las mujeres, las personas de mayor educación, las personas divorciadas, separadas o solteras y las personas de raza blanca eran las que luego de una primera visita tenían mayor probabilidad de recibir psicoterapia. Los autores concluyen que existe evidencia sugiriendo que los sectores de mayor necesidad de servicios de salud mental son los menos probables a buscar y recibir dichos servicios.

Recientemente, el estudio de *Consumer Reports* (1995) sobre la efectividad de la psicoterapia abona el planteamiento de la poca información existente sobre la efectividad de la psicoterapia con grupos minoritarios. Este estudio de *Consumer Reports* es uno de los mas extensos en el campo y ha suscitado mucha controversia (véase número especial del *American Psychologist,* 1996). El estudio cuenta con una de las muestras mas amplias en el campo de la investigación psicoterapéutica. En este estudio 180,000 de las personas subscriptas a la revista de *Consumer Reports* (CR) se les invitó a participar en la evaluación de varios servicios y productos entre los cuales se incluía los servicios de salud mental. Sobre 22,000 personas respondieron a la invitación, de las cuales casi 7,000 respondieron a las preguntas de salud mental. Cerca de 4,100 personas acudieron a alguna combinación de recursos tales como profesionales y no profesionales. De estos 4,100 personas, 2,900 consultaron a un profesional de salud mental (Seligman, 1996). Sin embargo, a pesar de la amplitud de la muestra, Seligman (1996) informa que la misma era predominantemente de clase media, educada y caracterizada por personas que eligen o buscan tratamiento para resolver sus problemas. Por ende dicha muestra cuenta con un sesgo hacia personas orientadas a "resolver problemas" mediante recursos tradicionales.

Según lo anteriormente mencionado, es evidente por lo anterior, la investigación sobre la efectividad de la psicoterapia con grupos más diversos es limitada por no decir casi inexistente. Por otro lado, por contar con muestras sumamente homogéneas los estudios de eficacia presentan un serio problema de validez externa. Es decir, desconocemos la pertinencia que dichas investigaciones tienen para grupos humanos de características demográficas de mayor diversidad. De hecho, podemos afirmar que los estudios de eficacia y de efectividad tienen una validez externa desconocida en lo que concierne a tratamientos efectivos para minorías étnicas, para otros sectores marginados o de características demográficas más diversas. Por lo tanto, la investigación psicoterapéutica con grupos diversos y minoritarios es importante para mejorar el problema de la validez externa. El problema de cuan generalizable son los resultados de las investigaciones a otros sectores de la sociedad es de suma importancia. Como veremos mas adelante, el asunto de la generalización puede ser atendido mediante otros acercamientos metodológicos.

Finalmente, la investigación psicoterapéutica con múltiples grupos culturales y minoritarios es necesaria para contribuir a modelos psicoterapéuticos que consideran la diversidad. Como Sue, Zane y Young (1994) han indicado, dicha investigación es importante para adelantar el campo de la psicología clínica y de la psicoterapia. Claramente, necesitamos la investigación con grupos étnicos y minoritarios para atender el problema de la validez externa y contribuir a nuevos modelos que toman en cuenta la diversidad.

¿Qué es lo que sabemos?

En términos generales hay un consenso que la investigación psicoterapéutica con minorías étnicas es sumamente limitada y carente de estudios programáticos (Mays & Albee, 1995; Sue, Zane & Young, 1994). Existen pocas revisiones de la literatura sobre este tema. Aun con la falta de investigación las revisiones que existen presentan hallazgos mixtos o contradictorios. También los escasos estudios disponibles tienden a ser de corte descriptivo y orientado a resolver problemas y muy pocos presentan una orientación teórica elaborada (Sue, Zane & Young, 1994).

Las revisiones de la literatura indican que existen ciertas condiciones asociadas a la efectividad. Por ejemplo, el pareo de etnicidad para algunos grupos, tratamientos adaptados o sensibles a la cultura del grupo étnico particular, intervenciones de orientación previo al tratamiento, y el adiestramiento de terapeutas para trabajar con grupos culturalmente diversos (Sue, Zane & Young, 1994).

En un estudio meta-analítico, Navarro (1993) identificó 15 estudios de eficacia con muestras de personas de origen latinoamericano. Once estudios demostraron un rendimiento positivo. El tamaño del efecto terapéutico fluctuó entre cero y 2.75.

Recientemente la Comisión de Trabajo sobre las Intervenciones Psicológicas de la División 12 (Psicología Clínica) de la American Psychological Association publicó un informe sobre terapias "empíricamente validadas" (Chambles y colaboradores, 1996). El informe concluye lo siguiente: "no conocemos de ninguna investigación de tratamiento psicoterapéutico que cumpla con los criterios básicos de importancia para demostrar eficacia de tratamientos para poblaciones de minorías étnicas" (Chambless, et al., 1996, pág. 7). El informe añade además que al examinar las citas de estudios considerados como tratamientos empíricamente validados, es decir que cumplen con ciertos criterios metodológicos, no existe un solo estudio que incluya pruebas de la eficacia de tratamientos para las minorías étnicas.

Desde la óptica planteada por la Comisión de Trabajo, es evidente que sabemos poco o casi nada en torno a que tratamientos son efectivos para grupos minoritarios. Sin embargo, desde una óptica alterna y a pesar de la carencia de estudios programáticos, podemos concluir que para ciertas condiciones existen tratamientos de efectividad. ¿Cómo reconciliar estas posiciones? Para esto tenemos que enfrentarnos a la pregunta epistemológica de cómo es que sabemos lo que supuestamente sabemos.

¿Cómo sabemos lo que sabemos?

Podemos identificar dos acercamientos metodológicos sobre cómo sabemos lo que sabemos en la investigación psicoterapéutica (IP): la investigación orientada a la verificación de hipótesis (IOVH) y la investigación orientada al descubrimiento (IOD). La gran mayoría de la IP está diseñada y orientada a la prueba de hipótesis mediante los diseños experimentales y cuasi-experimentales y utilizando métodos cuantitativos y cualitativos. En su crítica de la investigación psicoterapéutica convencional, Mahrer (1988) concluye que la investigación orientada a la prueba de hipótesis no es efectiva en confirmar o desconfirmar planteamientos teóricos y la misma no contribuye al cuerpo de información acumulado en el campo de la investigación. Mas aún, Mahrer (1988) no sólo plantea que la investigación orientada a la prueba de hipótesis es "improductiva e inadecuada" para la confirmación o desconfirmación de hipótesis, sino que imposibilita descubrir lo que hay que descubrir en la psicoterapia. De hecho, él aboga por el abandono total de la investigación orientada a la verificación de hipótesis sugiriendo exclusivamente el uso de los métodos de la investigación orientada al descubrimiento.

La IOD representa una estrategia alterna con criterios explícitos, objetivos y métodos en contraposición a la IOPVH. Este acercamiento cuenta con dos vertientes, ambos con distintos objetivos y métodos. El primero va orientado al estudio del proceso y pretende "proveer una mirada al fenómeno de la psicoterapia mas cercana y orientada al descubrimiento" (Mahrer, 1988, pág. 697). El segundo, estudia las relaciones entre las condiciones del tratamiento, sus operaciones y las consecuencias. Las *condiciones* se refieren al paciente o cliente en la sesión, a lo que él o ella hace y a cómo está. Las *consecuencias* se refiere a lo que hace y a cómo está el paciente o cliente después de una operación de el o la terapeuta. Y las *operaciones* se refieren a las acciones y a los comentarios de el o la terapeuta. La IOD estudia el significado específico de las condiciones, operaciones y consecuencias cuyo referente de significación son los eventos en la sesión de psicoterapia. Mahrer señala que cada una de estas vertientes cuentan con su método y procedimientos. Los resultados de la IOD son necesarios para la construcción de la teoría y la conceptualización psicoterapéutica, para adelantar la práctica de la psicoterapia, desarrollar nuevas avenidas en la IP y facilitar la integración entre la teoría, la práctica y la investigación.

A pesar de la ventajas de la IOD, ¿por qué descartar todo un cuerpo de información y de investigación legítimo que representa la IOVH? Desde un acercamiento pluralista orientado a incluir múltiples métodos de investigación, y de diversos acercamientos al saber, nos planteamos la posibilidad de integrar estas dos estrategias metodológicas que frecuentemente se presentan como en contradicción la una de la otra. Tal integración nos proveería con una aproximación a entender mejor la investigación psicoterapéutica y las posibles coordenadas para guiar nuestros próximos pasos. Esta integración también valoraría los estudios orientados a descubrir los nexos entre las condiciones, operaciones y consecuencias terapéuticas en diversos grupos humanos, muy en especial en sectores poblacionales no investigados con frecuencia. De la misma forma, dicha integración reconocería la aportación y el valor de la investigación orientada a la prueba de hipótesis.

Integración de Estrategias Metodológicas en la Investigación psicoterapéutica

Si conceptualizamos la IOD y la IOVH como dimensiones separadas pero relacionadas y no como polos opuestos de la misma dimensión, entonces al considerar la dimensión de la IOD conjuntamente con la dimensión de la IOVH, podemos generar cuatro áreas que organizan el acercamiento al saber. En la dimensión horizontal incluimos a la *Investigación Orientada al Descubrimiento* y en la vertical la *Investigación Orientada a la Verificación de Hipótesis.* Con el propósito de aclarar las estrategias de investigación categorizamos cada dimensión de manera discreta para generar cuatro áreas o estrategias amplias hacia la investigación con sus respectivos métodos, consciente que toda categorización es arbitraria y que se pretende representar un continuo dimensional. En la Tabla 1 presentamos las cuatro estrategias. Las mismas se definen a base de cómo contestamos la pregunta de sí la investigación está más o menos orientada al descubrimiento o sí está más o menos orientada a la verificación de hipótesis.

Tabla 1.
Integración de Estrategias de Investigación

		Orientación al Descubrimiento	
		Más	Menos
Orientación a la Verificación de Hipótesis	Más	1. Pluralismo metodológico	2. Métodos experimentales y cuasi experimentales (estudios de eficacia y efectividad)
	Menos	3. Investigación de corte exploratorio, naturalista y estudios del "proceso" y de efectividad	4. Investigación de corte descriptivo o teórico

Si caracterizamos una investigación principalmente por su orientación a la prueba de hipótesis y menos al descubrimiento, entonces la misma puede ser considerada como una de corte *experimental* o *cuasi experimental.* Generalmente, este tipo de investigación es de índole deductivo, cuantitativo y enfocado en la validez interna. Regularmente la muestra es relativamente pequeña y la variable independiente (el tratamiento) es manipulada directamente. En el cuadrante número 2 ubicaríamos dicha estratégica de investigación de corte experimental y cuasi experimental. El prototipo de estudio es el de eficacia o de efectividad.

Por ejemplo, el primer estudio de eficacia en Puerto Rico de un tratamiento psicoterapéutico se realizó recientemente (Rosselló y Bernal, 1998). El estudio evaluó la eficacia de dos tratamientos breves para la depresión en jóvenes puertorriqueños: la terapia cognoscitiva conductual y la terapia interpersonal. En la investigación, se desarrollaron manuales para cada tratamiento de 12 sesiones. Los tratamientos fueron adaptados tomando en consideración aspectos culturales y evolutivos de la población. Un total de 71 adolescentes entre las edades de 13 y 19 que cumplían con los criterios del DMS-III-R para la depresión mayor fueron asignados a una de tres condiciones: la terapia cognocitiva-conductual, la terapia interpersonal y una lista de espera. La eficacia de los tratamientos fue evaluada antes del tratamiento, al concluir el tratamiento y tres meses posterior a la terminación del mismo. Se tomaron mediadas en torno a síntomas de depresión, auto-estima, ajuste social, relaciones familiares, entre otras. Los resultados sugieren que ambos tratamientos,la terapia interpersonal y la cognocitiva conductual, son eficaces en reducir síntomas de depresión en comparación con la lista de espera. De hecho, 70% de los jóvenes que recibieron uno de los dos tratamientos demostraron mayores mejorías que el adolescente promedio en el grupo de control.

Podemos caracterizar el estudio de Rosselló y Bernal (1999) como uno principalmente orientado a la verificación de hipótesis. La pregunta fundamental es si un tratamiento es superior a ningún tratamiento en un grupo específico (adolescentes puertorriqueños) con un trastorno particular (depresión mayor o distimia). El estudio está conceptualizado como un experimento donde los y las participantes son asignadas aleatoriamente a una de tres condiciones y la variable a ser manipulada es la de recibir o no recibir una terapia. La variable dependiente principal es la sintomatología depresiva, entre otras. El énfasis de la investigación es en fortalecer la validez interna mediante una serie de procedimientos tales como, manuales para los tratamientos, cotejos de los terapeutas para asegurar que cumplían con las pautas de los manuales, evaluaciones comprensivas para identificar y validar el diagnóstico de los y las participantes, y las múltiples evaluaciones antes y después del tratamiento.

La investigación cuyo propósito principal es el descubrimiento y que está menos orientada a la verificación de hipótesis, puede ser denominada como explorativa ó fenomenológica. En éstas frecuentemente se utilizan métodos cualitativos y etnográficos. Dicha estrategia de investigación se describe como *naturalista* y no pretende la manipulación de la variable independiente. En el cuadrante número 3 encontramos una gran riqueza de investigación clínica, como los estudios de caso. En este cuadrante podemos ubicar el cuerpo de información sobre lo que sabemos de grupos marginados, otros estudios sobre la psicoterapia con poblaciones diversas, e información sobre el papel de la cultura y el idioma en la psicoterapia. También en este cuadrante podemos ubicar la investigación sobre la efectividad dependiendo de si la investigación se orienta mas al descubrimiento o a la verficación de hipótesis.

A continuación, presentamos varios ejemplos de investigaciones muy distintas que podemos identificar como más orientadas al descubrimiento. En primer lugar, está el estudio de caso que de cierta manera históricamente ha sido la estrategia metodológica que ha caracterizado a la psicología clínica y a la psicoterapia. De hecho, los estudios de caso de Freud son ejemplos de un esfuerzo por vincular la evidencia empírica con formulaciones teóricas. Específicamente, las formulaciones de corte psicoanalítico surgen de la práctica clínica directa y forman parte de la misma. En la medida en que las observaciones clínicas particulares se vinculan y estas vinculaciones son estructuradas formando una explicación más amplia o una hipótesis de trabajo, podemos afirmar que dicho proceso es uno investigativo orientado al descubrimiento o a generar hipótesis.

Rosselló (1993) publicó un informe sobre dos estudios de casos que sirven de ejemplo. En este estudio, se pretendió evaluar de forma preliminar y descriptiva dos tratamientos para la depresión: la terapia cognoscitiva conductual y la terapia interpersonal para adolescentes deprimidos. Parte del objetivo de este estudio fue explorar la viabilidad de manuales para dichas terapias y evaluar instrumentos para documentar el cambio terapéutico. En otras palabras, la meta principal fue adaptar dos tratamientos ya establecidos en otros contextos tomando en consideración elementos evolutivos, cognoscitivos, culturales y lingüísticos para los y las adolescentes puertorriqueños. En este estudio, la pregunta de investigación se convierte en una de viabilidad. ¿Podemos adaptar estos tratamientos? ¿Qué podemos aprender de la adaptación? ¿Cómo responden jóvenes puertorriqueños a tratamientos breves y estructurados para la depresión? Rosselló (1993) utilizó el estudio de caso como una estrategia metodológica para explorar respuestas a dichas preguntas, entre otras.

Otro ejemplo de una investigación de corte exploratoria y orientada al descubrimiento la presentamos en su totalidad en el capítulo 4. En este estudio, Bernal y colaboradoras (1998), se plantearon explorar factores asociados a la efectividad de la psicoterapia en una muestra de personas que acudieron a un centro de estudios y servicios psicológicos. Setentinueve personas participaron en el estudio orientado a evaluar el proceso tanto como el rendimiento de la psicoterapia. Las personas participantes completaron un cuestionario extenso en torno al tratamiento, los problemas presentados al inicio de la psicoterapia, y la sintomatología actual. Se obtuvo también información del expediente clínico de dichas personas. Los resultados indicaron que la severidad sintomatológica al inicio del tratamiento, la edad, el número de sesiones y la alianza psicoterapéutica estaban asociadas a la efectividad.

En un estudio sobre el proceso psicoterapéutico, Mahrer y colaboradores (Mahrer, White, Howard, Gagnon, & Macphee, 1992) se plantearon estudiar los buenos momentos en sesiones de psicoterapia. Jueces evaluaron las transcripciones y grabaciones de seis sesiones de psicoterapia de terapeutas reconocidos en el campo por su acercamiento particular. Los investigadores/as realizaron un análisis de contenido como un primer paso para identificar instancias de buenos momentos en las sesiones. Segundo se identificaron las operaciones del terapeuta evaluadas como instrumentales en producir acciones o respuestas por parte del paciente. Los resultados sugirieron seis categorías de momentos "muy buenos", así como operaciones específicas del terapeuta en relación al paciente durante las sesiones. Esta investigación utilizó una estrategia metodológica orientada al descubrimiento y netamente cualitativa.

En estos tres estudios, el foco de la investigación ha sido descubrir o explorar nuevo conocimiento. Como podemos apreciar, como en el estudio de Rosselló (1993), se utilizó un método cualitativo que incorporó elementos cuantitativos, de instrumentos administrados antes y después del tratamiento, pero focalizado en el estudio de caso. La unidad de análisis fue el caso. En el estudio de Bernal y colaboradoras (1988), la estrategia metodológica fue una de explorar la relación entre variables. Como la literatura informa que la alianza es un elemento central en la psicoterapia, la estrategia fue una de explorar dicha relación en una muestra puertorriqueña. Aquí la unidad de análisis fue las relaciones entre variables de un conjunto o grupo de participantes. Para Mahrer y colaboradores (1992) la unidad de análisis es la sesión. Su estrategia metodológica es completamente cualitativa utilizando el análisis de contenido para explorar y descubrir categorías particulares en relación al proceso terapéutico.

La investigación que está menos orientada al descubrimiento y no enfatiza la prueba de hipótesis la hemos denominado como *descriptiva* o *teórica*. Los estudios de este tipo pueden ser de índole descriptivo, tales como la investigación epidemiológica y la evaluación de programas. También incluimos en este cuadrante la investigación de corte teórico y descripciones clinico-teóricas tipo ensayo.

Por ejemplo, el trabajo de Canino, Bird, Shrout, Rubio-Stipec, Bravo Martinez, Sesman y Guevara (1987) estudia la prevalencia de trastornos psiquiátricos en Puerto Rico. Los y las autores/as realizaron una encuesta probabilística a nivel de isla para establecer la prevalencia de varios trastornos psiquiátricos. La incidencia y prevalencia de los trastornos psiquiátricos encontrados fue similar a los datos informados en las de comunidades estudiadas en los Estados Unidos. Este estudio es de singular importancia para la salud mental, la psiquiatría y la psicología porque es a partir de dicha información que podemos plantear intervenciones de corte preventivo e incluso de corte clínico para trastornos específicos. Sin embargo, a pesar de que estudios sobre la epidemiología psiquiátrica, como el de estas autoras y autores, contribuyen al conocimiento de la psicología transcultural, los mismos no parten de un marco teórico particular. Dicho de otra manera, en estos trabajos, una teoría o un encuadre conceptual solido no subyace la investigación y por ende la consideramos principalmente de corte descriptivo.

Otros tipos de investigación que podemos ubicar en este cuadrante es el de evaluación de programa. De igual forma, la teoría no informa la investigación. Este tipo de investigación evalúa si los objetivos de un programa particular se cumplieron. Por otro lado, también colocamos en este cuadrante, trabajos que denominamos como fundamentalmente de corte teórico. Es decir, ensayo clínicos, elaboraciones teóricas y discusiones de algunos aspectos teóricos que no van orientados al descubrimiento o a la verificación de hipótesis.

Finalmente, la investigación que va más orientada al descubrimiento como a la verificación de hipótesis la hemos denominado como *pluralismo metodológico*. En este cuadrante caracterizamos las estrategias de investigación que utilizan diversos acercamientos, múltiples métodos y aquellos estudios orientados a descubrir nuevos elementos que contribuyan tanto al saber como a las diversas estrategias metodológicas para confirmar o desconfirmar planteamientos o proposiciones que contribuyan al conocimiento.

Son pocas las investigaciones que cumplen con este doble

criterio. Sin embargo, podemos ver como programas de investigación comienzan por investigaciones orientadas al descubrimiento y luego pasan a la verificación de hipótesis. Por ejemplo, en el programa de investigación de Jeannette Rosselló vemos como su investigación comienza con estudios de casos, estudios sobre la viabilidad de tratamientos para la depresión y estudios del proceso de tratamiento, para luego plantear un estudio de eficacia de dos tratamientos para la depresión en adolescentes. En realidad el estudio de eficacia reseñado anteriormente (Rosselló y Bernal, 1998) fue un estudio que contempló no sólo la verificación de hipótesis (eficacia de tratamientos) pero también incorporó la evaluación del proceso del tratamiento (alianza terapéutica) para descubrir qué aspectos de la relación terapéutica nos informan sobre el rendimiento (outcome). Es en este sentido que la investigación parte de un acercamiento fundamentado en el pluralismo metodológico.

Para concluir con esta sección, podemos apreciar las ventajas de un marco conceptual que integra lo que aporta la IOD tanto como la IOVH. El cuadro conceptual, parte de un acercamiento pluralista orientado mas a incluir que a excluir distintos métodos de investigación. Los diversos acercamientos al saber no son rechazados sino integrados o al menos se complementan. Lamentablemente, las dos estrategias metodológicas son presentadas como en contraposición cuando en realidad se complementan y son parte de un mismo proceso. El encuadre presentado nos ofrece una posibilidad de integrar acercamientos metodológicos y nos acerca un poco mas a entender mejor la complejidad inherente a los resultados de la investigación psicoterapéutica. De hecho, el encuadre puede servir como coordenadas para guiar nuestros próximos pasos. Como señalamos anteriormente, dicha integración valora los estudios orientados a descubrir aspectos del proceso terapéutico. De la misma manera, reconoce la aportación y el valor de la investigación orientada a la verificación de hipótesis.

La eficacia y la efectividad

En esta sección se profundiza en las similitudes y diferencias de los estudios de eficacia y de efectividad. Como habíamos señalado en el primer capítulo, existe una tensión en el campo sobre las investigaciones que pretenden estudiar la eficacia y aquellas que plantean el estudio de la efectividad. La Tabla 2, presenta las características principales de los estudios de eficacia y los de efectividad con miras a esclarecer las diferencias entre estos dos tipos de estudios en torno a la estrategia de investigación, su diseño, su validez, el tamaño de la muestra, las variables independientes y dependientes, las disciplinas de donde provienen los y las investigadores/as, las etiquetas para definir el rendimiento y el énfasis teórico.

Tabla 2.
Características de los estudios de eficacia y los de efectividad

Características	Estudios de Eficacia	Estudios de Efectividad
Estrategia de Investigación	Confirmatoria	Desarrollo de hipótesis o confirmatoria
Diseño	Experimental	Naturalista o cuasi-experimental
Asignación al Azar	De los pacientes	No siempre o de las clínicas
Validez	Alta validez interna	Alta validez externa
Variable Independiente	Tratamiento	Servicios clínicos
Variable Dependiente	Reducción de síntomas	Beneficio, costo-efectividad
Muestra	Pequeña	Grande
Diversidad de Pacientes	Homogéneos	Heterogéneos
Pacientes/clientes	En busca de tratamiento	No buscan tratamiento
Nivel de la Intervención	Individual	Individual u Organizacional
Disciplinas	Psicología, Psiquiatría y Trabajo Social	Psicología, Psiquiatría, Trabajo Social, Sociología y Economía
Etiqueta del Tipo de Estudio	Rendimiento del tratamiento ("treatment outcome")	Investigación de Servicios ("Services Research")
Papel de la Teoría	Guiado por la teoría	Guiado por los datos

El estudio típico de eficacia va orientado a confirmar que un tratamiento determinado mejora una condición específica en comparación a un grupo no tratado o a un grupo que recibe un tratamiento alterno. La *estrategia de investigación* es una orientada a la confirmación de hipótesis. La pregunta de investigación es si un tratamiento determinado es efectivo para un trastorno particular bajo ciertas circunstancias. Estos estudios tienden a ser experimentos en el sentido clásico donde la *variable independiente* es manipulada. Es decir que un grupo recibe el tratamiento y otro grupo no lo recibe o recibe un tratamiento alterno. Los y las participantes en la investigación son asignados aleatoriamente a una intervención o a un grupo control. La *validez interna* del estudio es de suma importancia. Por esta razón, se toman las precauciones de la asignación aleatoria donde cada participante tiene la misma probabilidad de ser asignado al tratamiento bajo estudio o al grupo de control. También el tratamiento tiende a ser un programa de sesiones previamente especificado, ya que se sigue un manual de trabajo que rige la conducta del terapeuta por un determinado número de sesiones. Cuán bien el o la terapeuta sigue las pautas del manual es una de las maneras de hacer el cotejo de fidelidad al manual de tratamiento que determina, en parte, si la investigación cuenta con alta validez interna. Por otro lado, como dichos estudios se realizan en laboratorios o clínicas experimentales salvaguardando la validez interna, se cuestiona la generalización de los hallazgos al mundo donde se imparte el tratamiento, es decir los hospitales y las clínicas ambulatorias. Por ende hay una relación inversa entre la validez externa, que tiende a ser baja para estos estudios, y la validez interna. Los *diseños* experimentales también tienden a utilizar medidas repetidas antes, inmediatamente después del tratamiento y algún tiempo después de concluir el tratamiento (tres, seis, o doce meses).

Estos estudios de eficacia tienden a ser experimentos muy bien diseñados para evaluar los resultados de un tratamiento psicosocial o farmacológico, que también son conocidos como ensayos clínicos o estudios de asignación aleatoria. Usualmente, los estudios de eficacia utilizan una *muestra* relativamente pequeña. La *variable dependiente* de interés principal es la reducción sintomatológica asociada con alguna condición o trastorno mental. Los y las participantes en dichos estudios son *homogéneos*, por esto se entiende que son seleccionados para cumplir con un conjunto de criterios de inclusión y de exclusión para el estudio. Por ejemplo, cumplir con los criterios de un trastorno diagnóstico en particular asegura nuevamente la validez interna del estudio al reducir la variabilidad. También dichos participantes son caracterizados como aquéllos que están *buscando tratamiento* y aceptan las condiciones de participar en investigaciones de corte experimental. El *nivel de la intervención* es usualmente el individual, grupal o familiar. Es decir que la intervención va orientada a la persona que es el objeto del tratamiento. Las *disciplinas* que más han realizado investigaciones en esta área son las que provienen de la psicología, la psiquiatría y de trabajo social. El término o la *etiqueta* para caracterizar estos estudios ha sido la de "estudios del rendimiento de tratamiento" que es nuestra traducción de *treatment outcome*. Finalmente, el papel que juega la teoría en la investigación es fundamental. Los estudios de eficacia típicamente están guiados por un marco teórico que informa la investigación y le da significación a los resultados.

El estudio típico de efectividad es un poco más difícil de caracterizar porque éstos pueden tener una *estrategia de investigación* orientada al desarrollo tanto como a la confirmación de hipótesis. Con el propósito de resaltar las diferencias, se parte del supuesto de que estos estudios se orientan mas al desarrollo de hipótesis. Estos estudios tienden a utilizar un *diseño* cuasi-experimental, es decir, el tratamiento no es la variable independiente porque la misma no ha sido manipulada directamente, pero sigue siendo objeto de estudio. Un estudio de efectividad se considera naturalista porque se realiza en el contexto natural donde se ofrecen los servicios psicoterapéuticos sin necesariamente una intervención por parte del investigador o investigadora en cómo se ofrecen dichos servicios. Dado que estos estudios se realizan en el mundo del trabajo donde practican profesionales y a donde acude una clientela determinada para recibir ayuda, se considera que los hallazgos de este tipo de estudio tienen una alta *validez externa* y por ende tienden a tener mayor generalización a la población bajo estudio. Las *muestras* de los estudios de efectividad son grandes, las *variables independientes* (o las predictivas) tienden a ser las características demográfica de la clientela (ej. edad, género, nivel socioeconómico, etnicidad, aculturación, entre otras), características psicológicas (ej. funcionalidad, diagnóstico, problema, uso previo de recursos de salud mental, la muestra, los elementos del tratamiento, las necesidades y recursos, apoyo social, severidad sintomatológica, entre otras), y las características del tratamiento y las del terapeuta (ej. tipo de tratamiento, duración, cumplimiento con el tratamiento, número de sesiones, idioma de la terapia, etnicidad del terapeuta, relación con el terapeuta, entre otras). Las *variable dependientes* (o de criterio) tienden a evaluar la efectividad mediante el beneficio al cliente, entendiéndose por esto la satisfacción con el tratamiento, beneficios derivados del tratamiento como reducción de malestar antes y después de la terapia, reducción de sintomatología, aumento en el funcionamiento global de la persona, aumento en la calidad de vida y la razón costo/beneficio del tratamiento. Las características de la muestra tienden a ser bastante diversas o *heterogéneas*. Por ende, al reflejar más el mundo real, la caracterización de la muestra aporta a la validez externa del estudio. Por otro lado, los y las participantes en estudios de efectividad no necesariamente están en busca de tratamientos. Estos o ya están en un tratamiento de salud mental o no se caracterizan por participar en dichos tratamientos. El *nivel de la intervención* también puede ser con la persona, el grupo o la familia, pero muy en particular puede incluir la organización como tal. De hecho, algunos estudios de efectividad están trabajando con clínicas enteras donde dichas unidades son asignadas a una intervención u otra. En estos casos, grupos enteros de pacientes (que aceptan participar) reciben un tratamiento determinado y son comparados a otros/as de otras unidades que no recibieron la intervención. Los estudios de efectividad tienden a estar compuestos por grupos *interdisciplinarios* de psicólogos, psiquiatras, trabajadores sociales, sociólogos y economistas. Un término (o *etiqueta*) frecuentemente utilizado para describir estos estudios es el de la "investigación de servicios clínicos" (*clinical services research*). Finalmente, el papel de la teoría de muchos de estos estudios es cuestionable. Desafortunadamente, muchos de estos estudios están guiados mas por los propios datos que por una articulación teórica.

Anteriormente reseñamos el estudio de Rosselló y Bernal (1999) que evidentemente es un estudio de eficacia. Por otro lado, en el capítulo 4 presentaremos un estudio de efectividad realizado en Puerto Rico. Además, ya hemos discutido el estudio de la revista *Consumer Reports* que también es un ejemplo de un tipo de estudio de efectividad. A continuación reseñamos tres estudios de efectividad con grupos diversos o minoritarios.

La participación en tratamientos específicos y los aspectos culturales del paciente fueron las variables estudiadas por Takeuchi, Sue & Yeh (1995). Estos autores compararon la tasa de regreso, la duración del tratamiento y el rendimiento de 1,516 afroamericanos, 1,888 asioamericanos, y 1,306 mejicoamericanos que recibieron un servicio donde elementos culturales de cada grupo se incorporaron al tratamiento. La continuación con los servicios, el número de sesiones y una escala global de mejoría se usaron para evaluar los resultados. Los resultados indicaron que los y las participantes que intervinieron en programas etnoespecífico tenían una tasa de participación mayor y una duración más larga en el tratamiento. Sin embargo, los efectos en el rendimiento no fueron claros.

En otro estudio (Yeh, Eastman, & Cheung, 1994) se investigó el papel de la etnicidad y el idioma en la terapia. Los investigadores exploraron el papel del idioma en el pareo de terapeuta-cliente con 4,616 asioamericanos, mejicoamericanos, afroamericanos y norteamericanos entre 6 y 17 años de edad. Los autores encontraron que la falta de pareo étnico fue un factor predictivo para los afro-, mejico-, y asio- americanos en darse de baja después de la primera sesión. Cuando el pareo de idioma ocurrió el idioma fue un factor significativo para los mejicoameircanos pero no para los asioamericanos.

Organista, Muñoz & González (1994) describen un estudio sobre el tratamiento de la depresión con grupos minoritarios de bajo ingreso. Los participantes fueron pacientes de una clínica de medicina primaria en un hospital general en San Francisco. Las personas recibieron terapia cognoscitiva conductual y la efectividad de la misma fue evaluada. Unos 175 pacientes fueron tratados y estos demostraron una mejoría significativa en las puntuaciones antes y después del tratamiento según el Inventario de Depresión de Beck. Los pacientes con los resultados más pobres eran los de mayor sintomatología al iniciar el tratamiento y los que no convivían con su pareja o un familiar. La taza de deserción fue mayor en los jóvenes, minorías, y los tratados en la modalidad de grupo. La tasa de participación en el estudio de efectividad fue la siguiente: 14% de los referidos asistieron a una sesión de evaluación, 29% inició terapia y el 12% terminó el tratamiento.

Conclusión y Resumen

Este capítulo comenzó planteando el problema de cómo los métodos para desarrollar el conocimiento inciden en lo que sabemos. Se argumentó que el "cómo" sabemos puede ser más determinante de lo que supuestamente sabemos. En otras palabras se parte del supuesto que el método condiciona el contenido del conocimiento. En este capítulo se planteó el problema del estado de la investigación psicoterapéutica con poblaciones "minoritarias". Primero se examinó el porqué la investigación con sectores poblacionales comúnmente denominados como "minorías étnicas" es necesaria. Segundo, se examinó los supuestos del saber y los problemas metodológicos y teóricos relacionados a este problema. Por último se presentó un esquema conceptual que pretende integrar las distintas vertientes metodológicas en el campo haciendo énfasis en las investigaciones orientadas al descubrimiento y aquellas orientadas a la verificación de hipótesis. De dicho esquema integrador, se desprenden las diferencias entre las investigaciones de eficacia y las de efectividad. El esquema sugiere una re-conceptualización de las prioridades de investigación y apunta hacia esfuerzos colaborativos para adelantar el estado de conocimiento en esta área.

Referencias

APA. (1996). Outcome assessment of psychotherapy. *American Psychologist, 51,* 1005-1072.

Canino, G. J., Bird, H. R., Shrout, P. E., Rubio-Stipec, M., Bravo, M., Martínez, R., Sesman, M., & Guevara, L. M. (1987). The prevalence of specific psychiatric disorders in Puerto Rico. *Archives of General Psychiatry*, *44*, 727-735.

Consumer Reports. (1995). Mental health: Does therapy help? 734-739.

Mahrer, A. R., White, M. V., Howard, M. T., Gagnon, R., MacPhee, D.C. (1992). How to bring about some very good moments in psychotherapy sessions. *Psychotherapy Research, 2,* 256-265.

Mays, V. M., & Albee,G. W. (1992). Psychotherapy and ethnic minorities. In D.K.Freedheim, (Ed.). *History of psychotherapy: A century of change.* (pp.552-570). Washington, DC: American Psychological Association.

Organista, K. C., Muñoz, R. F., & Gonzalez, G. (1994). Cognitive-behavioral therapy for depression in low-income and minority medical outpatients:mm Description of a program and exploratory analyses. *Cognitive Therapy & Research*, *18*, 241-259.

Rosello, J. M. & Bernal, G. (1999) The efficacy of CBT and IPI for depressed Puerto Rican Adolescent. *Journal of consulting and clinical psychology, 67,* 734-745.

Sue, S., Zane, N., & Young (1994). Research on psychotherapy with culturally diverse populations. In A. E. Bergin & S. L. Garfield (Eds). *Handbook of psychotherapy and behavior change.* (4th Edition) (pp. 783-820). New York: Wiley.

Seligman, M. P. E. (1996). Science as an ally of practice. *American Psychologist, 51*, 1072-1079.

Takeuchi, D. T., Sue, S., & Yeh, M. (1995). Return rates and outcomes from ethncity-specific mental health programs in Los Angeles. *American Journal of Public Health*, *85*, 638-6423.

Tricket, E. J.,Watts, R. J., & Birman, D. (Eds.). *Human Diversity: Perspectives on people in context.* San Francisco, Jossey-Bass.

Vessey, J. T., & Howard, K. I. (1993). Who seeks psychotherapy? *Psychotherapy, 30*, 546-553.

Yeh, M., Eastman, K., & Cheung, M. K. (1994). Children and adolescents in community health centers: Does the ethnicity or the language of the therapists matter? *Journal of Community Psychology*, *22*, 153-163.

CAPÍTULO 3:
Validez ecológica y sensibilidad cultural

Validez ecológica y sensibilidad cultural en la investigación psicoterapéutica[1]

En este capítulo, se presenta una perspectiva de sensibilidad cultural para los estudios de la efectividad de tratamientos como recurso para aumentar la validez ecológica en investigaciones de tratamiento. La relación entre validez externa, validez ecológica e investigaciones de sensibilidad cultural son examinadas. Un segundo objetivo es presentar un encuadre conceptual en torno a la sensibilidad cultural para fortalecer la validez ecológica en estudios sobre la efectividad de tratamientos. El cuadro conceptual incluye ocho dimensiones de las intervenciones de tratamientos (el lenguaje, la/s persona/s, la metáfora, el contenido, los conceptos, las metas, los métodos, y el contexto) que pueden servir como guía para el desarrollo de tratamientos de sensibilidad cultural y para adaptar tratamientos psicosociales existentes para grupos étnicos y minoritarios . Se ofrecen ejemplos de los elementos de la sensibilidad cultural para cada dimensión de la intervención. Aunque el foco de este artículo es en poblaciones latinas, el marco conceptual puede ser valioso para otros grupos étnicos y minoritarios.

Como resultado de los crecientes cambios demográficos acoplados con las demandas por grupos étnicos minoritarios para tratamientos justos e igual participación en todos los aspectos de la sociedad pluralista, una gran atención se ha centrado en el problema de desarrollar servicios clínicos adecuados y apropiados para poblaciones étnicas y minoritarias. El papel que juega la cultura y la etnicidad ha sido una consideración creciente para los clínicos de diversas orientaciones teóricas (Tharp, 1991). Se han formulado modelos de tratamiento que consideran el papel de la etnicidad, la cultura y temas minoritarios (McGoldrick, Pierce & Giordano, 1982). Sin duda, algunos autores han presentado encuadres conceptuales de trabajo para psicoterapeutas abordando el tema de la sensibilidad cultural (López et al., 1989). Otros han planteado una gama de investigaciones en torno a la sensibilidad cultural en la salud mental (Rogler, 1989).

Sin embargo, las investigaciones en torno a la efectividad de tratamientos no se mantiene a la par con estos desarrollos clínicos. La mayor parte de las investigaciones de tratamientos con adultos y niños no permite una generalización a poblaciones étnicas minoritarias. La pregunta fundamental en torno al tema de la generalización de los tratamientos subyace toda la investigación de eficacia y la misma tiene que ser considerada desde las fases tempranas de la conceptualización del problema, diseño de selección de prueba, medición, y colección de datos hasta en el desarrollo e implantación del tratamiento. Además, son pocos los trabajos que en la actualidad se están realizando para desarrollar y probar intervenciones culturalmente sensibles. Claramente hay una necesidad de tratamientos de validez ecológica en la investigación.

Este trabajo tiene dos fines: (1) proveer una perspectiva de sensibilidad cultural para las investigaciones de la eficacia de tratamientos (IET) como recurso para aumentar la validez ecológica de dichas investigaciones y (2) presentar un marco conceptual de trabajo preliminar para el desarrollo de intervenciones de sensibilidad cultural que contribuyan a fortalecer la validez ecológica de IET con grupos latinos en poblaciones latinoamericanas. Mientras que el énfasis de nuestra discusión va a ser con un grupo étnico en particular, (las personas hispanoparlates o latinas), el marco conceptual de trabajo propuesto puede tener relevancia para otros grupos étnicos y culturales.

Sensibilidad cultural y validez ecológica en la IET

Uno de los objetivos de las investigaciones de tratamientos con latinos es la evaluación de la eficacia o efectividad de los tratamientos y la efectividad comparativa de dichos tratamientos a través de las fronteras culturales. De acuerdo a la hipótesis cultural universal, un tratamiento debe seguir el mismo curso para todas las culturas. Por otro lado, la hipótesis de la compatibilidad cultural sugiere que un tratamiento es más efectivo cuando es compatible con los patrones culturales de el o la cliente (Tharp, 1991). El segundo acercamiento considera el contexto cultural en el diseño del tratamiento. Intervenciones de corte investigativo que toman en cuenta el contexto cultural en el que ese tratamiento es evaluado e impartido se conoce como sensibilidad cultural.

La literatura clínica con minorías étnicas en general, y latinos en particular, apunta hacia una integración de la hipótesis universalista y la hipótesis de compatibilidad cultural (Tharp, 1991). También la integración de las perspectivas "emic" (dentro de la cultura o particularista) y "etic" (fuera de la cultura o universalista) han sido propuestas (Bravo, Canino, Rubio-Stipec & Woodbury-Fariña, 1991); Washington & McLoyd, 1982). La perspectiva "emic" involucra la evaluación del fenómeno estudiado dentro de la cultura y su contexto (dentro de cultura) con el fin de entender su significación y su interrelación con otros elementos intraculturales. La perspectiva "etic" involucra la evaluacion del fenómeno fuera de la cultura. Su fin es identificar y comparar fenómenos similares a través de contextos culturales diferentes. La integración de las perspectivas "emic" y "etic" reorganizan la presencia de un fenómeno cultural único y permite la posibilidad de explorar equivalencias en comparación através de las culturas (Bravo et al., 1991). Tal esfuerzo integrativo puede trascender la controversia entre la dicotomía de la universalidad versus la particularidad y enfocar la disciplina a examinar como ambos aspectos "emic" y "etic" se manifiestan en un fenómeno psicológico, así como su interrelación.

De acuerdo con López y sus colegas (1989), la integración de las perspectivas "emic" y "etic" es un aspecto central en su marco conceptual de trabajo de sensibilidad cultural. Específicamente, una intervención culturalmente sensible está relacionada a la "capacidad de los y las clínicos/as de balancear la consideración de normas universales, normas de grupos específicos y normas de grupos individuales en (a) la diferenciación entre conducta normal y anormal (b) la consideración de factores etiológicos y (c) la implantación de intervenciones apropiadas" (López et al., 1989, p.370).

Las investigaciones sobre la sensibilidad cultural fueron vinculadas a los temas de validez ecológica, tan temprano como desde el 1977 con el trabajo seminal de Urie Bronfenbrenner (1977). Más tarde, Washington y McLoyd (1982) propusieron la necesidad de considerar procedimientos que aumentaran la validez externa de investigaciones en la que se involucran a grupos minoritarios. Se plantea, específicamente, que la validez externa puede ser asegurada siempre y cuando se consideren la validez cultural, la interpretativa, la poblacional, la ecológica y la de constructo.

De acuerdo a Washington y McLoyd (1982), la *validez cultural* se refiere a los métodos necesarios para identificar "las reglas" que gobiernan las conductas de individuos, grupos y sistemas mayores. La *validez interpretativa* está arraigada en la noción de la motivación, experiencia, metas y procedimientos realizados con personas bajo las condiciones de determinado estudio que condicionan sus acciones y sus necesidades y, por lo tanto, deben ser consideradas en la investigación. La *validez ecológica* es definida como el grado en el cuál hay congruencias entre el medio ambiente como se ha experimentado por el/la sujeto (o participante) y las propiedades del medio ambiente que el o la investigador/a cree que tiene (Bronfenbrenner, 1977). La *validez poblacional* concierne el tema de generalización. ¿Se puede generalizar de la muestra a la población? Además, ¿se puede generalizar de la población original contemplada en el estudio a otras poblaciones? Finalmente, la *validez de constructo* es una integración de la validez ecológica, poblacional, interpretativa y cultural dado que la lógica de la investigación interpreta que el constructo en cuestión significa lo que se supone que signifique.

La validez ecológica, como la utiliza Bronfenbrenner (1977), es un concepto utilizado para describir un acercamiento ecológico en investigación sobre el desarrollo humano. La noción de validez ecológica de Washington y McLoyd (1982) es parte de un concepto extenso de validez externa y está orientada al problema de la investigación con minorías. Estos acercamientos de validez ecológica no son limitados a los procesos de medición empleados en el estudio investigativo para incrementar la validez externa. Ellos van más allá de la noción tradicional de validez externa como el proceso que permite la generalización de suposiciones derivadas de la investigación para otros medio ambientes. Por un lado, los procedimientos derivados desde una perspectiva de validez ecológica pueden trabajar para aumentar la validez externa. Por otro lado, estos procedimientos pueden contribuir para aumentar la validez interna del estudio. Claramente, si la validez ecológica implica que el medio ambiente investigativo es experimentado por el/la cliente, como el/la investigador/a piensa que el/la cliente experimenta el tratamiento, entonces el proceso de investigación involucra tanto la integración de las categorías o dimensiones de sujetos (clientes) e investigador (terapeutas) sobre el medio ambiente ecológico como la situación experimental o del tratamiento. Por consiguiente, la investigación es un proceso en el cual las categorías de "sujetos" (o participantes) e investigadores/as son parte del proceso científico. La inclusión de esta experiencia compartida del medio ambiente investigativo es posible cuando los investigadores y las investigadoras toman en consideración el contexto cultural de un grupo en particular donde se realiza la investigación. Dado que la cultura determina el significado, el contexto cultural puede ser el punto de partida para la conceptualización, desarrollo y diseño de estudios de tratamientos. El desarrollo y adaptación de tratamiento e interpretación de los datos pueden surgir de ese mismo contexto.

En la investigación de tratamientos, la validez ecológica se refiere al grado en el cual el tratamiento o la intervención experimentada por el/la participante (por ejemplo, en un estudio de asignación aleatorio), "contiene las propiedades que se supone que tenga o las que el/la investigador/a presupone que tiene" la intervención (Brofenbrenner, 1977, p.516). El movimiento hacia tratamientos de sensibilidad cultural (Rogler, Malgady, Constantino & Blumenthal, 1987), psicoterapeutas sensibles a la cultura (López et al., 1989) intervenciones culturales compatibles (Tharp, 1991) y etnicidad en la terapia (McGoldrick et al., 1982) pretenden aumentar la congruencia entre la experiencia del cliente (de su mundo cultural o étnico en un programa de tratamiento particular) y las propiedades de ese tratamiento asumidas por el investigador y la investigadora o terapeuta. La validez ecológica del tratamiento psicoterapéutico está relacionada a las intervenciones de sensibilidad cultural. Sin embargo, mientras dichos procedimientos probablemente aumenten la validez ecológica de los tratamientos, este resultado no siempre está garantizado.

Hay una importante relación entre validez externa, validez ecológica y sensibilidad cultural. Un estudio que considera los cinco componentes de validez externa propuesta por Washington y McLoyd (1982) en cierto sentido, está considerando múltiples aspectos del contexto cultural (como es experimentado por los y las participantes y asumido por los y las investigadores). La mayoría de las IETs conducidos por, para, y con personas del mismo grupo cultural, implícitamente o de facto, consideran estos componentes de validez externa. Dichos estudios pueden ser considerados como altos en validez ecológica. De cualquier modo, en un contexto pluralista lo que es implícito para las necesidades de un grupo debe ser hecho explícito para otro. Con minorías étnicas, un estudio que tenga una buena validez externa (incluyendo la interpretativa, poblacional, ecológica, de constructo, y cultural) será de sensibilidad cultural.

Mientras que la literatura clínica y teórica revisada (por ejemplo, López et al., 1989; Rogler, 1989; Sue & Zane, 1987; Tharp, 1991; Tyler & Williams, 1991) sugiere importantes diferencias culturales entre minorías étnicas, no-minorías, y entre grupos minoritarios, estas diferencias raramente son consideradas en la conceptualización, diseño, selección de muestra, desarrollo de tratamiento y desarrollo de la investigación psicoterapéutica. Algunos investigadores han subrayado métodos específicos para realizar investigaciones de sensibilidad cultural o validez ecológica. Recientemente, Rogler (1989) examinó el problema de la investigación de sensibilidad cultural en salud mental. Más adelante revisaremos sus sugerencias.

Rogler (1989) ve la investigación de sensibilidad cultural como un proceso continuo donde los y las investigadores consideran la cultura del grupo por toda la empresa investigativa. Primero, él propone que la investigación de sensibilidad cultural en salud mental requiere una ampliación de los objetivos en la fase de pre-prueba para incluir un período de inmersión en la cultura del grupo a ser estudiado. Esto debe ocurrir por medio de métodos etnográficos de la observación del participante, y entrevistas con informantes conocidos. El proceso de pre-prueba puede contribuir a la capacidad de el o la investigador a incorporar conceptos que son culturales en la formulación teórica para un estudio.

Segundo, la investigación de sensibilidad cultural requiere que en la recopilación de datos en el campo el o la investigador/a realice adaptaciones al contexto cultural correspondiente. Dichas adaptaciones son necesarias dado que factores culturales pueden influenciar las propiedades psicométricas de los instrumentos.

Por lo tanto, los instrumentos deben ser evaluados para determinar su adecuaciadad para la población estudiada. Las adaptaciones y traducciones de los instrumentos necesitan ser realizados para lograr una equivalencia acertada o aproximada del significado entre los idiomas involucrados en la investigación. Los procedimientos de adaptación y traducción de los instrumentos de la investigación pueden ayudar a integrar el significado cultural con categorías específicas. Estudios en la confiabilidad de los instrumentos utilizados en las investigaciones pueden contribuir a mejorar la sensibilidad cultural de la misma.

Otro aspecto de la investigación de sensibilidad cultural implica el análisis de los datos cuando se están considerando diferencias entre grupos culturales. Por ejemplo, los y las investigadoras deben examinar la influencia de las variables demográficas en las dimensiones de la salud mental bajo estudio para la muestra completa y por un grupo cultural específico. Específicamente, Rogler (1989) sugiere la necesidad de controlar las variables demográficas cuando se hacen comparaciones intergrupales.

Marín (1990) define las intervenciones culturales apropiadas como estrategias de cambios de conducta que cumplen con tres criterios básicos: primero, que la intervención o tratamiento se basa en valores culturales del grupo o grupos de interés; segundo, que las estrategias que contiene el tratamiento deben ser cónsonas con la cultura subjetiva de un grupo étnico en particular; y tercero, que los componentes que son parte de la estrategia deben estar basados en las expectativas y preferencias conductuales de grupos étnicos y minoritarios.

En resumen, la investigación de sensibilidad cultural (Malgady, Rogler & Constantino, 1990; Rogler, 1989) vincula la consideración del contexto cultural a través de varias fases del proceso científico. Estas fases de la investigación incluyen la pre-prueba y la planificación de la investigación, la traducción de instrumentos, recopilación de los datos y los análisis e interpretación de los hallazgos.

Hacia un marco conceptual de trabajo para intervenciones de sensibilidad cultural con latinos

Cuando se consideran los elementos de sensibilidad cultural en la IET hay varios problemas que se necesitan identificar. Entre éstos, está la tensión entre el conocimiento cultural y el estereotipo. A veces, en respuesta a la información limitada por terapeutas sobre el trasfondo cultural de sus clientes, el problema puede ser no contemplar la información cultural cuando en efecto esto aplica (un error cultural tipo II) o suponer que hay un proceso cultural operando cuando en efecto ese no es el caso (un error cultural tipo I, que puede resultar en estereotipos).

Segundo, un sobre énfasis en los temas culturales puede enmascarar otros procesos fundamentales relacionados más cercanamente a la efectividad del tratamiento. Sue y Zane (1987) plantean la "credibilidad" y el "ofrecer" o dar dos procesos de trabajo con minorías étnicas. En su visión, el conocimiento cultural acertado sobre el o la cliente por el o la terapeuta aumenta la credibilidad con el/la cliente; esto, a su vez, se relaciona con la efectividad. Estos autores señalaron que, mientras la información cultural es ciertamente importante en el tratamiento, nosotros no debemos desatender las variables de tratamiento. También éstos sugieren un balance entre el proceso y el contenido.

Sin embargo, la sensibilidad cultural en sí misma puede ser vista como un proceso continuo que cambia en relación al tiempo y al contexto. En este sentido, como indicamos anteriormente, López et al., (1989) define a la sensibilidad cultural como un proceso por medio del cual la hipótesis cultural es constantemente evaluada en contra de las otras alternativas. En su encuadre de trabajo evolutivo sobre la sensibilidad cultural abarca la capacidad del/la terapeuta en considerar (a) conflictos entre perspectivas -emic versus -etic, (b) conductas normativas versus adaptativas,

(c) factores etiológicos, y (d) lo apropiado de intervenciones específicas.

Con estas consideraciones en mente, pasamos a nuestro marco conceptual de trabajo preliminar diseñado para lograr una sensibilidad cultural en las IET. Nos acercamos al problema de sensibilidad cultural desde la perspectiva clínica e investigativa. Revisamos la literatura clínica relevante durante los pasados 20 años en el tratamiento con latinos (incluyendo artículos teóricos, estudios de casos, informes clínicos y estudios de eficacia). Un análisis de la literatura con un enfoque de intervenciones de sensibilidad cultural y validez ecológica sugiere las bases de las dimensiones para el marco conceptual del trabajo. Nos acercamos al problema de los tratamientos de sensibilidad cultural teniendo en mente la adaptación y el desarrollo de manuales de tratamiento. Nuestro interés es desarrollar un marco conceptual de trabajo en torno a la sensibilidad cultural que pueda ser usado por investigadores e investigadoras clínicos ya bien sea para el desarrollo de un nuevo tratamiento o en la adaptación de tratamientos ya existentes para poblaciones latinoamericanas. También, como señalamos anteriormente, siempre y cuando los elementos de sensibilidad cultural son incorporados en un tratamiento específico se fortalece la validez externa de dicha investigación.

La tabla 1 presenta las dimensiones de una intervención y los elementos culturales correspondientes necesarios para la adaptación (o desarrollo) cultural de un tratamiento psicosocial. En la columna izquierda de la tabla hay una lista de ocho dimensiones correspondientes a las intervenciones de tratamiento. Las dimensiones no son necesariamente dicótomas y en algunas existe un traslapo entre una y otras dimensiones. En la columna derecha se presentan los elementos de sensibilidad cultural correspondientes para cada una de las dimensiones.

La primera dimensión considerada es el *lenguaje* de la intervención. El lenguaje es frecuentemente el portador de la cultura. Si las intervenciones no están disponibles en un lenguaje apropiado, el tratamiento puede ser dificultoso sino imposible de impartir (Bernal & Flores-Ortíz, 1982). Varios autores y autoras han hecho un llamado para realizar intervenciones con un lenguaje apropiado (por ejemplo, Dolgin, Salazar, & Cruz, 1987; Laval, Gómez & Ruíz, 1983) y otros han considerado que el conocimiento del idioma presume tener mayor familiaridad con el conocimiento cultural (Sue & Zane, 1987). El lenguaje también se relaciona con las expresiones de experiencias emocionales (Guttfreund, 1990; Marcos, 1979) y la necesidad de estas experiencias de ser consideradas en el proceso de tratamiento. De cualquier modo, las intervenciones que incluyen un lenguaje apropiado son más que una mera traducción mecánica o capacidad de tener la intervención disponible en el idioma o lenguaje relevante. Esfuerzos especiales se necesitan para asegurar el uso de un lenguaje culturalmente sintónico en ciertos tratamientos, particularmente con sectores marginados y grupos de diferentes regiones o subculturas. El uso del lenguaje caracterizado por una sensibilidad cultural puede ser instrumental en asegurar que la intervención sea recibida con la intención que fue administrada.

Tabla 1.
Elementos de la sensibilidad cultural y las dimensiones de tratamiento para la intervención de investigaciones clínicas

Intervenciones	Elementos de Sensibilidad Cultural
1. Lenguaje	Apropiado culturalmente; lenguaje culturalmente sintónico
2. Personas	Rol de similitudes étnicas/ raciales y diferencias entre cliente y terapeuta en moldear la relación terapéutica
3. Metáforas	Símbolos y conceptos compartidos con la población; refranes o "dichos" en el tratamiento
4. Contenido	Conocimiento cultural; valores, costumbres, tradiciones, lo único o particular de un grupo en su composición social, económica, histórica y política.
5. Conceptos	Conceptos de tratamientos consistentes con la cultura y el contexto; dependencia vs. interdependencia; emic (dentro de la cultura, lo particular) y -etic (fuera de la cultura, lo universal).
6. Metas	Transmisión de valores culturales positivos y adaptativos; apoyar valores adaptativos de la cultura de origen.
7. Métodos	Desarrollo y/o adaptación cultural de los métodos del tratamiento. Ejemplos: "modelaje" para incluir tradiciones cónsonas con la cultura (por ejemplo, terapia de cuentos - basada en cuentos populares) "re-estructuración cultural" en el abuso de drogas como conflictos intergeneracionales y culturales; uso del lenguaje (formal e informal); prueba de la hipótesis cultural; uso de genogramas, "dialogo cultural migratorio".
8. Contexto	Consideración contextual y de la transición del contexto durante el tratamiento o intervención; estrés aculturativo, fases de migración; etapas de desarrollo; apoyo social y relaciones en el país de origen; contexto social y económico de la intervención.

La dimensión de las *personas* de la intervención se refiere a las variables de los y las clientes y los y las terapeutas, como bien a la relación entre esos individuos (consideramos desarrollar una dimensión de la relación por separado). Los elementos de sensibilidad cultural en esta dimensión se centraron en el rol de las similitudes y diferencias étnicas y raciales entre cliente y terapeuta. La mayor parte de la investigación en esta área ha sido realizada por psicoterapeutas afroamericanos y anglosajones (por ejemplo., Tyler, Brome & Williams, 1991). Sin embargo más allá de la consideración de un pareo entre un terapeuta y un cliente en torno a la raza, Jones (1978) sugirió que la discusión directa del tema de la raza (en un escenario no amenazante) es fundamental para un resultado efectivo. Recientemente, Tyler, Brome, y Williams (1991) propusieron un modelo de validez étnica arraigada en la necesidad de un modelo que "permita la aceptación del proceso terapéutico de modos de vida diferentes como válida ... y lidiar con cómo entender y trabajar las similitudes y diferencias en la relación terapéutica" (p.24). Mientras muchos han escrito acerca de cómo los factores culturales (usualmente del cliente) influencian las relaciones, estos autores consideran el rol de la propia cultura del/la terapeuta. La sugerencia de Tyler, Brome y Williams es de construir modelos para considerar la visión de mundo del/la terapeuta como producto de un ambiente cultural y de su relación terapéutica. Desde el punto de vista del desarrollo de manuales de tratamientos psicosociales, una pregunta a considerar es, si dichos tratamientos tienen la flexibilidad para considerar similitudes y diferencias étnicas y raciales en moldear la relación terapéutica.

La próxima dimensión de la Tabla I consiste de las *metáforas* de la intervención. Por medio de las metáforas nos referimos al uso de símbolos y conceptos compartidos por una población en cuestión. Por ejemplo, en las familias latinas o de origen latinoamericano, Muñoz (1982) destaca la importancia de darle la bienvenida a los y las clientes de tal manera que éstos se sientan entendidos, cómodos y en un ambiente familiar con objetos, símbolos e imágenes de su cultura en la sala de espera. Además, la intervención misma puede ser culturalmente cónsona con las ideas, refranes e imágenes tales como la terapia de cuento (Constiantino, Malgady & Rogler, 1986) desarrollada en el Centro de Investigación Hispano en el Bronx, New York. Los "dichos" que son refranes han sido descritos como definiciones útiles introduciendo metáforas en la terapia con latinos. Se ha encontrado que el uso de metáforas en el lenguaje reduce la resistencia, aumenta la motivación y refuerza el ambiente cultural del tratamiento (Zuñiga, 1992).

La cuarta dimensión se refiere al *contenido*, definido como conocimiento cultural. Este es tal vez, el tema más frecuentemente citado en el campo y representa un reto importante para investigadores e investigadoras de la eficacia de tratamientos en una sociedad multicultural. Cómo manejar la información cultural sobre los valores, las costumbres y las tradiciones en una manera que refleje la apreciación de diferencias generacionales acopladas con un compromiso para cambio clínicos es la pregunta clave en esta dimensión del tratamiento. Algunos autores (por ejemplo., Bernal, 1982; Bernal & Flores-Ortíz, 1982; Falicov, 1982; García-Prieto, 1982; Inclán & Hernández, 1992; Marín & Marín, 1991; & Szapocznik, Santiesteban, Kurtines, Hervis,& Spencer, 1982) sugieren, como punto de partida, una familiarización con los valores básicos de la cultura latina (por ejemplo, la colateralidad o alocentrísmo, la "simpatía", la familiarización, el "respeto", el espacio personal, el tiempo de orientación, roles de género, entre otros). Otros consideran que la unidad étnica y cultural del grupo necesita ser parte integral de tanto la evaluación como el plan de tratamiento. Entre los latinos y las latinas hay una diferencia particular en los factores sociales, económicos, históricos y políticos (Bernal & Echautegui, (1994). Los manuales de tratamiento pueden ser adaptados para incorporar valores culturales y validar la unicidad de un grupo étnico particular. Por ejemplo, en un contexto familiar, la tarea de completar un genograma puede ser un vehículo para considerar valores cambiantes y la unicidad del grupo. La discusión del genograma como parte del tratamiento puede ser utilizado para que surja información acerca de la historia, el contexto social y la cultura de la familia (Flores-Ortíz & Bernal, 1989).

A pesar de encontrarse en la literatura extensas referencias al tema del contenido cultural, generalmente los acercamientos plantean un proceso aditivo hacia la problemática de tener tratamientos apropiados y aceptables. Un acercamiento puramente aditivo pierde de perspectiva que los tratamientos psicosociales son de por sí un ajuste cultural entre el cliente y la sociedad. Los y las terapeutas son mediadores en un proceso de adaptación cultural, aunque con personas no minoritarias este asunto no es tan explícito. El proceso de adaptación y cambio cultural es progresivo. El enfrentar estos temas puede considerarse como menos importante cuando ambos, el o la terapeuta y el o la cliente, comparten la misma cultura. El manejo del contenido cultural se torna crítico cuando se pretende trabajar con minorías étnicas, donde una base en común de experiencias compartidas son deseables en el contexto terapéutico.

La dimensión de conceptos se refiere al constructo utilizado como parte del modelo teórico psicosocial. [2] La investigación sobre tratamientos está usualmente ubicada en un modelo teórico particular del cual los métodos de evaluación y la prueba de hipótesis son parte integral. Cómo el problema que trae el o la cliente es conceptualizado dentro del modelo de tratamiento y comunicado al cliente es central para esta dimensión. El grado de consonancia o consistencia entre los conceptos del modelo de tratamiento con el contexto y la cultura es crítico. Sue y Zane (1987) sugirieron que, si la presentación del problema es conceptualizada en una manera inconsistente con la creencia del sistema de los y las clientes, la credibilidad de éstos se reduce y por ende la eficacia del propio tratamiento es amenazada. La consonancia con los conceptos del tratamiento utilizados en una determinada intervención necesita ser cuidadosamente evaluada en términos de su sensibilidad cultural. Además, las nociones de patología fundamentales necesitan ser examinadas en relación a la tensión entre la perspectiva -emic versus -etic. Por ejemplo, la dependencia es un valor negativo en muchas conductas desarrolladas. Por ende, conceptos que hacen referencia a procesos psicopatológicos como la simbiosis, la fusión, o la aglutinación (enmeshment), todos hacen referencia a un mismo proceso subyacente que puede tomar diferentes matices en culturas caracterizadas por la dependencia o que valoran la interdependencia.

Las *metas* del tratamiento representa la sexta dimensión del marco conceptual de trabajo. Claramente, la congruencia entre el/ la terapeuta y el/la cliente en las metas del tratamiento son deseables en la mayoría de los escenarios de tratamiento. Si hay discrepancias entre las metas de tratamiento planteadas por la diada terapéutica, la credibilidad del/la terapeuta probablemente disminuye (Sue & Zane, 1987). Además, la dimensión de las metas se solapa con la dimensión de contenido cultural. Es deseable encuadrar las metas del tratamiento dentro de los valores, costumbres y tradiciones del grupo en cuestión. Por ejemplo, un número de problemas presentados que involucran la disciplina de los niños tal como la hiperactividad o desórdenes de conducta (dentro del encuadre de trabajo familiar) pueden ser re-definidos como asuntos en torno al respeto o la falta de respeto (Bernal & Flores-Ortíz, 1982). El "respeto" es una noción congruente con valores latinos. Una de las metas de la terapia puede ser aumentar el "respeto" para todos en la familia. Más allá de estas consideraciones, la literatura sugiere la transmisión de valores culturales y adaptativos (Rogler, 1989) y el apoyo a los valores adaptativos de la cultura de origen (Bernal, 1982) como importantes consideraciones en establecer metas de tratamiento.

Métodos o procedimientos para realizar las metas definidas en el tratamiento constituyen la siguiente dimensión. Hay una amplia gama de sugerencias en la literatura de cómo incorporar el conocimiento cultural dentro de los procedimientos del tratamiento. (por ejemplo., Acosta, Yamamoto & Evans, 1982:

Comas-Dias & Griffith, 1988; McGoldrick et al., 1982). Aquí destacamos los procedimientos usados en estudios de la eficacia de tratamientos con niños y adolescentes latinos.

Si los métodos, las tareas y los procedimientos para resolver los problemas a ser empleados por el/la terapeutas requieren de respuestas que no son compatibles o aceptables para la cultura del/la cliente (Sue & Zane, 1987), la probabilidad del éxito del tratamiento se reduce. Una forma de asegurar la compatibilidad cultural es la inclusión de otros miembros de la familia en el tratamiento, dada la importancia de la familia en la cultura latina. No es sorprendente que la terapia de familia es considerada como una modalidad de tratamiento compatible con los valores de la cultura latina y es frecuentemente recomendada como una modalidad de preferencia de grupos latinos (Bernal, 1982; Flores-Ortíz & Bernal, 1989; Falicov, 1982; GarcíaPrieto, 1982).

En un estudio de la terapia estructural de la familia, Szapocznik y Rio et al. (1989) examinaron la eficacia de la terapia estructural familiar, la terapia psicodinámica del niño, y la condición recreacional de control con niños latinos de 6 a 12 años. Szapocznik y sus colegas, basados en un trabajo anterior, razonaron que la terapia estructural familiar está bien capacitada para esta población por el pareo entre los valores de acercamiento estructural y las orientaciones de los valores y los estilos interpersonales de preferencia por los latinos y las latinas (Szapocznik et al., 1987, 1990). En otras palabras, los valores inherentes al propio acercamiento se piensa que son congruentes a los de la población en cuestión y por ende se consideran poseer sensibilidad cultural.

Sin embargo, mientras que un programa de tratamiento completo como el de la modalidad de la terapia de familia estructural puede ser culturalmente sensible, hay unas técnicas específicas que utilizan la cultura como un medio para acercarse, comprometer y tratar problemas específicos de la familia latina. Spiegel (1971) propuso el concepto de la noción del terapeuta como un "agente" cultural, un enlace para la familia entre dos culturas. Como intermediario, el terapeuta hace una reinterpretación de los conflictos de la familia a la luz de las presiones hacia la aculturación, la crisis de migración y los conflictos de lealtad entre la nueva cultura y la cultura de origen.

La modalidad de tratamiento estructural familiar como lo diseña Szapocznik y sus colegas (Szapocznik & Kurtines, 1989) hace uso extensivo de las técnicas de "re-estructuración cultural" (Falicov & Karrer, 1984; Inclán & Heron, 1985). Por ejemplo, un problema de abuso de drogas o de disciplina con uno de los niños es típicamente reestructurado como un conflicto entre los valores latinos más tradicionales y la expectativas de los padres versus los valores más contemporáneos y las expectativas de los hijos e hijas niños (que se han integrado más a la cultura huésped). De esta manera los conflictos intergeneracionales son re-definidos como conflictos culturales y el problema presente es reinterpretado como congruente con el estrés de migración y aculturación. El o la terapeuta estructural, similar al agente de corretaje cultural de Spiegel (1971), ayuda a los dos grupos a negociar nuevas reglas de juego para respaldar una mayor diferenciación del sistema familiar.

Como se mencionara anteriormente, los genogramas pueden ser una herramienta para incorporar el contendiente cultural en el tratamiento. El uso de genogramas como tareas prescritas para familias ha sido incorporado en el manual de tratamiento de un estudio sobre la eficacia de la terapia intergeneracional para el abuso de drogas (Bernal et al., 1987). Los genogramas fueron discutidos con la familia y utilizados como herramientas para aprender acerca de los antecedentes sociales, históricos, y culturales (Flores-Ortíz & Bernal, 1989), así como para los propósitos más convencionales en la evaluación del sistema familiar (McGoldrick & Gersen, 1985). Similarmente, la técnica de "diálogo de migración cultural" (Inclán & Hernandez, 1982) es otra manera de introducir una discusión de la migración, la aculturación, y el choque cultural experimentados por los latinos y las latinas. Ya sea con el uso de genogramas o del diálogo de la migración cultural, los/las terapeutas desvían la atención de la discusión del problema hacia la historia, los valores, la migración, la cultura y el contexto.

Un acercamiento diferente a la sensibilidad cultural fue utilizado por Constantino, Malgady, y Rogler (1986). Estos autores examinaron la efectividad de una terapia de modelaje diseñada a ser sensible a la cultura latina. Niños de alto riesgo fueron asignados a recibir la terapia de cuento, la terapia tradicional o a no recibir tratamiento. La modalidad de tratamiento experimental consiste en cuentos o "fábulas". Las historias fueron extraídas directamente de la cultura puertorriqueña y el tratamiento fue administrado por miembros del personal bilingües y biculturales. Los resultados indicaron que la terapia de cuento reduce significativamente la ansiedad en comparación con la terapia tradicional y el grupo de control. Los hallazgos se mantuvieron estables por mas de 1 año posterior al tratamiento. En este estudio de eficacia, un procedimiento de modelaje fue adaptado para incluir tradiciones culturales cónsonas con los valores, la metáforas y las imágenes de la cultura.

El uso del lenguaje puede ser una importante herramienta metodológica en el tratamiento. El/la terapeuta puede escoger hablar en un idioma u otro como medio para lograr una meta en particular con familias que tienen miembros con diferentes grados de fluidez con el español o el inglés. Similarmente, cuando se habla en español, el uso de las formas familiares o formales del lenguaje pueden apoyar fronteras generacionales (Bernal & Flore-Ortíz, 1982). También, el uso de la forma diminutiva de sustantivos pueden servir para fomentar discusiones de temas difíciles.

Finalmente, otro método a ser considerado es la variante de los procedimientos sugeridos por López et al. (1989) al cual le hemos incorporado pasos del mismo método científico. Por ende, una manera de probar la hipótesis de la sensibilidad cultural puede consistir en lo siguiente: (a) la formulación de una hipótesis sobre cómo un síntoma o problema se relaciona a un fenómeno cultural; (b) la formulación de una hipótesis alterna; (c) el desarrollo de una intervención específica basada en la hipótesis cultural; (d) la prueba de la intervención en una situación clínica; (e) la evaluación de la hipótesis vis-á-vis de los datos clínicos; y (f) la confirmación, desconfirmación, o revisión de la hipótesis original.

El *contexto* es la última dimensión del marco conceptual. Los elementos de sensibilidad cultural de la dimensión del contexto consideran dicho proceso como un estrés aculturativo, fases de migración, etapas evolutivas, disponibilidad del apoyo social y la relación de la persona con la cultura y país de origen. Los contextos sociales, económicos y políticos de la intervención necesitan ser considerados como parte de la intervención. Similar al método de verificación de hipótesis sugerido anteriormente, el mismo procedimiento puede ser empleado para desarrollar hipótesis que vinculen los síntomas o problemas a los procesos sociales mencionados como el estrés aculturativo, la migración, o las condiciones económicas (Bernal, 1988).

La revisión de la literatura de Tharp (1991) en torno a la naturaleza contextual de tratamientos para niños y niñas sugiere una ruptura con el uso de modelos basados en el tratamiento individual. El plantea que "para que el/la terapeuta encare al cliente através del abismo cultural, el tratamiento a considerar primero debe ser la intervención comunitaria; como segunda consideración, la terapia de redes; la tercera consideración, la terapia de familia; la cuarta, el tratamiento de grupo; y la última de todas, el tratamiento individual" (Tharp, 1991, p. 809).

Resumen y Conclusión

Hemos presentado algunos de los aspectos claves de la validez ecológica y de la sensibilidad cultural que son de importancia para la investigación de tratamientos de eficacia. Una perspectiva de sensibilidad cultural en la investigación de eficacia puede ser un buen recurso para aumentar la validez ecológica de la investigación de tratamientos. Un cuadro conceptual preliminar compuesto de ocho dimensiones de las intervenciones del tratamiento se presentó con el objetivo de desarrollar elementos de la sensibilidad cultural para cada dimensión. El cuadro conceptual puede servir como guía para el desarrollo de tratamientos de sensibilidad cultural o para adaptar tratamientos psicosociales ya existentes para grupos minoritarios específicos.

Sin embargo, el cuadro conceptual es un esfuerzo preliminar. Como tal, tiene varias limitaciones que deben ser consideradas. Por ejemplo, en este encuadre no se hacen claras las diferencias entre tratamientos psicosociales para latinos en su país de origen y otros grupos latinos que enfrentan el estresor de la inmigración, condición de refugiado y la aculturación. Por lo tanto, el proceso de inmigración y aculturación pueden estar contaminados con procesos culturales. Pero ¿es razonable pensar que la experiencia de un grupo como minoría étnica, como la de los latinos y las latinas en Estados Unidos, es separable de su contexto cultural? Otra limitación es el asunto del problema de la equivalencia entre un tratamiento adaptado o sensibilizado culturalmente y la intervención convencional. ¿Son estos tratamientos equivalentes en su contenido? La respuesta a estas limitaciones se puede hallar, en parte, en orientación de ecología y validez cultural a la investigación. En tanto y en cuanto hay un acuerdo entre la ecología experimentada por la persona o sujeto y las propiedades del medioambiente asumidas por el o la investigador, se cumple con el criterio de validez ecológica.

Notas

[1] Este capítulo se basa en el trabajo de Bernal, G., Bonilla, J. y Bellido, C. (1994) Ecological Validity an Cultural Sensibility for Outcome Research: Issues for Cultural Adaptation and Development of Psychosocial Treatments with Hispanics. *Journal of Abnormal Child Psychology, 23*, 67-82. Se impreme la versión en español del trabajo originalmente en inglés con la autorización de la Editorial Plenum Publishing Corporation.

[2] Frecuentemente las nociones subyacentes de los conceptos utilizados con minorías étnicas se basan en un modelo de déficit. Una alternativa es basar dichos conceptos en el supuesto que diferentes grupos culturales construyen sus tradiciones, normas, valores, entre otros con el objetivo de facilitar el desarrollo de personas competentes y productivas de ese grupo cultural.

Referencias

Acosta, F. X., Yamamoto, J., & Evans, L. A. (1982). *Effective psychotherapy for low-income and minority patients.* New York: Plenum Press.

Bernal, G. (1982). Cuban families. In M. McGoldrick, J.K. Pearce, & J. Giordano (Eds.), *Ethnicity and family therapy* (pp.187-207). New York: Guildford Press.

Bernal, G., (1988). Latino families: Toward a progressive family therapy framework. *The Community Psychologist, 21,* 2. 29-31.

Bernal, G., & Flores-Ortiz, Y. (1982). Latino families in therapy: Engagement and evaluation. *Journal of Marital and Family Therapy, 8,* 357-365.

Bernal, G., Flores-Ortiz, Y., Sorensen, J., Miranda, J., Diamond, G., & Alvarez, M.A. (1987). *Intergenerational family therapy for methadone maintenance patients: A treatment outcome study.* Presented at the annual meeting of the Society for Psychotherapy Research, Ulm, West Germany.

Bernal, G., & Enchautegui, N. (1994). Hispanics in community psychology: A review of the literature. *American Journal of Community Psychology.*

Bravo, M., Canino, G. J., Rubio-Stipec, M., & Woobury-Fariña, M. (1991). A cross-cultural adaptation of a psychiatric epidemiology instrument: The

Diagnostic Interview Schedule adaptation in Puerto Rico. *Culture, Medicine and Psychiatry. 15,* 1-18.

Bronfenbrenner, U. (1977). Toward an experimental ecology of human development. *American Psychologist. 32,* 513-531.

Comas-Dias, L., & Griffith, E. E. H. (1988). *Clinical guidelines in crosscultural mental health.* New York: Wiley.

Constantino, G., Malgady, R. G., & Rogler, L. H. (1986). Cuento therapy: A culturally sensitive modality for Puerto Rican children. *Journal of Consulting and Clinical Psychology, 54,* 639-645.

Dolgin, D. L., Salazar, A., Cruz, S. (1987). The Hispanic treatment program: Principles of effective psychotherapy. *Journal of Contemporary Psychotherapy, 17,* 285-299.

Falicov, C. (1982). Mexican American families. In M. McGoldrick, J. K. Pearce, & J. Giordano (Eds.), *Ethnicity and family therapy* (pp.134-163). New York: Guildford Press.

Falicov, C., & Karrer, B. M. (1984). Cultural variations in the family life cycle: The Mexican American family. *International Journal of Family Therapy, 6,* 18-30.

Flores-Ortiz, Y., & Bernal, G. (1989). Contextual Family Therapy of addiction with Latinos. *Journal of Psychotherapy and the Family, 6,* 123-142.

García-Prieto, N. (1982). Puerto Rican families. In M. McGoldrick, J.K. Pearce, & J. Giordano (Eds.), *Ethnicity and family therapy* (pp.164-186). New York: Guildford Press.

Guttfreund, D. G. (1990). Effects of language usage on the emotional experience of Spanish-English and English-Spanish bilinguals. *Journal of Consulting and Clinical Psychology, 58,* 604-607.

Inclan, J., & Heron, G. (1985). Ecologically-oriented therapy with Puerto Rican adolescents and their families. In J. T. Gibbs & L. N. Hung (Eds.), *Psychological treatment of minority children and adolescents* (pp. 251-277). San Francisco: Jossey-Bass.

Inclan, J., & Hernandez, M. (1992). Cross-cultural perspectives and codependence: The case of poor Hispanics. *American Jornal of Orthopsychiatry, 62,* 245-255.

Jones, E. E. (1978). Effects of race on psychotherapy process and outcome: An exploratory investigation. *Psychotherapy: Theory, Research, and Practice, 15,* 226-236.

Laval, R. A., Gomez, E. A., Ruiz, P. (1983). A language minority: Hispanic

Americans and mental health care. *American Journal of Social Psychiatry, 3,* 42-49.

López, S. R., Grover, K. P., Holland, D., Johnson, M. J., Kain, C. D., Kanel, K., Mellins, C. A., & Culkin, M. (1989). Development of culturally sensitive psychotherapists. *Professional Psychology: Research and Practice. 20*, 369-376.

Malgady, R. G., Rogler, L. H., & Costantino, G. (1990). Culturally sensitive psychotherapy for Puerto Rican children and adolescents: A program of treatment outcome research. *Journal of Consulting and Clinical Psychology, 58,* 704-712.

Marcos, L. R. (1976). Bilinguals in psychotherapy: Language as an emotional barrier. *American Journal of Psychotherapy, 30,* 552-559.

Marín, G. (1990). *Culturally appropriate interventions in health promotion: Why and how.* San Francisco: University of San Francisco Social Psychology Laboratory Technical Report #4.

Marin, G. & Marin, B. V. (1991). *Research with Hispanic populations.* Newbury Park, CA: Sage.

McGoldrick, M., Pierce, J., & Giordano, J. (1982). *Ethnicity and family therapy.* New York: Guilford.

McGoldrick, M., & Gerson, R. (1985). *Genograms in family assessment.* New York: Norton.

Muñoz, R. F. (1982). The Spanish speaking consumer and the community mental health center. In E. E. Jones & S. Korchin (Eds), *Minority mental health* (pp. 362 398). New York: Praeger.

Rogler, L. H. (1989). The meaning of culturally sensitive research in mental health. *American Journal of Psychiatry. 146*, 296-303.

Rogler, L. H., Malgady, R. G., Constantino, G., & Blumentahal (1987). What do culturally sensitive mental health services mean? The case of Hispanics. *American Psychologist, 42,* 565-570.

Sue, S., & Zane, N. (1987). The role of culture and cultural techniques in psychotherapy: A critique and reformulation. *American Psychologist, 42,* 37-45.

Spiegel, J. *Transactions: The interplay between individual, family, and society.* New York: Science House, 1971.

Szapocznik, J., Santisteban, D., Kurtines, W. M., Hervis, O. E., & Spencer, F. (1982). Life enhancement counseling: A psychosocial model of services for Cuban elders. In E. E. Jones & S. Korchin (Eds), *Minority mental health.* (pp. 296-330). New York: Praeger.

Szapocznik, J., Rio, A., Murray, E., Cohen, R., Scopetta, M., RivasVasquez, A., Hervis, O., Posada, V., & Kurtines, W. (1989). Structural family versus psychodynamic child therapy for problematic Hispanic boys. *Journal of Consulting and Clinical Psychology, 57,* 169-174.

Tharp, R. G. (1991). Cultural diversity and treatment of children. *Journal of Consulting and Clinical Psychology, 59*, 799-812.

Tyler, F. B., Brome, D. R., & Williams, J.E. (1991). *Ethnic validity, ecology, and psychotherapy: A psychosocial competence model.* New York: Plennum.

Washington, E. D., & McLoyd, V. (1982). The external validity of research involving American minorities. *Human Development. 25,* 324-339.

Zuñiga, M. E. (1992). Using methaphors in therapy: Dichos and Latino clients. *Social Work, 37,* 55-60.

CAPÍTULO 4:
Factores asociados a la efectividad en la psicoterapia: Un estudio exploratorio

Factores asociados a la efectividad en la psicoterapia: Un estudio exploratorio[1]

La investigación psicoterapéutica no ha recibido mucha atención en países latinoamericanos, incluyendo a Puerto Rico. Es necesario desarrollar instrumentos y elaborar modelos de evaluación que nos permitan documentar la efectividad de diversas intervenciones psicosociales. A estos fines, en este capítulo se presenta un trabajo orientado a *explorar* los factores asociados a la efectividad de la psicoterapia utilizando un método descriptivo. Setentinueve personas que habían recibido servicios de psicoterapia accedieron a participar en una encuesta para evaluar la psicoterapia. Los y las participantes completaron un cuestionario extenso sobre información demográfica, el proceso de la psicoterapia y los resultados de la misma en torno al problema presentado. Se confeccionó un banco de datos con dos tipos de información: una retrospectiva desde la perspectiva de la clientela y otra a base del expediente. Esta última incluyo puntuaciones en el Inventario de Depresión de Beck y la Lista de Cotejo de Síntomas 36 al iniciar la psicoterapia, el número de sesiones recibidas y la fecha de terminación del tratamiento. Los resultados indican que la severidad sintomatológica, la edad, el número de sesiones y la alianza psicoterapéutica son variables que están asociadas a la efectividad de la psicoterapia de manera positiva. También, los resultados indican que la alianza es el factor que explica un 48% de la variabilidad en relación a la efectividad. Los resultados sugieren que la alianza psicoterapéutica amerita mayor estudio en las investigaciones de efectividad, así como en programas de adiestramiento clínico. Se discuten además las implicaciones de los resultados así como las limitaciones del estudio.

La investigación psicoterapéutica es uno de los pilares que en la actualidad fundamenta el campo de la psicología clínica. Sin embargo, esta área de investigación no ha recibido mucha atención en países latinoamericanos, incluyendo a Puerto Rico (Beutler & Crago, 1991; Bernal, 1993a). A pesar de tener disponible un cuerpo de información sobre diversos tratamientos psicosociales y psicoterapéuticos, en su mayoría estas investigaciones no son generalizables a poblaciones latinoamericanas, específicamente a Puerto Rico (Cervantes & Castro, 1985; Greene, 1987; Rogler, Malgady & Rodríguez, 1989). Por ende, nos enfrentamos a la necesidad de evaluar instrumentos y modelos de intervención ya desarrollados en otros contextos y de elaborar instrumentos y modelos propios que respondan a nuestra realidad (Bernal, Bonilla & Bellido, 1994; Bravo, Canino & Bird, 1987).

La investigación a presentar surge de un esfuerzo encaminado a desarrollar instrumentos e iniciar estudios de efectividad en nuestro entorno. En esta ocasión presentaremos un trabajo orientado a *explorar* los factores asociados a la efectividad de la psicoterapia utilizando para ello un método descriptivo.

Los estudios de *eficacia* se pueden identificar tomando como base la pregunta de investigación. Por ejemplo, la pregunta: ¿es la psicoterapia *efectiva* o no?, estimuló una generación de estudios sobre la *eficacia* de tratamientos específicos (Bergin & Lambert, 1978) utilizando diseños experimentales con grupos de control. Posteriormente, la pregunta de eficacia se reformuló de la siguiente forma: "¿Qué tratamiento, para qué persona, con cuáles características, en qué situaciones y con qué problemas es efectivo o no?" (Paul, 1967, p. 111). Dicha reformulación impulsó una nueva generación de estudios de mayor especificidad en donde también se utilizaron métodos experimentales. Para el final de la década del 1970, con la introducción de métodos metaanalíticos y una amplia literatura de corte experimental (Smith & Glass, 1977), la pregunta sobre la eficacia de la psicoterapia recibió una respuesta positiva. Habiendo establecido que en términos generales la psicoterapia produce cambios positivos en comparación a un grupo de control, la pregunta en torno al proceso tomó mayor importancia. Comenzó una línea de investigación en torno al *proceso* en relación al *resultado* o *rendimiento* psicoterapéutico (Orlinsky & Howard, 1986). Tras haberse demostrado la efectividad de ciertas intervenciones con trastornos específicos y para cierta clientela, la pregunta investigativa más reciente concierne a la *eficiencia*, es decir efectividad en relación al costo de la intervención (Hargreaves, 1994).

Nuestra investigación pretende ofrecer un acercamiento exploratorio y descriptivo. Howard, Orlinsky y Lueger (1993) sugieren que para adelantar la investigación clínica adoptemos métodos exploratorios. Dichos métodos tienen un mayor énfasis en la generalización y la réplica constructiva de los resultados encontrados en la literatura. Este acercamiento, también conocido como "naturalista" implica una mayor atención a los métodos cuasi-experimentales en el diseño de una investigación que permitan evaluar las amenazas más probables a la validez interna y externa de un determinado estudio.

Hace casi 21 años, Strupp, Wallach y Wogan (1964) realizaron una investigación sobre la experiencia en la psicoterapia desde la perspectiva del cliente. Este fue un estudio de corte exploratorio y descriptivo que sentó las pautas para investigaciones subsiguientes. En dicha investigación, se buscaba un mejor entendimiento de los factores entre clientes y terapeutas para explicar el cambio terapéutico. Un total de 44 ex-pacientes y sus respectivos terapeutas participaron en el estudio al completar un cuestionario. Strupp y colegas encontraron un consenso entre terapeutas y clientes en torno a los factores esenciales para un rendimiento terapéutico. La mayoría de las personas participantes indicaron haberse beneficiado de la psicoterapia. Específicamente, un 55% de las personas indicaron sentirse extremadamente satisfechas con los resultados de la terapia, un 23% dijo estar moderadamente satisfechos y un 20% indicó distintos grados de ambivalencia. Esta investigación es de importancia por ser uno de los primeros esfuerzos sistemáticos en evaluar la efectividad de la psicoterapia desde la perspectiva de la clientela.

La literatura más reciente en torno a la investigación apoya la tesis de que una relación positiva entre cliente y terapeuta (la alianza) es una variable del *proceso* importante en determinar el rendimiento de una intervención psicoterapéutica (Alexander & Luborsky, 1986; Alvarez, 1991; Bordin, 1985; Marmar et al., 1986; O'Malley et al., 1983; Orlinsky & Howard, 1986; Hartley, 1985). La alianza es la relación que se da entre cliente y terapeuta en el proceso de psicoterapia. La investigación propuesta parte de una conceptualización meta-teórica de la alianza (Bordin, 1985; Howard, Orlinsky y Lueger, 1993; Bernal y colaboradoras, 1995). Independientemente del marco teórico de la terapia, tanto cliente como terapeuta contribuyen a la efectividad del proceso de psicoterapia a través de sus respectivas actividades.

Una de las preguntas principales en este estudio es examinar cuánto la alianza psicoterapéutica contribuye a un resultado positivo desde la perspectiva del cliente. Nuestra investigación sigue las pautas de Strupp y colegas (1964) así como las de Howard, Orlinsky y Lueger (1993). Hemos diseñado un estudio retrospectivo de personas que han recibido psicoterapia en un centro de servicios y estudios psicológicos. Nuevamente, es importante recalcar que este trabajo es exploratorio. La investigación que presentaremos a continuación surge de un esfuerzo encaminado a desarrollar instrumentos con miras a iniciar estudios del proceso y rendimiento efectivo de tratamientos psicológicos en un contexto puertorriqueño.

Método

Participantes

Se invitaron a participar en esta investigación personas que recibieron servicios psicológicos en el Centro Universitario de Servicios y Estudios Psicológicos (CUSEP) de la Universidad de Puerto Rico, Recinto de Río Piedras, entre 1987 y 1994. Esta muestra fue seleccionada de acuerdo a los siguientes criterios: haber solicitado servicios de psicoterapia, haber cumplido 18 años o más y haber recibido un mínimo de cuatro sesiones de psicoterapia. Del total de 343 personas que cumplieron con estos criterios, sólo se tenía la información completa para invitar a 219 de ellos y ellas. Fueron invitados a participar 219 personas de las cuales 79 respondieron devolviendo los cuestionarios completados por medio del correo. Esto representa un taza de participación de 37%.

De los 79 participantes, aproximadamente el 79% de la muestra fueron mujeres, en su mayoría del área metropolitana (81%), solteras (61%), integradas a la fuerza laboral (69%) con una edad promedio de 31 años y un ingreso promedio de 11,895 dólares. El perfil demográfico de la muestra fue similar al informado en otras investigaciones (Orlinsky & Howard, 1986) sobre personas que reciben psicoterapia.

La psicoterapia y los/las terapeutas

La psicoterapia se impartió como parte del programa de adiestramiento del CUSEP. Dicho Centro se funda en el 1986 como parte del Programa Doctoral en Psicología de la Universidad de Puerto Rico. Un objetivo del Centro es adiestrar a los y las estudiantes del Programa Graduado de Psicología de la Universidad de Puerto Rico en el ofrecimiento de servicios psicológicos de corte clínico, comunitario, e investigativo, entre otros (Bernal, 1993b).

Los adiestramientos en psicoterapia parten de diferentes enfoques teóricos. Dichos adiestramientos se organizan a base de equipos de trabajo compuestos por un miembro de la facultad como supervisor o supervisora y tres o cuatro estudiantes del programa graduado. Además de equipos orientados a procesos de psicoterapia, existen equipos que realizan otras funciones determinadas como es el cernimiento y la supervisión clínica de estudiantes doctorales avanzados (internado o prácticas avanzadas en psicoterapia). Entre el 1987 y el 1990, funcionaron entre seis y ocho equipos de trabajo. Desde el 1991 participaron aproximadamente entre ocho y doce equipos de trabajo.

Estos equipos de trabajo han estado orientados hacia procesos de psicoterapia con los siguientes enfoques: 1) terapia psicoanalítica con una perspectiva social; 2) terapia de sistemas abordando las visiones estructurales, estratégicas, comunicacionales y contextuales; 3) terapia basada en los sistemas sociales; 4) terapia basada en la psicología del "Yo" y en la teoría de las relacionales objetales; 5) terapia psicoanalítica principalmente de corte lacaniana; 6) terapia de enfoque interpersonal; y 7) terapia de corte construccionista social y de enfoque holística.

Los y las terapeutas fueron todos/as estudiantes del Programa Graduado que se encontraban en distintas etapas de su adiestramiento en psicoterapia. Como mínimo, estas personas recibieron una hora de supervisión clínica por semana. El Centro ofrece los recursos para la supervisión en vivo, grabación de las sesiones (video y audio), una conferencia de casos semanal, y asesoría inmediata para situaciones especiales.

Instrumentos

En esta investigación se utilizaron seis cuestionarios (véase el Apéndice). A saber, la Hoja de Información Demográfica (Cuestionario 1), el Cuestionario de Satisfacción (Cuestionario 2), la Escala de Alianza Psicoterapéutica (Cuestionario 3) y el Cuestionario de Seguimiento (Cuestionario 4). Otros dos cuestionarios miden sintomatología psiquiátrica: el Inventario de Depresión Beck (IDB, Cuestionario 5) y la Lista de Cotejo de Síntomas (LCS-36, Cuestionario 6).

Cuestionario 1. La Hoja de Información Demográfica consiste de preguntas cerradas y abiertas en torno a género, edad, estado civil, zona residencial, ocupación, lugar de trabajo, ingresos, y escolaridad.

Cuestionario 2. Este es una adaptación de la versión de ocho reactivos del Cuestionario de Satisfacción (Roberts, Attkinson & Mendias, 1984) que incluye preguntas sobre la satisfacción o no satisfacción de los y las participantes con los servicios recibidos. Cada pregunta se responde mediante una escala Likert de cuatro puntos. Además, se incluyeron dos preguntas abiertas sobre lo más que le gustó y lo menos que le gustó a la persona de los servicios psicológicos recibidos.

Cuestionario 3. La Escala de Alianza Psicoterapéutica Integrativa (APTI) fue desarrollada por Pinsoff y Catherall (1986). El instrumento original consiste de 29 reactivos que evalúan tres dimensiones de la alianza: tareas, metas y vínculo terapéutico. Los reactivos del instrumento se contestan a través de una escala Likert que fluctúa desde estar completamente de acuerdo (7 puntos) hasta estar completamente en desacuerdo (1 punto) con respecto a cada reactivo.

Para este estudio, utilizamos una versión corta, de la escala de Pinsoff y Catherall (1986) sobre la alianza psicoterapéutica. La misma está basada en un trabajo preliminar y consta de 13 reactivos (Bernal, Bonilla, Alvarez y Greaux 1993).

Cuestionario 4. El Cuestionario de Seguimiento fue diseñado tomando como punto de partida preguntas utilizadas por Kenneth Howard y colaboradores (1986). Para ajustar este cuestionario a los propósitos específicos del estudio el mismo fue modificado por nuestro equipo de investigación (Bernal, Bonilla, Ocasio, Padilla, Viera & Pérez). Este instrumento contiene preguntas sobre la o las situaciones que llevaron a la persona a buscar ayuda y la severidad de dichas situaciones (ej. ¿Qué problemas o dificultades le llevaron a solicitar ayuda profesional por primera vez?; ¿Cuánto malestar le producía esta situación al solicitar los servicios psicológicos?; Indique el número de terapias recibidas, etc.), sobre sus experiencias en terapia (ej. ¿Cuán bien o mal se sintió con los servicios psicoterapéuticos y con su terapeuta?, etc.), sobre la satisfacción con los servicios psicológicos recibidos y la evaluación de los mismos en el Centro (ej. Señalar la mayor ayuda y la mayor dificultad encontrada en el Centro) y sobre la situación del problema que lo/la trajo a psicoterapia (ej. Al concluir los servicios en el CUSEP, ¿Qué ocurrió con los problemas o dificultades que le llevaron a solicitar ayuda profesional en el Centro por primera vez?; Al concluir los servicios, ¿Cuánto malestar le producía la situación que lo/la trajo a terapia?). El cuestionario incluye además una pregunta sobre beneficio general utilizando la metáfora del termómetro como índice del beneficio. La pregunta lee de la siguiente manera: ¿Cuánto me beneficié con los servicios recibidos en el CUSEP? Esta pregunta se responde a base de los grados del termómetro que fluctúan entre +100 (me beneficié muchísimo) a -100 (me perjudiqué muchísimo).

El cuestionario también incluye 24 preguntas sobre el tipo de problema por el cual la persona solicitó servicios y seis preguntas que evalúan el vínculo terapéutico entre cliente y terapeuta. Estas seis preguntas son contestadas mediante una escala Likert de cinco puntos que fluctúa de "nada" (un punto) a "mucho" (cinco puntos).

Cuestionario 5. El IDB (Beck, Ward, Mendelson, Mock & Erbaugh, 1961) es un instrumento de auto-informe para medir depresión. Este instrumento consiste de 21 reactivos. Cada reactivo corresponde a una categoría de síntomas y actitudes y consiste de cuatro oraciones auto-evaluativas con puntuaciones que fluctúan entre zero y tres. La puntuación total fluctúa entre 0-63. A mayor puntuación mayor severidad de síntomas depresivos. La puntuación se categoriza en niveles de depresión de: 0-9 estado normal no depresivo, 10-15 depresión leve, 16-23 depresión moderada y 24-63 depresión severa (Beck y colaboradores 1961). Recientemente, hemos informado sobre la confiabilidad y validez factorial de este instrumento en Puerto Rico (Bernal, Bonilla y Santiago, 1995, en imprenta).

Cuestionario 6. La LCS-36 (McNeil, Greenfield, Attkinson & Binder, 1989) es una lista de cotejo de 36 síntomas para evaluar la molestia que éstos han causado en los últimos siete días. La molestia se representa en una escala de cinco puntos donde el uno corresponde a "no (molesta) en lo absoluto" y el cinco corresponde a molesta "extremadamente. " Recientemente, se ha informado sobre la confiabilidad y validez factorial de este instrumento en una muestra puertorriqueña (Bernal, Bonilla y Santiago, 1995, en imprenta).

Procedimiento

El primer paso en este estudio fue crear instrumentos y traducir y adaptar otros previamente desarrollados. Se trabajó en la traducción y adaptación de la Escala de Alianza Integrativa (EAP-13) y el Cuestionario de Satisfacción del Cliente (SQ-8). Trabajamos en la construcción de reactivos que se incluyeron en el Cuestionario de Seguimiento (Howard y colaboradores 1986). Para la traducción y adaptación de los instrumentos consideramos los siguientes criterios: equivalencia semántica con respecto a las versiones originales y pertinencia cultural a nuestro contexto puertorriqueño (Bravo, Canino, Rubio-Stipec, & Woodbury-Fariña, 1991). En términos generales, partimos de las versiones en inglés y se procedió a traducir los instrumentos al español por un recurso bilingüe. Posteriormente, la versión en español fue traducida de vuelta al inglés por otro recurso independiente y sin acceso a la versión original. El próximo paso fue comparar la versión original en inglés con la versión en inglés que resultó de la traducción inversa del español a este idioma. En caso de encontrar diferencias entre reactivos, un panel del equipo de investigación tenía la tarea de llegar a un consenso sobre la mejor versión del reactivo. Ambas versiones en inglés fueron equivalentes en términos semánticos, de contenido y estructura. Esto nos permitió concluir que los instrumentos en español guardan correspondencia de contenido, semántica y estructural con sus respectivas versiones en inglés (EAPI-13 y SQ-8). Posteriormente se procedió con la adaptación de la versión en español de la EAPI-13 y el SQ-8. Durante el proceso se modificaron instrucciones y reactivos de ambos instrumentos con el objetivo de hacerlos culturalmente más adecuados, sin obviar la equivalencia de contenido entre la versión original en inglés de los instrumentos y la traducción de los mismos al español.

Al finalizar el trabajo orientado al desarrollo, traducción y adaptación de instrumentos, el segundo paso consistió en identificar las personas que recibieron servicios psicológicos en el CUSEP y que cumplían con los criterios de participación antes mencionados. Se preparó una lista de estas personas y se les envió una carta y un Boletín Informativo invitándolas a participar en el estudio. Al cabo de tres semanas se contactaron aquellas personas de las cuales teníamos número de teléfono y se les preguntó sobre su interés en participar en el estudio. A los y las que consintieron se les enviaron los cuestionarios por medio del correo. A las personas que no tenían número de teléfono se les envió los cuestionarios junto con la carta de invitación y el boletín informativo. Una vez recibidos los cuestionarios de vuelta, éstos fueron codificados. Luego se creó un banco de datos en computadora para los análisis correspondientes.

Finalmente, se confeccionó el banco de información. Dicho banco incluyó tres tipos de información. Primero, información retrospectiva del cliente basada en el cuestionario antes mencionado. Segundo, información prospectiva basada en el expediente clínico de la persona. Esto incluyó las puntuaciones en el IDB, la LCS-36 al iniciar la psicoterapia, el número de sesiones recibidas y la fecha de terminación del tratamiento. Tercero, información sintomatológica al momento de llenar los cuestionarios.

Resultados y Discusión

Análisis de las diferencias por género

Las características de los y las participantes en el estudio a base de género se encuentran en la Tabla 1. Realizamos una serie de análisis para evaluar las diferencias por género en torno a los factores de mayor interés en el estudio. No se encontraron diferencias significativas por género en términos de las variables demográficas (ingreso, edad), las escalas de alianza, satisfacción, el número de sesiones recibidas, sintomatología (IDB y LCS-36) y el beneficio recibido.

Las Tablas 1 y 2 presentan datos demográficos sobre la muestra por género. Casi el 80% de la muestra está constituida por féminas. Sin embargo, en términos generales las características demográficas para ambos grupos son similares.

Tabla 1.
Por cientos de participantes por género, estado civil, lugar de trabajo y ocupación.

	Féminas (n=62) %	Varones (n=17) %	Ambos (n=79) %
Género			
	78.5	21.5	100
Estado civil			
soltero/a	59.7	64.7	60.8
casado/a	21.0	35.3	24.1
viudo/a	1.6	0.0	1.3
divorciado/a	16.1	0.0	12.7
otro	1.6	0.0	1.3
Lugar de trabajo			
UPR	24.4	22.2	24.1
No UPR	68.9	66.7	68.5
Ocupación			
profesional	56.3	30.8	50.8
técnico	8.3	15.4	9.8
oficio	6.3	7.7	6.6
dependiente	8.3	0.0	6.6
de tienda	14.6	23.1	16.4
estudiante	4.2	23.1	8.2
otro			

Tabla 2.
Promedio y desviaciones típicas para edad, ingreso anual y número de sesiones por género.

			Varones	Ambos
Edad				
	$\bar{X}$	31.7	30.1	31.4
	DT	10.1	8.6	9.7
Ingreso anual				
	$\bar{X}$	12,580	9,404	11,895
	DT	7,283	6,515	7,183
Sesiones				
	$\bar{X}$	10.1	11.6	10.5
	DT	9.5	9.7	9.5

Sintomatología y problemas presentados

En el Centro no se mantienen registros de diagnósticos psiquiátricos, razón por la cual no contamos con dicha información. Sin embargo, examinamos dos instrumentos (el IDB y la LCS-36) que proveen información sobre la sintomatología psiquiátrica y psicológica de la clientela. La Tabla 3 presenta los datos sobre las características demográficas y sintomatológicas de la muestra. Como es evidente, la puntuación promedio para la muestra es de 15 con una desviación típica de 8. 1. Esta puntuación representa un grado de depresión leve para la muestra en general utilizando los criterios de puntos de corte de Beck. Las féminas informaron mas síntomas de depresión que los varones, pero esta diferencia no fue significativa. La puntuación total en la LCS-36 fue de 83. 4 y la desviación típica de 26. 0. Esta escala fluctúa entre un mínimo de 36 y un máximo de 180 puntos. La puntuación promedio en la LCS-36 refleja que en términos generales las personas indicaron "algún" malestar en síntomas psiquiátricos.

Tabla 3.
Promedio y desviación típica de las puntuaciones en el IDB y la LCS-36 por género.

	n	$\bar{X}$	DT
IDB			
Féminas	54	15.9	8.0
Varones	15	11.7	7.7
Ambos	69	15.0	8.1
LCS-36			
Féminas	53	86.1	27.5
Varones	16	74.6	18.6
Ambos	69	83.4	26.0

Evaluamos el nivel de sintomatología depresiva de la muestra, de acuerdo al IDB. El 29% puntuó en el nivel de ausencia sintomatológica. El 40. 6% mostró sintomatología depresiva leve, un 24. 6% sintomatología moderada y el restante 5. 8% síntomas de depresión severa. Encontramos un por ciento mayor de féminas con sintomatología leve y moderada en comparación a los varones. La mayoría de los varones en la muestra (53. 3%) puntuaron en el nivel de ausencia de síntomas de depresión.

La Tabla 4 presenta los promedios y las desviaciones típicas del grado de malestar de los problemas presentados por la clientela en psicoterapia. Los problemas con mayor grado de malestar fueron los siguientes: 1) sentir ansiedad, depresión, coraje (ira) o malestar; 2) otros problemas; 3) baja autoestima; 4) dificultades en las relaciones con familiares; 5) no entenderse a uno mismo; 6) reaccionar muy emotivamente a eventos; y 7) no tener sentido de dirección o metas en la vida. El tipo de problema para el cual la clientela informó el mayor grado de malestar es el relacionado al estado de ánimo (ansiedad, depresión y coraje). Otros problemas se relacionan a la autoestima y dificultades de corte interpersonal. Estamos en el proceso de examinar con mayor detenimiento los problemas presentados en la psicoterapia mediante un análisis de contenido. Esperamos informar sobre estos hallazgos en otra oportunidad.

Efectividad de la terapia según la clientela

La efectividad fue definida partiendo de tres criterios. Primero, una evaluación retrospectiva por el o la cliente de la severidad del problema presentado antes y después del tratamiento. Segundo, una valoración global de los beneficios derivados de la psicoterapia. Tercero, se utilizó una escala sobre la satisfacción con el tratamiento.

En torno al malestar con el problema presentado al momento de solicitar ayuda, un 31. 1% de la muestra indicó que el problema

Tabla 4.
Promedios y desviaciones típicas del grado de malestar de los problemas presentados por la clientela en psicoterapia.

	Problema presentado	–	
1.	Sentir ansiedad, depresión, coraje o malestar	4.26	1.19
2.	Otro	3.84	1.80
3.	Baja autoestima	3.58	1.56
4.	Dificultades en las relaciones con miembros de la familia	3.46	1.54
5.	No entenderme a mi mismo(a)	3.42	1.59
6.	Reaccionar muy emotivamente a eventos	3.28	1.54
7.	No tener sentido de dirección o metas en la vida	3.10	1.64
8.	Vida social no satisfactoria	2.94	1.66
9.	Mal manejo de la vida	2.83	1.54
10.	Problemas manejando responsabilidades familiares	2.76	1.56
11.	Problemas en el desarrollo o manejo de mi carrera	2.70	1.67
12.	Problemas con esposo(a) o pareja	2.60	1.79
13.	Sentirme incómodo(a) con personas en general	2.48	1.54
14.	No terminar las tareas en el trabajo o escuela	2.34	1.57

Continuación:
Tabla 4.
Promedios y desviaciones típicas del grado de malestar de los problemas presentados por la clientela en psicoterapia.

	Problema presentado	$\bar{X}$	DT
15.	Problemas en relaciones con amigos(as)	2.30	1.56
16.	Problemas relaciones con personas escuela o trabajo	2.23	1.44
17.	Problemas con la alimentación	2.21	1.54
18.	Enfermedad, dolor, o problemas físicos	2.18	1.54
19.	Dificultad con familiar usario de sustancias o problemas emocionales	2.14	2.13
20.	Dificultad en iniciar o mantener relación sexual	2.06	1.45
21.	Problemas sexuales	2.01	1.51
22.	Ausencias o tardanzas en trabajo o escuela	1.99	1.44
23.	Uso de alcohol o drogas	1.32	.81

le causaba mucho malestar y un 59. 5% indicó que le causaba un malestar extremo. Es decir, el 90. 6% indicó que al comenzar el tratamiento el problema le causaba mucho malestar o malestar extremo. El promedio del malestar en una escala de siete puntos fue de 6. 3 (DT = . 13). Al finalizar el tratamiento, el promedio del malestar fue de 4. 6 (DT = . 231). Un 39. 3% indicó haber terminado las sesiones con poco, muy poco, casi ninguno o ningún malestar. Un 13. 5% indicó haber terminado con un malestar moderado, otro 21. 6% con mucho y un 20. 3% con malestar extremo.

Otra manera de analizar los resultados en torno al problema presentado es mediante un índice de cambio. Jacobson y Truax (1991) han planteado la necesidad de establecer si un cambio es clínicamente significativo. Ellos proponen un índice de cambio confiable - ICC (Reliable Change Index) para determinar si la magnitud del cambio para cada caso es estadísticamente confiable. La diferencia entre las puntuaciones pre y post son divididas por el error estandarizado de la diferencia. El error estandarizado describe la distribución que esperaríamos observar en una variable partiendo de la expectativa de que no ocurrió cambio alguno. La observación de un ICC mayor o menor de 1. 96 es poco probable (**p** < . 05) sin un cambio verdadero y por ende, reflejaría un cambio clínico significativo.

Para cada caso calculamos el ICC según Jacobson y Truax (1991) restando la puntuación del grado de malestar antes de la terapia al grado de malestar después de la terapia, dividido por el error estandarizado de la diferencia obtenida. Los resultados indican que el 66. 7% de la muestra informó un cambio en torno al problema presentado por encima de 1. 96. En otras palabras, dos terceras partes de la muestra obtuvo un cambio confiable y significativo en torno al problema presentado.

Cuando le preguntamos a los y las participantes el grado de beneficio derivado de la psicoterapia, un 59. 5% indicó haberse beneficiado moderadamente o más. La escala para esta pregunta fluctuó entre +100 y -100. Un beneficio moderado era equivalente a 50 puntos en la escala. Un 17. 7% de la clientela indicó no haberse beneficiado o perjudicado. Dos participantes (2. 7%) indicaron haberse perjudicado un poco.

En torno a la satisfacción con la psicoterapia, el promedio por reactivo fue de 2. 99 (DT = 8. 38) en una escala de cuatro puntos donde cuatro indica mucha satisfacción y un punto poca satisfacción. El 50. 7% de la clientela indicó estar satisfecha y otro 11. 4% informó estar muy satisfecha con los servicios psicoterapéuticos. El 26. 7% informó estar indiferente o moderadamente satisfecho y el 12. 7% indico estar no muy satisfecho con dichos servicios. Nuevamente, este instrumento refleja que aproximadamente dos terceras partes de las personas en psicoterapia informaron estar mayormente satisfechas mientras que la otra tercera parte se dividió entre algo satisfecha y no muy satisfechas.

Factores asociados a la efectividad de la terapia

Para evaluar los factores asociadas a la efectividad de la psicoterapia utilizamos como estrategia el análisis de factores. Específicamente, realizamos dichos análisis con el propósito de construir dimensiones (factores) a base de las variables en el estudio y de esta manera consolidar de forma empírica variables y medidas. Construímos un primer factor de efectividad explicado en un 72% por la varianza que comparten las variables de cambio en el problema presentado, beneficio en la psicoterapia y satisfacción. El segundo factor quedó constituido a base de dos medidas en torno a la alianza psicoterapéutica (la EAPI-13 y las seis preguntas sobre alianza en el Cuestionario 4). El 91% del factor alianza se explica de la varianza entre las dos escalas antes mencionadas. Finalmente, construimos un factor de severidad sintomatológica. El 84% de la varianza entre el IDB y la LCS-36 administrados al momento de solicitar psicoterapia explican este factor.

Estos análisis de factores, en parte, nos permitieron realizar la siguiente agrupación conceptual: 1) factores *predictivos* sobre las características demográficas de la clientela y la severidad sintomatológica; 2) factores *mediadores* sobre procesos psicoterapéuticos tales como la alianza y las sesiones en terapia; y 3) factores de *criterio* o *resultado* como la efectividad. La Tabla 5 presenta los factores del modelo. Posteriormente

Tabla 5.
Modelo de los factores asociados a la efectividad

Predictivos		
	Tiempo en la terapia (Meses)	
	Sintomatología al iniciar el tratamiento (BDI y LCS 36)	
	Variables demográficas (edad e ingreso)	
Mediadores		
	Número de sesiones	
	Alianza Psicoterapéutica	
Criterio (resultado)		
	Efectividad	
		Cambio en el problema presentado
		Beneficio
		Satisfacción

realizamos correlaciones y análisis de regresión para evaluar la fuerza de las asociaciones entre los factores predictivos (cliente), los mediadores (proceso) y los de criterio (resultado).

Asociaciones entre los factores y la efectividad. Realizamos una serie de correlaciones entre meses desde que se terminó la terapia, severidad sintomatológica, edad, ingreso, número de sesiones, alianza y el factor de efectividad. Observamos asociaciones positivas y estadísticamente significativas entre la severidad sintomatológica (r=. 22), edad (r=. 24), número de sesiones (r=. 18) y alianza (r=. 73) con el factor de efectividad.

Estas correlaciones sugieren que las personas con más sintomatología al comenzar el tratamiento, las de mayor edad, las que reciben más número de sesiones y las personas que establecen una alianza terapéutica fuerte, obtienen mayor efectividad en la psicoterapia. También encontramos una asociación positiva entre el factor de alianza y sesiones (r=. 22), sugiriendo que mientras más fuerte la alianza, mayor número de sesiones o viceversa.

También se evaluó la magnitud y dirección de las correlaciones antes presentadas por género. En términos generales las mismas asociaciones se mantienen para las mujeres. Sin embargo, para los hombres, sólo la alianza está asociada con efectividad (r=. 75).

Debemos señalar que salvo la asociación entre alianza y efectividad todas las correlaciones observadas eran de una magnitud relativamente baja. Aunque este hallazgo no está en la dirección esperada, cabe destacar que nos permiten cumplir con uno de los supuestos del modelo de regresión múltiple. Este es que las variables predictivas no estén correlacionadas o altamente correlacionadas entre sí.

Factores predictivos de la efectividad

Construimos una ecuación de regresión múltiple para evaluar el valor predictivo de los siguientes factores en relación a la efectividad (resultado) en psicoterapia: tiempo fuera de la terapia (meses), sintomatología al inicio de la terapia (IDB y LCS-36), variables demográficas (edad e ingreso), número de sesiones en terapia y la alianza psicoterapéutica.

Específicamente nos interesaba evaluar la proporción de la varianza del factor efectividad explicado por las variables predictivas antes mencionadas las cuales fueron entradas en la ecuación en el siguiente orden de bloques: (1) tiempo fuera de psicoterapia (meses); (2) síntomas al inicio de la terapia (IDB y LCS-36); (3) variables demográficas (edad e ingreso); y (4) número de sesiones en psicoterapia y la puntuación en la Escala de Alianza Psicoterapéutica.

El resumen de los resultados del análisis de regresión múltiple aparece en la Tabla 6. En términos del primer bloque encontramos que el tiempo fuera de terapia (meses) no explica una parte estadísticamente significativa de la varianza del factor efectividad controlado por los demás bloques en la ecuación (R^2=. 0001, F=. 001, df=1,77). La proporción de varianza del factor efectividad explicado por la severidad sintomatológica que presentaba la clientela al inicio de la terapia (segundo bloque), en adición a la explicada por tiempo fuera de psicoterapia, no resultó

Tabla 6.
Proporción de varianza exclusiva, coeficiente de regresión, error típico del coeficiente de regresión y valor de *t* para el análisis de regresión múltiple utilizando el método Enter como criterio de extracción de variables.

Variables en el cuarto paso	R	D	SEB	*t*
Meses	.000	.0001	.003	.299
Síntomas	.047	.110	.080	1.380
Edad e Ingreso	.091	.010	.000	1.195
			.009	-1.462
Sesiones	.119	.001	.008	.195
Alianza	.568	.712	.082	8.664***

p<= .05 *;p<= .001 **; p<= .001 ***.

Nota: La R que aparece en la primera columna se refiere al coeficiente de correlación elevado al cuadrado.

estadísticamente significativa (R^2=. 05, F=1. 86, df=2,76). Las características demográficas como edad e ingreso (tercer bloque) aportan aproximadamente un 4% a la predicción de la efectividad en psicoterapia por encima de la varianza exclusiva de los bloques anteriores (R^2=. 09, F=. 78, df=4,74). El número de sesiones (cuarto bloque) solo aumentó la varianza explicada un 3% por encima de los bloques anteriores (R^2=. 12, F=1. 96, df=5,73). La proporción de varianza del factor efectividad en psicoterapia explicado por el cuarto bloque (la alianza) resultó estadísticamente significativa aún por encima de la varianza explicada por los factores anteriores (R^2=. 57; F=15. 81, df=6,72). Por consiguiente, los coeficientes de regresión de los cuatro primeros bloques no resultaron estadísticamente significativos. El coeficiente de regresión de la variable alianza en relación a efectividad resultó estadísticamente significativo (. 7124).

Los hallazgos antes mencionados nos indican que variables del proceso psicoterapéutico, como la alianza son de valor predictivo para los resultados o el rendimiento de la psicoterapia. Es decir, la alianza es un elemento importante en predecir efectividad, según evaluado por la clientela en torno a cambios en el problema presentado, beneficio y satisfacción con la psicoterapia.

Conclusión

Una forma de acercarnos al estudio de la efectividad de tratamientos psicosociales es a base de lo que nos informan los usuarios de dichos servicios. Según esta investigación, que parte de la óptica de la clientela, podemos concluir que la psicoterapia fue relativamente efectiva. Más de dos terceras parte de la clientela informó un cambio confiable en torno al problema que le motivó a solicitar ayuda, un 60% indicó haberse beneficiado moderadamente o más del tratamiento y sobre el 60% informó satisfacción en torno al tratamiento. Estos hallazgos están a tono con otros informados sobre la efectividad de la psicoterapia (Beutler & Crago, 1991; Luborsky, Auerback, Chritscristoph, Mints, 1988; Howard, Kopta, Krause & Orlinsky, 1986; Strupp, Wallach & Wogan, 1964).

Parte de la dificultad en realizar estudios de efectividad en nuestro entorno es la carencia de instrumentación adecuada para evaluar la efectividad de intervenciones psicosociales. En esta investigación, uno de los objetivos fue desarrollar, traducir y adaptar instrumentos que respondan a nuestro contexto para su uso en estudios de efectividad. Podemos concluir que los instrumentos traducidos y adaptados guardan equivalencia semántica, de contenido y estructura con las versiones originales. También, es importante señalar que todos los instrumentos utilizados poseen buenas propiedades psicométricas (como índices de confiabilidad interna) en la población estudiada. Por esta razón concluimos que los resultados obtenidos son válidos para la población estudiada.

Otro propósito de este estudio fue explorar la relación entre factores de la clientela y factores del proceso psicoterapéutico con relación a la efectividad desde la perspectiva de la clientela. En esta muestra encontramos que la severidad sintomatológica, la edad, el número de sesiones y la alianza están asociadas de forma positiva a la efectividad. Sin embargo, los índices de correlación estaban relativamente bajos a excepción del factor alianza.

La alianza y el número de sesiones es el factor que explica un 48% de la variabilidad en relación a la efectividad. Estos resultados sugieren que la alianza psicoterapéutica amerita mayor estudio en las investigaciones de efectividad, así como en programas de adiestramiento clínico. El enlace y la relación con el terapeuta, desde el punto de vista del o la cliente, puede ser determinante para un rendimiento efectivo. Por otro lado, hay un 52% de variabilidad en la efectividad que desconocemos. Futuros estudios deben encaminarse a explorar otros factores no contemplados en esta investigación.

Limitaciones

Como indicamos anteriormente, esta investigación siguió una estrategia metodológica no tradicional. Hemos utilizado un diseño "ex post facto" retrospectivo de personas que han recibido psicoterapia en un centro de servicios psicológicos. Los y las proveedores de la psicoterapia fueron estudiantes de posgrado. La psicoterapia en sí no fue controlada. En fin, existen un número de variables y condiciones que limitan el alcance de las conclusiones y de las generalizaciones.

Sin embargo, hemos dado un paso adelante en desarrollar instrumentos y establecer una información inicial en torno a la efectividad de la psicoterapia con una muestra puertorriqueña. Ahora podemos plantearnos otra serie de preguntas y proponer estudios con diseños más sofisticados. Por ejemplo, podemos plantearnos un estudio prospectivo con medidas antes y después del tratamiento. También es posible ampliar la investigación sobre efectividad y el proceso psicoterapéutico para incluir la óptica del terapeuta u otro observador no involucrado en el tratamiento. ¿Cuánto aumentaría la taza de efectividad en terapias realizadas con el uso de manuales estructurados (las terapias validadas empíricamente) en comparación al tratamiento usual? ¿Cuánto contribuye el tipo de problema presentado a la efectividad? ¿Cómo trabajar con la alianza en etapas tempranas del tratamiento para influir en la efectividad? ¿Cuánto influyen las características de él o la terapeuta, su nivel de destreza y adiestramiento, el tipo y la modalidad de la terapia a un mayor rendimiento? ¿Cuánto aumenta la efectividad si pareamos algunas características de la clientela (como la severidad sintomatológica y el género) con un tratamiento dirigido a dicha problemática versus no tomar estas características en consideración? Estas son algunas de las preguntas que estamos considerando.

Notas

[1] Una versión de este trabajo fue publicado en inglés por Bernal, G., Bonilla, J., Padilla-Cotto, L., Pérez-Prado, E. M., (1998) Factors Associated to Outcome in Psychotherapy: An Effectiveness Study in Puerto Rico. *Journal of Clinical Psychology, 54,* 329-342. Se imprime una versión en español del trabajo original en inglés con la autorización de la editorial John Wiley and Sons. Los y las autoras presentaron una versión de este trabajo en el XXV Congreso Interamericano de Psicología realizado en San Juan, Puerto Rico en el 1995. Esta investigación fue apoyada por los *Fondos Institucionales para la Investigación* (FIPI) de la Universidad de Puerto Rico, Recinto de Río Piedras, (1993-1995) y en parte por el *Minority Institutions Research Development Program* del Instituto Nacional de Salud Mental (NIMH, por sus siglas en Inglés, Donativo R24-MH49368). También esta investigación fue respaldada por el Centro Universitario de Servicios y Estudios Psicológicos (CUSEP) de la Universidad de Puerto Rico, Recinto de Río Piedras. Estamos agradecidos a la clientela del CUSEP por su participación en este estudio. También agradecemos la colaboración de: Maribel Matos, Lionel Martínez, Vanessa Arce, Elixmahir Dávila, Yvette Portel, Axel Santos, Mineira Serrano, Ivonne Marie Ocasio, Luis Viera y Gerardo Sotomayor.

Referencias

Alexander, L. B., & Luborsky. L. (1986). The Penn Helpln Alliance Scale. In L. S. Greenberg & W. M. Pinsoff (Eds.), *The psychotherapeutic process: A research handbook* (pp. 325-366). New York: Guilford.

Alvarez, M. A. (1991). *The therapeutic alliance in family therapy: Intergenerational family therapy and drug abuse.* Tésis no publicada. Berkeley: The Wright Institute.

Beck, A. T., Ward, C. H., Mendelson, M., Mock, J. & Erbaugh, J. (1961). An inventory for measuring depression. *Archives of General Psychiatry, 4*, 561-571.

Bergin, A. E. & Lambert, M. (1978). The evaluations of therapeutic outcomes. En S. L. Garfield & A. E. Bergin (Eds.). *Handbook of psychotherapy and behavior change* (139-181) New York: Wiley.

Bernal, G. (1993a). La investigación psicoterapéutica: introducción al número especial. *Revista Interamericana de Psicología, 27*, 127-128.

Bernal, G. (1993b). De la clínica a la comunidad y de la comunidad a la clínica: Desarrollo de un centro de servicios y estudios psicológicos. *Revista Argentina de Clínica Psicológica, 2*, 30-43.

Bernal, G., Bonilla, J., Alvarez, M. A., y Greaux, B. (1993). La alianza psicoterapéutica como indicador de los resultados en la terapia familiar: Un estudio preliminar. *Revista Interamericana de Psicología, 27*, 229-238.

Bernal, G., Bonilla, J., & Bellido, C. (1994). Ecological validity and cultural sensitivity for outcome research: Issues for the cultural adaptation and development of psicosocial treatments with Hispanics. *Journal of Abnormal Child Psychology, 23*, 67-82.

Bernal, G., Bonilla, J., & Santiago, I. J. (1995). Propiedades psicométricas del IDB y la LCS-36 en una muestra puertorriqueña. *Revista Latinoamericana de Psicología, 27,* 67-82.

Bernal, G., Padilla, L., Pérez-Prado, E. M., Bonilla, J., & Serrano, M. (1995). *La alianza psicoterapéutica: Evaluación de dos instrumentos y desarrollo de una escala breve de la alianza para la terapia individual.* Río Piedras: Centro Universitario de Servicios y Estudios Psicológicos, Universidad de Puerto Rico.

Beutler, L. E. & Crago, M. (Eds.), (1991). *Psychotherapy research: An international review of programmatic studies.* Washington, D. C. : APA.

Bordin, E. S. (1985). *Research on therapeutic alliance.* Paper presented at the Society for Psychotherapy Research, Dallas, Texas.

Bordin, E. S. (1985). *Research on Therapeutic Alliance.* Ponencia presentada en Society for Psychotherapy Research, Dallas, Texas.

Bravo, M., Canino, G. J., Bird, H. (1987). El DIS en español. *Acta Psiquiátrica Psicológica Latinoamericana, 33*, 27-42.

Bravo, M., Canino, G. J., & Bird, H. (1987). El DIS en Español: Su traducción y adaptación en Puerto Rico. *Acta Psiquiátrica Psicológica Amer. lat, 33,* 27-42.

Cervantes, R. C. & Castro, F. G. (1985). Stress, coping and Mexican American mental health: A systematic review. *Hispanic Journal of Behavioral Sciences, 7*, 1-73.

Greene, R. N. (1987). Ethnicity and MMPI performance. A review. *Journal of Consulting and Clinical Psychology, 55*, 497-512.

Hargreaves, W. (1994). Comunicación personal.

Hartley, D. E. (1985). Research on the therapeutic alliance. In H. Hales & A. Frances (Eds.), *Psychiatric update, American Psychiatric Association Annual Review, 4*, 532-549.

Howard, K. I. (1986). *Psychotherapy process and outcome: Final report.* Evanston, IL: Northwestern University.

Howard, K. I., Kopta, S. M., Krause, M. S. & Orlinsky, D. E. (1986). The dose-effect relationship in psychotherapy. *American Psychologist, 41*, 159-164.

Jacobson, N. S. & Truax, R. (1991). Clinical significance: A statistical approach to defining meaningful change in psychotherapy research. *Journal of Consulting and Clinical Psychology, 59*, 12-19.

Luborsky, L., Auerback, A., Chrits-cristoph, P., Mints, J. (1988). *Who will benefit from psychotherapy?: Predicting therapeutic outcomes.* New York: Basic Books.

Marmar, C. R., Marzialli, E., & Horowitz, M. H., & Weiss, D. S. (1986). The development of the therapeutic alliance rating system. In L. Greenber & W. Pinsoff (eds.). *The psychotherapeutic process: A research handbook* (pp. 367-390).

McNeil, D. E., Greenfield, T. K., Atkinson, C. C. & Binder, R. L. (1989). Factor structure of a brief symptom checklist for acute psychiatric inpatients. *Journal of Clinical Psychology, 45*, 66-72.

O'Malley, S. S., Suh, C. S. & Strupp, H. H. (1983). The Vanderbilt Psychotherapy Process Scale: A report on the scale development and a process-outcome study. *Journal of Consulting and Clinical Psychology, 51*, 581-586.

Orlinsky, D. & Howard, K. I. (1986). Process and relation to outcome. En S. L. Garfield & A. E. Bergin (Eds.). *Handbook of psychotherapy and behavior change.* New York: Wiley.

Paul, G. L. (1967). Strategy of outcome research in psychotherapy. *Journal of Consulting Psychology, 31*, 109-118.

Pinsoff, W. M. & Catheral, D. R. (1986). The integrative psychotherapy alliance: Family, couple and individual therapy scale. *Journal of Marital and Family Therapy, 12*, 137-151.

Roberts, R. E., Atkinson, C. C. & Mendias, R. M. (1984). Assessing the client satisfaction questionnaire in English and Spanish. *Hispanic Journal of Behavioral Sciences, 6*, 385-395.

Rogler, L. H. Malgady, R. G. & Rodríguez, O. (1989). *Hispanics and Mental Health: A Framework for Research.* Malabar, FL: Robert & Kruger.

Smith, M. L., & Glass, G. V. (1977). Meta-analysis of psychotherapy outcome studies. *American Psychologist, 32*, 165-180.

Strupp, H. H., Wallach, M. S., & Wogan, M. (1964). Psychotherapy experience in retrospect: Questionnaire survey of former patients and their therapists. *Psychological Monographs: General and Applied, 78*, 1-45.

CAPÍTULO 5:
La alianza psicoterapéutica: Evaluación y desarrollo de instrumentos

La alianza psicoterapéutica: Evaluación y desarrollo de instrumentos[1]

El estudio que presentaremos a continuación fue uno preliminar para desarrollar instrumentos con miras a iniciar estudios de proceso y rendimiento efectivo en la psicoterapia. Como informamos en el estudio anterior, participaron 79 personas en su mayoría mujeres, de áreas urbanas, trabajadoras y solteras. El mismo tuvo tres objetivos: a) realizar una traducción y adaptación de dos medidas para medir alianza psicoterapéutica; b) evaluar la confiabilidad y validez de estas dos medidas; y 3) desarrollar una escala breve a base de las anteriores. Se tradujo y adaptó la Escala de Alianza Psicoterapéutica Integrativa (EAPI) desarrollada por Pinsoff y Catherall (1986) y la escala de Alianza Psicoterapéutica (EAP) desarrollada por Howard (1986). La traducción y adaptación de los instrumentos resultó ser adecuada para el contexto puertorriqueño, demostrando éstos una consistencia interna alta y adecuada. Para la EAPI la consistencia interna fue de . 93 y para la EAP fue de . 95. El análisis de factores de la EAPI arrojó dos factores relacionados a la alianza: uno general y uno específico. Al hacer este análisis para la EAP, ésta arrojó un solo factor denominado "resonancia empática". Una escala de 10 reactivos fue creada uniendo ambas escalas y demostrando una consistencia interna de . 94. Esta escala de 10 reactivos arrojó un solo factor. Las implicaciones de los resultados para la evaluación del proceso psicoterapéutico se discuten.

La investigación que presentaremos aquí, surge de un esfuerzo encaminado a desarrollar instrumentos con miras a iniciar estudios del proceso y rendimiento efectivo de tratamientos psicológicos en el Centro Universitario de Servicios y Estudios Psicológicos (CUSEP) de la Universidad de Puerto Rico (Bernal, Bonilla, Padilla-Cotto, Pérez-Prado, 1998). A este fin, nos planteamos dos objetivos: Primero, realizar una traducción y adaptación de dos instrumentos considerando los criterios de equivalencia semántica con respecto a las versiones originales; y segundo evaluar la confiabilidad y la validez factorial de dos medidas sobre la alianza psicoterapéutica. Nos proponemos evaluar una versión corta de la escala de alianza psicoterapéutica de Pinsoff y Catherall (1986) y la escala de Howard (1986) con miras a desarrollar un nuevo instrumento breve para el escenario puertorriqueño.

La alianza psicoterapéutica

El concepto de alianza psicoterapéutica surgió para explicar la relación entre terapeuta y paciente o cliente durante el proceso psicoterapéutico (Hartley, 1985; Friedlander y Heatherington, 1990; Alvarez, 1991). Desde principios del siglo XX, Freud (1912) resalta la importancia de los aspectos del "proceso" psicoterapéutico. En su texto sobre las *Dinámicas de la Transferencia,* Freud señala la importancia del analista en demostrar un interés serio, entender y simpatizar con su cliente como aspectos fundamentales para la formación de una relación positiva con el analista (Freud, 1912). Dicha relación es básica para alentar una relación "positiva transferencial". Dentro del encuadre psicoanalítico, la transferencia (o la distorsión del cliente hacia el analista) constituye el eje central de las interpretaciones (intervenciones) y representa un aspecto necesario e insustituible del tratamiento mismo (Alvarez, 1991).

Partiendo de una orientación psicodinámica, Hartley (1985) define la alianza psicoterapéutica como una relación de dos componentes: la relación real y la alianza de trabajo. La primera se refiere al vínculo humano entre cliente y terapeuta que incluye distorsiones de la relación, así como afecto, confianza y respeto auténtico en las desigualdades y limitaciones de la relación psicoterapéutica. La alianza de trabajo pretende reflejar la capacidad de la diada en trabajar juntos hacia el objetivo planteado en la psicoterapia.

Luborsky y sus colaboradores (Luborsky, Crits-Christoph, Mintz, y Auerbach, 1988) elaboraron una noción dinámica de la alianza psicoterapéutica. Dos tipos de alianza son planteadas dependiendo de las etapas del tratamiento. La alianza Tipo 1 se define como la experiencia del/la cliente con un/a terapeuta empático, cálido y comprensivo. Esta alianza es mas característica de las etapas iniciales en el tratamiento (menos de cinco sesiones). La alianza Tipo 2 plantea una relación donde ambos, cliente y terapeuta, trabajan unidos para enfrentar la problemática planteada por el/la cliente; ambos comparten responsabilidades en cuanto a los objetivos y desarrollan un sentido de pertenencia en dicha relación. Según Luborsky y colaboradores, la alianza Tipo 2 es característica de etapas más avanzadas en el tratamiento.

Por otro lado, partiendo de un modelo centrado en el/la cliente, Bordin (1979) ofrece una conceptualización de la alianza donde existe un mutuo acuerdo en torno a los objetivos y metas, los procedimientos terapéuticos y la misma relación terapéutica. Pinsoff y Catherall (1986) operacionalizaron la conceptualización de Bordin y desarrollaron escalas para la evaluación de la alianza en el contexto individual, familiar y de pareja. En un estudio anterior, Bernal, Bonilla, Alvarez y Greaux (1993) evaluaron el valor predictivo de esta escala y desarrollaron un instrumento corto.

Otro acercamiento teórico al estudio de la alianza psicoterapéutica incluye el de la influencia social (LaCross, 1980). La tesis se fundamenta en la posición del/la terapeuta como figura experta y con recursos para influenciar al cliente. Por otro lado dicha influencia dependerá de las atribuciones y creencias del/la cliente hacia el/la terapeuta.

Finalmente, está el acercamiento metateórico. Este surge a base de la falta de hallazgos positivos en diferenciar modelos psicoterapéuticos en torno a su efectividad o eficacia (Bergin & Lambert, 1978; Lambert, Shapiro, & Bergin, 1986; Smith & Glass, 1977). Algunos autores han concluido, que en términos generales, no hay gran diferencia en la eficacia de los tratamientos que parten de distintos modelos teóricos. Varios investigadores han hecho llamados hacia el estudio de las variables comunes en las distintas modalidades psicoterapéuticas (Beutler, 1979; Bordin, 1979; Howard, Kopta, Krause, & Orlinsky, 1986). La alianza psicoterapéutica puede ser un elemento común en modalidades distintas que pueda explicar la variabilidad en la mejoría o el deterioro en los resultados de una intervención.

Una forma de estudiar el "proceso" psicoterapéutico, es decir, parte de lo que ocurre entre el/la cliente y el/la terapeuta, es examinando cuidadosamente la relación entre esta diada. La alianza psicoterapéutica es una variable del proceso que ha sido evaluada de distintas perspectivas (cliente, terapeuta, observador) y utilizando múltiples métodos (Horvath & Luborsky, 1993). La alianza psicoterapéutica puede ser determinante para entender cómo la relación entre cliente y terapeuta mediatiza la efectividad de una intervención. En la actualidad, una pregunta fundamental en la investigación psicoterapéutica es: ¿Cuánto contribuye la alianza terapéutica al rendimiento efectivo de una intervención? (Horvath & Luborsky, 1993; y Orlinsky & Howard, 1986). Sin embargo, para estudiar el proceso así como el rendimiento de intervenciones psicoterapéuticas, es necesario contar con instrumentos adecuados y probados en la población de interés. Nuestro esfuerzo va encaminado a evaluar la alianza desde la perspectiva del/la cliente utilizando el método de autoinforme como paso inicial para el desarrollo de instrumentos en la población puertorriqueña.

Método

Participantes

Se invitaron a participar en esta investigación a personas que recibieron servicios psicológicos en el Centro Universitario de Servicios y Estudios Psicológicos (CUSEP) de la Universidad de Puerto Rico, Recinto de Río Piedras entre 1987 y 1992. Esta muestra fue seleccionada de acuerdo con los siguientes criterios: haber solicitado servicios de psicoterapia, tener 18 años de edad o más y haber recibido un mínimo de cuatro sesiones de psicoterapia. De un total de 343 personas que cumplían con estos criterios, solo 219 tenían la información completa para poder realizar invitaciones. Fueron invitados a participar 219 personas de las cuales 79 respondieron devolviendo cuestionarios completados. Esto representa una tasa de 36% de participación.

De los 79 participantes 64 eran mujeres y 15 eran hombres. El 79. 7% residían en áreas urbanas y el 17. 7% en áreas rurales. Un 60. 8% eran solteros/as, un 24. 1% (n=5) casados/as y un 12. 7% (n=9) divorciados/as. Un 57% (n=35) de la muestra informó que trabaja y un 40% (n=25) que no. La edad promedio de las personas participantes fue de 31 años con una desviación típica de 10. El promedio de sesiones de psicoterapia que recibieron los/as participantes fue de 11 con una desviación típica de . 34. Su ingreso anual fluctuó entre 0. 00 y 24,800 dólares, con un promedio de 11,859 dólares (DT=7,115. 00).

Instrumentos

En esta investigación se utilizaron un conjunto de instrumentos que formaron parte de una investigación más amplia (Bernal, Bonilla, Padilla-Cotto, y Pérez-Prado, 1998). Para los propósitos de este informe describiremos los instrumentos que forman parte de este sub-estudio. Estos son: la Hoja de Información Demográfica y una versión corta de la Escala de Alianza (13 reactivos) desarrollada por Bernal, Bonilla, Alvarez y Greaux (1993) basada en la Escala de Alianza Psicoterapéutica Integrativa de Pinsoff y Catherall; y la escala de Alianza Psicoterapéutica de Howard (1986).

La *Hoja de Información Demográfica* (véase el Apéndice) consiste de preguntas cerradas y abiertas en torno a género, edad, estado civil, ocupación y otra información socio-demográfica. La *Escala de Alianza Psicoterapéutica Integrativa (EAPI)* fue desarrollada por Pinsoff y Catherall (1986) basada en la conceptualización de Bordin (1979) sobre la alianza psicoterapéutica. La escala original consiste de 29 reactivos orientados a evaluar tres dimensiones de la alianza: las tareas, las metas u objetivos y el vínculo positivo entre el/la cliente y el/la terapeuta. Los reactivos del instrumento se contestan a través de una escala Likert de siete puntos. Esta fluctúa desde estar completamente de acuerdo (7 puntos) hasta estar completamente en desacuerdo (1 punto) con el/la terapeuta.

Para este estudio, desarrollamos una versión corta de la escala de Pinsoff y Catherall (1986), compuesta de 13 reactivos sobre la alianza psicoterapéutica basada en la escala de 16 reactivos orientada a la terapia familiar (Bernal, Bonilla, Alvarez y Greaux, 1993). Cada reactivo de la escala de familia fue traducido al contexto individual tomando en consideración los siguientes criterios: 1) un índice de validez mayor de .15; 2) la intercorrelación con los demás reactivos; y 3) el contenido de cada reactivo para mantener un balance entre aquellos reactivos orientados a evaluar el "vínculo", las "tareas" y las "metas" de la terapia. Sin embargo, para lograr dicho balance en la escala fue necesario incluir tres reactivos con un índice de validez inferior a .15. Mediante este proceso se produjo un instrumento compuesto de 13 reactivos orientado a evaluar las tres dimensiones de la alianza en el contexto individual.

La escala quedó constituida por cinco reactivos en la dimensión de vínculo positivo, cinco en la dimensión de tareas y tres reactivos en la dimensión de metas. A continuación presentamos los reactivos de la escala en español seguido por el reactivo en inglés: A) *Vínculo* (1. el/la terapeuta me apreció como persona/the therapist personally cared about me; 3. yo confié en el/la terapeuta, I trusted the therapist; 9. no me sentí aceptado por el/la terapeuta/I did not feel accepted by the therapist; 11. el/la terapeuta no se preocupó por mí como persona/the therapist didn't care personally about me; 13. el/la terapeuta no apreció cuán importantes eran para mí mis relaciones con algunos de los miembros de mi familia/the therapist didn't appreciate how important my relationships with some of the members of my family are to me); B) *Metas* (2. el/la terapeuta y yo no estábamos de acuerdo sobre las metas de la terapia/the therapist and I were not in agreement about the goals for this therapy; 5. el/la terapeuta entendió mis metas para con la terapia/the therapist understood my goals in therapy; 6. yo no estuve de acuerdo con el/la terapeuta con respecto a las metas para la terapia/the therapist and I were not in agreement about the goals for this therapy); C*) Tareas* (4. el/la terapeuta careció de habilidad para ayudarme/the therapist lacked the skills and ability to help me; 7. el/la terapeuta me ayudó/ the therapist helped me; 8. no estuve satisfecho/a con la terapia/ I was not satisfied with the therapy; 10. el/la terapeuta y yo estuvimos de acuerdo con respecto a la manera en que se llevó a cabo la terapia/the therapist and I are in agreement about the way the therapy is conducted; 12. El/la terapeuta no me ayudó/the therapist did not help me).

La *Escala de Alianza Psicoterapéutica (EAP)* desarrollada por Howard (1986) consiste de seis preguntas que evalúan el vínculo terapéutico entre cliente y terapeuta. Según Howard (1986), el vínculo entre el/la cliente y el/la terapeuta puede definirse a base de tres dimensiones interrelacionadas: a) *alianza terapéutica* - definida como una relación recíproca en la cual se está genuinamente y creíblemente presente como persona y apropiadamente accesible al otro; b) *resonancia empática*- determinado por los estilos comunicacionales y la congruencia de estilos personales e idiomáticos; y c) *afirmación mutua* - preocupación por los intereses y el bienestar del otro. Sin embargo, los reactivos de la escala están diseñados para medir la relación terapéutica como totalidad sin diferenciar las dimensiones de la misma. Cada reactivo es evaluado mediante una escala Likert de cinco puntos fluctuando de "nada" (un punto) a "mucho" (cinco puntos). Los reactivos de la escala son los siguientes: 1. ¿Cuán bien o mal se sentía usted con su terapeuta?; 2. ¿Cuán comprendido o comprendida se sentía usted por su terapeuta?; 3. ¿Cuán cómodo o cómoda se sentía usted con su terapeuta?; 4. ¿Cuán confiado o confiada se sentía usted con la habilidad del terapeuta para ayudarle?; 5. ¿Cuán apoyado o apoyada se sentía usted por su terapeuta?; y 6. ¿En qué medidas ambos compartían la manera de trabajar con sus problemas?.

Procedimiento

La traducción y adaptación de los instrumentos antes descritos se llevó a cabo considerando los siguientes criterios: equivalencia semántica con respecto a las versiones originales y pertinencia cultural a nuestro contexto puertorriqueño (Bravo, Woodbury-Fariña, Canino, y Rubio-Stipec, 1993).

Primero, partimos de las versiones en inglés y se procedió a traducir los instrumentos al español por un recurso bilingüe. Posteriormente, la versión en español fue traducida de vuelta al inglés por otro recurso independiente y sin acceso a la versión original. El próximo paso fue el de comparar las versiones en inglés y español en torno a los criterios de equivalencia semántica, conceptual, cultural y de contenido. Cada reactivo fue evaluado en sus distintas versiones. En las situaciones de diferencias de criterio, un panel del equipo de investigación tenía la tarea de llegar a un consenso sobre la mejor versión para cada reactivo.

Al finalizar el trabajo de adaptación y traducción de los instrumentos, se procedió a identificar las personas que recibieron servicios psicológicos en el CUSEP y que cumplían con los criterios de participación antes mencionados. Se preparó una lista de estas personas y se les envió una carta invitándolas a participar en el estudio y un boletín informativo. Al cabo de dos semanas se contactaron a aquellas personas de las cuales teníamos número de teléfono y se les preguntó sobre su interés en participar en el estudio. A los que consintieron se les enviaron los cuestionarios por medio del correo con sobre predirigido. A las personas que no tenían número de teléfono se les envió los cuestionarios junto a la carta de invitación y el boletín informativo. Una vez recibidos los cuestionarios, se codificaron, se entró la información en computadora y se analizó a través de métodos estadísticos.

Resultados

Confiabilidad interna de la EAPI-13 y la EAP

La confiabilidad interna de ambos instrumentos fue evaluada mediante el índice de consistencia interna de Crombach. El índice obtenido para la EAPI-13 fue de . 93. Los valores de la matriz de correlación obtenida entre los reactivos de este instrumento fluctuaron entre . 18 y . 86. Los reactivos que en promedio estuvieron mas correlacionados con los demás reactivos de la EAPI-13 fueron los siguientes: *reactivo 10*: acuerdo sobre la terapia (. 63), *reactivo 8*: satisfacción con la terapia (. 62), *reactivo 9*: aceptado por el terapeuta (. 61) y el *reactivo 5*: el terapeuta entendió mis metas (. 58). El *reactivo 7* (ayuda del terapeuta) y el *reactivo 6* (desacuerdo con el terapeuta) obtuvieron las asociaciones mas bajas con los demás reactivos. El promedio de las correlaciones con los otros 12 reactivos fueron . 30 y . 32 respectivamente.

El índice alfa para la EAP fue de . 96. Los valores de la matriz de correlación obtenida entre los reactivos de este instrumento fluctuaron entre . 86 y . 67. Esta fluctuación evidencia la alta intercorrelación entre los cinco reactivos de esta escala. Los reactivos que en promedio estuvieron mas correlacionados con los demás reactivos fueron los que pretenden medir comprensión (. 80), apoyo (. 80) y el compartir las maneras de trabajo (. 79) con el/la terapeuta.

Validez de construcción lógica de la EAPI-13 y la EAP-6

Evaluamos la estructura factorial de ambas escalas por separado y posteriormente de las dos escalas en conjunto. Realizamos tres análisis de componentes principales utilizando el método de rotación Varimax. Las tablas 1, 2, y 3 resumen los hallazgos principales.

Los resultados presentados sobre la consistencia interna y la estructura factorial de la EAPI-13 sugieren que la misma cuenta con un índice de confiabilidad alto. No encontramos evidencia para apoyar las dimensiones de vínculo, metas y tareas planteadas como parte de la estructura de este constructo. Sin embargo, la escala mide dos factores relacionados a la alianza psicoterapéutica, uno más global o generalizado y otro más específico.

En el análisis de factores con la escala de EAP surgió un solo factor denominado como *resonancia empática*. Este factor explica el 80. 4% de la variabilidad y agrupa a cinco reactivos que aluden a la relación de afirmación, empatía y resonancia en la relación terapéutica (comprensión, apoyo, compartir maneras de trabajar, sentimientos hacia el/la terapeuta y sentirse cómodo con el/la terapeuta).

El tercer análisis de factores lo realizamos con todos los reactivos de ambas escalas. Realizamos este análisis con dos propósitos. Uno fue explorar dimensiones de la alianza psicoterapéutica que puedan surgir con la muestra puertorriqueña y que pueda tener implicaciones para la relación psicoterapéutica con características particulares a nuestra realidad. El otro propósito,

Tabla 1.
Resumen del análisis de factores de componentes principales para la escala de la EAPI-13.

	Reactivos	Comunalidad	Factor	Valor Eigen	% de Varianza	Varianza Acumulada
1.	El/la terapeuta me apreció como persona.	.51	1	7.55	58.1	58.1
2.	El/la terapeuta y yo no estábamos de acuerdo sobre las metas de la terapia.	.17	2	1.14	8.8	66.8
3.	Yo confié en el/la terapeuta.	.39				
4.	El/la terapeuta careció de habilidad para ayudarme.	.84				
5.	El/la terapeuta entendió mis metas para con la terapia.	.72				
6.	Yo no estuve de acuerdo con el/la terapeuta con respecto a las metas para la terapia.	.58				
7.	El/la terapeuta me ayudó.	.79				
8.	No estuve satisfecho/a con la terapia.	.79				
9.	No me sentí aceptado/a por el/la terapeuta.	.76				

también exploratorio, iba encaminado a desarrollar una escala breve de la alianza con múltiples dimensiones de valor teórico y práctico.

Continuación: Tabla 1.
Resumen del análisis de factores de componentes principales para la escala de la EAPI-13.

Reactivos		Comunidad	Factor	Valor Eigen	% de Varianza	Varianza Acumulada
10.	El/la trapeuta y yo estuvimos de acuerdo con respecto a la manera en que se llevó a cabo la terapia.	.76				
11.	El/la terapeuta no se preocupó por mí como persona.	.86				
12.	El/la terapeuta no me ayudó.	.83				
13.	El/la terapeuta no apreció cuán importantes eran para mí mis relaciones con algunos de los miembros de mi familia.	.66				

Tomando los 19 reactivos de ambas escalas de alianza, los resultados sugieren la presencia de dos factores: *relación y afirmación terapéutica.* La varianza explicada por los dos factores fue de 69. 2%. El factor denominado *relación terapéutica* agrupa 12 reactivos que aluden a distintos aspectos de la alianza e incluye los seis reactivos del EAP (comprensión, apoyo, confiado, cómodo, compartir maneras de trabajar y sentimientos hacia el terapeuta) y otros seis reactivos de la EAP (el terapeuta me ayudó, entendió mis metas, se preocupó por mí, confié en el terapeuta, estamos de acuerdo en las maneras de trabajar, y satisfacción con la terapia). Este factor explica el 61. 6% de la variabilidad.

El factor *afirmación psicoterapéutica* agrupa a dos reactivos que aluden a un elemento más personal de la relación en terapia.

Tabla 2.
Resumen del análisis de factores de componentes principales para la escala de la EAP.

	Reactivos	Comunidad	Factor	Valor Eigen	% de Varianza	Varianza Acumulada
1.	¿Cuán bien o mal se sentía con su terapeuta?	.81	1	4.82	80.4	80.4
2.	¿Cuán comprendido o comprendida se sentía usted por su terapeuta?	.85				
3.	¿Cuán cómodo o cómoda se sentía usted con su terapeuta?	.75				
4.	¿Cuán confiado o confiada se sentía usted con la habilidad del terapeuta para ayudarle?	.75				
5.	¿Cuán apoyado o apoyada se sentía usted por su terapeuta?	.84				
6.	¿En qué medidas ambos compartían la manera de trabajar con sus problemas?	.83				

Estos son: "el/la terapeuta se preocupa por mí como persona" y "sentirse aceptado por el/la terapeuta". Este factor explica el 7. 7% de la variabilidad.

En resumen, los resultados sobre las dimensiones subyacentes de la alianza psicoterapéutica sugiere que este constructo es multidimensional. Parece ser que los reactivos agrupados en los factores encontrados aluden a dimensiones teóricas identificadas

Tabla 3.
Resumen del análisis de factores de componentes principales para la escala de la EAPI-13 y EAP.

	Reactivos	Comunidad	Factor	Valor Eigen	% de Varianza	Varianza Acumulada
EAP						
1.	¿Cuán bien o mal se sentía usted con su terapeuta?	.78	1	11.7	61.6	61.6
2.	¿Cuán comprendido o comprendida se sentía usted por su terapeuta?	.82	2	1.45	7.7	69.2
3.	¿Cuán cómodo o cómoda se sentía usted con su terapeuta?	.71				
4.	¿Cuán confiado o confiada se sentía usted con la habilidad del terapeuta para ayudarle?	.73				
5.	¿Cuán apoyado o apoyada se sentía usted por su terapeuta?	.81				
6.	¿En qué medidas ambos compartían la manera de trabajar con sus problemas?	.82				
EAPI-13						
1.	El/la terapeuta se preocupó de mí como persona.	.51				
2.	El/la terapeuta y yo no estábamos de acuerdo sobre las metas de la terapia.	.18				
3.	Yo confié en el/la terapeuta.	.28				

Continuación:

Tabla 3.
Resumen del análisis de factores de componentes principales para la escala de la EAPI-13 y EAP.

	Reactivos	Comunidad	Factor	Valor Eigen	% de Varianza	Varianza Acumulada
4.	El/la terapeuta careció de habilidad para ayudarme.	.84				
5.	El/la terapeuta entendió mis metas para con la terapia.	.72				
6.	Yo no estuve de acuerdo con el/la terapeuta con respecto a las metas para la terapia.	.58				
EAPI-13						
7.	El/la terapeuta me ayudó.	.80				
8.	No estuve satisfecho/a con la terapia.	.80				
9.	No me sentí aceptado/a por el/la terapeuta.	.76				
10.	El/la terapeuta y yo estuvimos de acuerdo con respecto a la manera en que se llevó a cabo la terapia.	.66				
11.	El/la terapeuta no se preocupó por mí como persona.	.86				
12.	El/la terapeuta no me ayudó.	.83				
13.	El/la terapeuta no apreció cuán importantes eran para mí mis relaciones con algunos de los miembros de mi familia.	.65				

en la literatura. Específicamente, los planteamientos de Luborsky y colaboradores sobre la existencia de dos tipos o dimensiones de alianza psicoterapéutica parecen recibir algún apoyo de estos resultados.

Desarrollo de una escala de alianza

A base de los análisis anteriores procedimos a configurar una nueva escala. Los criterios para la confección de la escala fueron los siguientes: reactivos con un peso factorial > . 70, reactivos que midan los factores de *relación y afirmación* psicoterapéutica y la no duplicación de contenido. La tabla 4 presenta los 10 reactivos de la escala y el peso factorial de cada reactivo.

El índice alfa para los 10 reactivos fue de . 94. Los valores de la matriz de correlación obtenida entre los reactivos fluctuaron entre . 83 y . 40. Evidentemente, hay una alta intercorrelación entre los diez reactivos de la escala.

El próximo paso fue someter la escala a un análisis de factores para evaluar la validez de construcción lógica. Realizamos un análisis de componentes principales utilizando como método de rotación el Varimax. La tabla 4 resume los hallazgos principales obtenidos del análisis de factores. Los resultados sugieren la presencia de un factor que explica el 70. 1% de la variabilidad. En resumen, estos resultados ofrecen información preliminar sobre la estructura factorial de la nueva escala compuesta por diez reactivos.

Tabla 4.
Resumen del análisis de factores de componentes principales para la escala de la AP-10.

	Reactivos	Comunidad	Factor	Valor Eigen	% de Varianza	Varianza Acumulada
EAPI-13						
5.	El/la terapeuta entiende mis metas para con la terapia.	.72	1	6.99	69.9	69.9
7.	El/la terapeuta me ayuda.	.81	2	.92	9.2	79.2
9.	Me sentí aceptado/a por el/la terapeuta.	.90				
10.	El/la terapeuta y yo estamos de acuerdo con respecto a la manera en que se llevó a cabo la terapia.	.73				
11.	El/la terapeuta se preocupó por mí como persona.	.89				
EAP-6						
1.	Me siento bien con mi terapeuta.	.77				
2.	Me siento comprendido/a por mi terapeuta.	.82				
3.	Me siento cómodo/a con mi terapeuta.	.73				
4.	Estoy confiado/a con la habilidad del terapeuta para ayudarme.	.73				
5.	Me siento apoyado/a por mi terapeuta.	.81				

Conclusión y Discusión

Uno de los propósitos de este estudio fue realizar una traducción y adaptación de dos instrumentos sobre la alianza psicoterapéutica considerando los criterios de equivalencia semántica con respecto a las versiones originales. También evaluamos las propiedades psicométricas de dos instrumentos sobre la confiabilidad y la validez factorial de dos medidas sobre la alianza psicoterapéutica. Específicamente nos propusimos evaluar una versión corta de la Escala de Alianza Psicoterapéutica Integrativa, de Pinsoff y Catherall (1986) y la escala de Howard (1986) con miras a desarrollar un instrumento basado en la experiencia de la psicoterapia de una muestra puertorriqueña.

Los instrumentos resultantes del proceso de traducción y adaptación llevado a cabo en ésta investigación han demostrado ser claros. Los dos instrumentos para evaluar la alianza psicoterapéutica mostraron tener una consistencia interna alta. Esto significa que contamos con instrumentos que poseen homogeneidad entre sus reactivos para la medición de variables relacionadas con los resultados de la psicoterapia. Los índices de confiabilidad interna de los instrumentos obtenidos en este estudio comparan con los informados en investigaciones con poblaciones anglosajonas en los que se utilizaron dichos instrumentos en su versión original.

Nuestra evaluación de la estructura factorial de los instrumentos nos permite documentar su validez de construcción lógica. Si la estructura factorial que surge de los análisis corresponden a lo planteado en la literatura, podemos concluir que dicho instrumento posee buena validez de construcción lógica.

Este no fue la situación en el caso con la versión corta de la escala de Pinsoff y Catherall (1986) y Bernal, Bonilla, Alvarez y Greaux (1993). No se encontró evidencia para apoyar una estructura compuesta de tres dimensiones subyacentes denominadas como vínculo, tareas y metas y que teóricamente son fundamentales en la psicoterapia. Puede que algunos elementos culturales como el "personalismo", el "respeto", el "familiarismo" y valores relacionados a la interdependencia o colateralidad (Bernal y Flores-Ortiz, 1982; Bernal y Gutiérrez, 1989) estén jugando un papel importante en la formación de una alianza psicoterapéutica (Cómaz-Díaz y Griffith, 1989). De hecho, en esta muestra surgieron dos factores: uno, global sobre la relación o vínculo y otro, más específico aludiendo a los aspectos más personalizados de la relación. Esto sugiere que en el contexto puertorriqueño la alianza psicoterapéutica es casi netamente interpersonal. También, en la factorización de la escala desarrollada por Howard (1986), surgió un solo factor aludiendo a lo interpersonal de la relación psicoterapéutica.

Cuando unimos las dos escalas, este factor alude al sentir del/la cliente que el/la terapeuta se preocupa por él o ella y a sentimientos de aceptación del/la cliente por el/la terapeuta. Por tanto, este factor también alude a la relación interpersonal entre terapeuta/cliente.

Los resultados obtenidos sobre la nueva escala de alianza psicoterapéutica compuesta por 10 reactivos son positivos. Primero, esta escala se basa en un muestra puertorriqueña. Segundo, la misma cuenta con un alto índice de consistencia interna.

Los resultados de esta investigación van encaminados a documentar las propiedades psicométricas de instrumentos y escalas para adelantar la investigación en nuestro entorno. La brevedad de la AP-10 (véase el Apéndice) unido a su validez y confiabilidad puede servir de recurso en la evaluación del proceso psicoterapéutico. Queda por verse si esta escala sobre la alianza puede predecir el rendimiento psicoterapéutico.

Claramente, este estudio es uno inicial y exploratorio. La evaluación de la alianza está limitada por que depende de sólo una fuente de información: él o la cliente. También, nuestro estudio fue uno de naturaleza retrospectiva. La información que se obtuvo de los instrumentos del estudio pudo haber estado influida por otras variables dado el tiempo que ha transcurrido entre haber recibido los servicios psicoterapéuticos y el momento en que se llevó a cabo la investigación.

Sin embargo, es importante destacar que pese a las limitaciones en la evaluación de aspectos que ya han ocurrido en el pasado, si la memoria y los recuerdos en torno a la experiencia con la psicoterapia es significativa para la persona, esto es una fuente de información que no debemos descartar. Es posible que la memoria de eventos significativos durante la psicoterapia (sentimientos) pueden mantenerse por un largo periodo de tiempo con fidelidad. La valoración de la memoria de una relación psicoterapéutica (la alianza) puede ser tan importante como la valoración de la relación en el momento en que se da. Finalmente, dada las buenas propiedades psicométricas encontradas, este instrumento sobre la alianza psicoterapéutica puede servir de recurso para la evaluación de los procesos y su relación a los resultados en la investigación psicoterapéutica.

Notas

[1] Este trabajo fue publicado por Bernal, G., Padilla, L., Pérez-Prado, E. M., y Bonilla, J., (1999). La alianza psicoterapéutica: Evaluación y desarrollo de instrumentos. *Revista Argentina de Clínica Psicológica, 8*, 69-80. Una versión inicial de este trabajo fue preparado en el XXV Congreso Interamericano de Psicología, San Juan, Puerto Rico, julio 1995. La investigación fue apoyada por los Fondos Institucionales para la Investigación (FIPI) de la Universidad de Puerto Rico (1993-1995), Recinto de Río Piedras, el Programa de Adiestramiento en la Investigación Biopsicosocial (COR - Career Opportunities in Research) del NIMH, Número MH191340 y por el Centro Universitario de Servicios y Estudios Psicológicos.

Referencias

Alvarez, M. A. (1991). *The therapeutic alliance in family therapy: Intergenerational family therapy and drug abuse.* Tesis no publicada. Berkeley: The Wirght Institute.

Bergin, A. E. & Lambert, M. (1978). The evaluations of therapeutic outcomes. En S. L. Garfield & A. E. Bergin (Eds.). *Handbook of psychotherapy and behavior change.* New York: Wiley, 139-181.

Bernal, G., & Flores-Ortiz, Y. (1982). Latino families in therapy: Engagement and evaluation. *Journal of Marital and Family Therapy*, *8*, 3, 357-365.

Bernal, G., & Gutierrez, M. (1988). Psychotherapy with Cubans. In L. Comas-Díaz & E. E. Griffith (Eds). *Clinical practice in cross cultural mental health.* New York: John Whiley.

Bernal, G., Bonilla, J., Alvarez, M. A., y Greaux, B. (1993). La alianza psicoterapéutica como indicador de los resultados en la terapia familiar: Un estudio preliminar. *Revista Interamericana de Psicología*, *27*, 229-238.

Bernal, G., Bonilla, S., Padilla-Cotto, L., Pérez-Prado, E. M. (1998). Factors associated to outcome in psychotherapy: An effectiveness study in Puerto Rico. *Journal of Clinical Psychology*, *54*, 329-342.

Beutler, L. E. (1979). Toward specific psychological therapies for specific conditions. *Journal of Consulting and Clinical Psychology*, 47, 882-897.

Bordin, E. S. (1979). The generalizability of the psychoanalytic concept of the working alliance. *Psychotherapy: Theraphy, Research and Practice*, 16, 252-259.

Bravo, M., Woodbury-Fariña, M., Canino, G., & Rubio -Stipec, M. (1993). The Spanish translation and cultural adaptation of the Diagnostic Interview Schedule for children (DISC) in Puerto Rico. *Culture, Medicine, and Psychiatry*, *17*, 329-344.

Comas-Díaz, L. & Griffith, E. E. (Eds.), (1989). *Clinical practice in cross cultural mental health.* New York: Wiley.

Freud, S. (1952). The dynamics of transference. En J. Starchey (Ed.), *The standard edition of the complete psychological works of Sigmund Freud (99-1912).* London: Hogarth Press. (Original publicado en el 1912).

Friedlander, M. L., & Heatherington, L. (1990). and family therapy alliance scales: empirical considerations. *Couple Journal of Marital and Family Therapy*, 16, 299-306.

Hartley, D. E. (1985). Research on the therapeutic alliance. In H. Hales & A. Frances (Eds.), *Psychiatric update, American Psychiatric Association Annual Review, 4,* 532-549.

Horvath, A. O. & Luborsky, L. (1993). The role of the therapeutic alliance in psychotherapy. *Journal of Consulting and Clinical Psychology*, *61*, 561-573.

Howard, K. I. (1986). *Psychotherapy process and outcome: Final report*, Evanstin, IL: Northwestern University.

Howard, K. I., Kopta, S. M., Krause, M. S. & Orlinsky, D. E. (1986). The dose-effect relationship in psychotherapy. *American Psychologist*, *41*, 159-164.

LaCrosse, M. B. (1980). Perceived counselor social influence and counseling outcomes: Validity of the Counselor Rating Form. *Journal of Counseling Psychology*, *27*, 320-327

Lambert, M., Shapiro, D. A., y Bergin, A. E. The effectiveness of Psychotherapy. En S. Garfield & A. Bergin (1986). *Handbook of psychotherapy and behavior change.* New York: John Wiley & Sons.

Luborsky, L., Auerback, A., Chrits-cristoph, P., Mints, J. (1988). *Who will benefit from psychotherapy?: Predicting therapeutic outcomes.* New York: Basic Books.

Orlinsky, D. & Howard, K. I. (1986). Process and relation to outcome. En S. L. Garfield & A. E. Bergin (Eds.). *Handbook of psychotherapy and behavior change*. New York: Wiley.

Pinsoff, W. M. & Catheral, D. R. (1986). The integrative psychotherapy alliance: Family, couple and individual therapy scale. *Journal of Marital and Family Therapy*, *12*, 137-151.

Smith, M. L., & Glass, G. V. (1977). Meta-analysis of psychotherapy outcome studies. *American Psychologist*, *32*, 165-180.

CAPÍTULO 6:
Evaluación de las propiedades psicométricas para medir sintomatología

Evaluación de las propiedades pscicométricas para medir sintomatología psicológica: El Inventario de Depresión de Beck y la Lista de Cotejo de Síntomas - 36[1]

En este estudio se evaluó la confiabilidad interna y la validez de construcción lógica del **Inventario de Depresión de Beck** (IDB) y de la **Lista de Cotejo de Síntomas - 36 (LCS-36)** en una muestra clínica de 300 personas. El índice de consistencia interna para el IDB fue . 8948 y para la LCS-36 fue . 9469. Los resultados sugieren la presencia de cuatro factores en el IDB: actitudes negativas, cognitivo-conductual, biológico y somático. Estos resultados apoyan el planteamiento que los factores del IDB en una muestra clínica y puertorriqueña son congruentes con las dimensiones que se establecen en la literatura como aquellas fundamentales para establecer la nosología de la depresión. Con la LCS-36 encontramos seis factores principales: depresión, hostilidad/sospecha, ansiedad fóbica, somatización, disturbios de pensamiento e impedimento funcional. Los factores en la LCS-36 son congruentes con las dimensiones informadas en la literatura donde se apoya la estructura factorial de este instrumento. También se encontró una correlación alta y significativa (. 74) entre el IDB y la LCS-36. Los resultados obtenidos para el IDB y la LCS-36 son alentadores. Ambos instrumentos ofrecen información consistente y válida de los constructos que pretenden medir. Se discuten las limitaciones del estudio y las posibilidades para futuros estudios.

En este capítulo presentaremos otro aspecto de nuestro trabajo, encaminado a evaluar, adaptar y/o desarrollar instrumentos para la investigación clínica. Este fue uno de los primeros trabajos que desarrollamos como parte de los esfuerzos realizados en el Centro Universitario de Servicios y Estudios Psicológicos (CUSEP), del Departamento de Psicología de la Universidad de Puerto Rico, Recinto de Río Piedras. Antes de describir nuestra investigación, es importante señalar algunos aspectos del contexto en donde se desarrolló.

El CUSEP se funda en el 1986 con el inicio del Programa Doctoral en Psicología de la Universidad de Puerto Rico. Esta unidad tiene el propósito de adiestrar a las personas del Programa Graduado en el ofrecimiento de servicios psicológicos y sirve como taller para el trabajo clínico, comunitario, docente e investigativo (Bernal, 1993). El CUSEP cuenta con un componente de adiestramiento y otro de investigación. Como unidad docente, todos los servicios psicológicos que se ofrecen cumplen el objetivo de adiestrar a la personas en el programa graduado. Es a través del adiestramiento de psicólogos y psicólogas que se ofrecen servicios psicológicos a la comunidad. También, la definición de "servicios psicológicos" es amplia y trasciende conceptos tradicionales de la psicología clínica. Por servicios psicológicos entendemos, no sólo la intervención clínica, sino también la evaluación de comunidades, escuelas, organizaciones, evaluación de programas, intervenciones a nivel de la comunidad o de sistemas, intervenciones de corte preventivo y la investigación.

Desde el 1989 el Centro ha respaldado esfuerzos de miembros de nuestra facultad para realizar estudios psicológicos de corte clínico y preventivo. Un interés fundamental ha sido evaluar, adaptar y/o desarrollar intervenciones psicosociales que se ajusten a la realidad puertorriqueña y tomen en consideración los aspectos sociales y culturales de nuestro entorno. En Puerto Rico son pocas las investigaciones en torno a la evaluación de intervenciones psicosociales. De hecho, la tendencia en nuestro quehacer académico puede ser caracterizada por la importación de modelos teóricos, tratamientos y procedimientos terapéuticos sin que éstos hayan sido adaptados a nuestro contexto social, cultural y económico. Hemos iniciado varios proyectos que pretenden desarrollar intervenciones psicosociales o adaptar algunas ya existentes a nuestro contexto. Por ejemplo, la Dra. Jeannette Rosselló está finalizando un estudio de eficacia de un modelo de la terapia cognocitiva-conductual y uno de la terapia interpersonal en adolescentes deprimidos (Roselló y Bernal, 1996). La Dra. Irma Serrano-García esta desarrollando una intervención preventiva fundamentada en las nociones del *empowerment* para negociar el sexo seguro y prevenir el VIH/SIDA. Actualmente, el equipo de trabajo de los primeros dos autores (Guillermo Bernal y Janet Bonilla) de este informe realiza una investigación descriptiva sobre los factores asociados a la efectividad de la psicoterapia.

Al plantearnos la tarea de evaluar, adaptar y/o desarrollar intervenciones clínicas y preventivas para estudios de eficacia y de efectividad, nos enfrentamos a la difícil situación de identificar instrumentos válidos y confiables que nos permitan evaluar el resultado de las intervenciones. En Puerto Rico, varios investigadores e investigadoras han tomado pasos importantes encaminados a evaluar, adaptar y/o desarrollar instrumentos de evaluación (Herrans, 1985; Alvarez, 1988; Bravo, Woodbury-Fariña, Canino & Rubio-Stipec, 1993). Entre los trabajos más recientes cabe mencionar el de la Escala de Inteligencia Weschler para Niños-Revisada, realizado por Herrans & Rodríguez (1992), el Inventario de Intereses Vocacionales del Dr. Cirino (Cirino, 1988), el Inventario de Comportamiento-Escolar, del doctor Bauermeister (Bauermeister, 1994), el trabajo sobre la Entrevista Diagnóstica Estructurada, realizado por Canino, Bird, Shrout,Rubio-Stepec, et al. (1987), y los estudios sobre instrumentos para evaluar la utilización de los servicios de salud y factores de riesgo al VIH/SIDA en mujeres, de la Dra. Alegría (Alegría, Robles, & Vera, 1988; Alegría, Robles, Freeman, Vera, Ríos & Ríos, 1991). Otros esfuerzos en la traducción y adaptación de escalas son los trabajos de Roca de Torres & Rodríguez-Aponte (1988). Sin embargo, a pesar de estos adelantos, la tendencia en Puerto Rico ha sido la utilización de instrumentos desarrollados en el exterior sin una evaluación mínima de la propiedades psicométricas de los mismos.

A continuación presentamos un trabajo inicial que tiene el propósito de evaluar algunas de las propiedades psicométricas del **Inventario de Depresión de Beck** (IDB) y de la **Lista de Cotejo de Síntomas - 36 (LCS-36)** en una muestra clínica. Especialmente nos proponemos evaluar la confiabilidad interna y la validez de construcción lógica de dichas escalas en una muestra de personas que solicitaron servicios psicológicos en el CUSEP.

Dos instrumentos para la evaluación de síntomas psicológicos

Los trastornos afectivos representan uno de los cuadros clínicos de mayor prevalencia en Puerto Rico (Canino, Bird, Shrout, Rubio-Stipec, Bravo, Martínez, Sesman, & Guevara, 1987). Se estima que un 7. 9% de la población general ha padecido de algún trastorno afectivo durante su vida. De acuerdo a este estudio la tasa de depresión mayor en Puerto Rico es aproximadamente 4. 6%, por lo que no nos extraña que la depresión es una de las causas más comunes por la cual se solicitan servicios psicológicos y de salud mental (Rosselló & Bernal, 1995, en imprenta).

Sin embargo, en Puerto Rico no contamos con instrumentos adecuados (adaptados y con estudios de confiabilidad y validez) para evaluar la depresión en personas adultas. Necesitamos instrumentos que permitan la identificación acertada de sintomatología psiquiátrica, particularmente depresiva, y que a la vez sean sensibles a los cambios asociados a intervenciones psicosociales.

Inventario de Depresión de Beck (IDB)

El IDB está diseñado para medir actitudes y síntomas específicos que son consistentes con las descripciones de la depresión en la literatura psicológica y psiquiátrica, sin pretender reflejar ninguna teoría específica con relación a la etiología de la depresión (Beck & Beamesderfer, 1974; Lorente, 1988). Se utilizan diversos criterios para agrupar los reactivos del IDB en categorías de síntomas con el objetivo de establecer la estructura factorial e interna de dicho instrumento y de reconocer diferencias sintomatológicas entre distintos grupos. Welch, Hall & Walkey (1990) identificaron cuatro categorías de síntomas en su análisis de factores, mientras, que otros investigadores han encontrado sólo tres (Beck & Beamesderfer, 1974; Cambell, Burgees, & Finch, 1984). Recientemente, Vázquez & Sanz (1991) encontraron cuatro factores interrelacionados (cognoscitivo, anhedonia, síntomas somáticos/energía y pérdida de peso), en una muestra de 1,393 estudiantes universitarios de España. Independientemente de la muestra y la manera en que se agrupen los reactivos del IDB, los análisis factoriales sobre el instrumento sugieren que éste posee una estructura multi-factorial.

En su informe original, Beck , Ward, Mendelson, & Erbaugh (1961) establecen que aunque el instrumento ayuda a registrar varios grados de depresión a través de un continuo, éste no está diseñado para distinguir claramente entre categorías diagnósticas diferenciadas. Algunos autores indican que la consistencia interna del IDB se ha examinado extensivamente. En el estudio original de la construcción de esta medida, Beck y colaboradores (1961) encontraron un índice de confiabilidad de . 93 determinado a través del método de división en mitades con una muestra de 97 pacientes psiquiátricos. También, se han encontrado asociaciones significativas entre el IDB y la evaluación clínica de la depresión (Bumbery, Oliver, & McClure, 1978) y se han informado asociaciones significativas entre el IDB y otros instrumentos para evaluar la depresión (Davis, Bumows, & Payton, 1975). Tras más de 25 años de investigación con este instrumento, consistentemente se ha informado que posee buenas propiedades psicométricas con muestras anglosajonas y españolas (Reynolds & Grould, 1981; Gallagher, Nies, & Thompson, 1982; Beck, Steer, & Garbin, 1988; Vázquez & Sanz, 1991).

Lista de Cotejo de Síntomas-36 (LCS-36)

La LCS-36 es otra alternativa para evaluar sintomatología psiquiátrica. Entre los métodos para la evaluación del grado de malestar informado por pacientes psiquiátricos la LCS, versión de 90 reactivos, es una de los más comúnmente utilizadas (Derogatis, Lipman, Rickels, Uhlenhuth, & Covi, 1974; Lipman, Covi, & Shapiro, 1979; Evenson, Holland, Mehta, & Yasin, 1980).

La LCS-36 es un cuestionario de autoinforme breve que consiste de 36 reactivos (McNiel, Greenfield, Attkinson, & Binder, 1989). La misma pretende servir como instrumento para el cernimiento de la psicopatología severa en adultos. La selección original de los reactivos para la LCS-36 se basó en los resultados del análisis de factores de la LCS-90 realizado por Hoffman & Overall (1978). Dichos autores identificaron cinco factores en la LCS-36 consistentes con un estudio previo (Lipman, Covi, & Shapiro, 1979). Los cinco factores fueron los siguientes: depresión, somatización, ansiedad fóbica, impedimento funcional y hostilidad/sospecha.

La LCS-36 se compone de seis escalas, cada una compuesta por seis reactivos. Cinco de las escalas responden a los cinco factores identificados por Hoffman & Overall (1978). Los reactivos para dichas escalas fueron seleccionados utilizando como criterio el peso de cada reactivo relativo al factor correspondiente. A estas cinco escalas, McNiel y colaboradores (1989) le añadieron una sexta, identificada como psicoticismo, basada en los resultados del otro análisis de factores realizado por Lipman, Covi, & Shapiro (1979). Al añadirle una sexta escala, la LCS-36 pretende evaluar los factores principales de la LCS-90. McNiel y colaboradores (1989) informaron buenos indicadores de confiabilidad interna con este instrumento en una muestra de 215 pacientes psiquiátricos hospitalizados (alfa > . 95).

Método

Participantes

La muestra se configuró a base de las admisiones consecutivas de personas que solicitaron ayuda psicológica al Centro Universitario de Servicios y Estudios Psicológicos (CUSEP) de la Universidad de Puerto Rico, Recinto de Río Piedras, entre el 1986 y el 1990. Los criterios de inclusión para participar en el estudio fueron los siguientes : haber completado el IDB, la LCS-36, la Hoja de Información Demográfica y tener 18 años o más.

Instrumentos

Inventario de Depresión de Beck: El IDB es un instrumento de autoinforme ampliamente utilizado en el campo por ser breve y fácil de administrar (Beck, 1974; Beck & Beck, 1974). El IDB consiste de 21 reactivos de selección múltiple sobre una categoría específica de síntomas y signos asociados a la depresión. Cada reactivo consiste de cuatro oraciones auto-evaluativas con puntuaciones que fluctúan entre 0 y 3. La puntuación total fluctúa entre 0 y 63. A mayor puntuación en el inventario mayor la sintomatología depresiva. A base de muestras estadounidenses, las puntuaciones pueden ser categorizadas en niveles de depresión: 0-9 estado no depresivo, 10-18 sintomatología depresiva leve, 19-29 moderada y 30-63 severa (Beck y colaboradores, 1988). El IDB pretende identificar niveles de depresión, provee una evaluación inmediata (ej. suicidio), indica cualquier cambio importante en sintomatología y ayuda a evaluar la efectividad de las intervenciones (Beck, 1974; Beck & Beck, 1974).

Lista de Cotejo de Síntomas - 36. Esta se compone de seis escalas con seis reactivos en cada una. Las escalas de depresión, somatización, ansiedad fóbica, impedimento funcional, hostilidad/sospecha y psicoticismo componen el instrumento desarrollado por McNiel y colaboradores (1989). Cada reactivo del instrumento se contesta utilizando una escala Likert que fluctúa entre 1 (no en lo absoluto) a 5 (extremadamente) y evalúa el malestar experimentado con cada síntoma. La puntuación total de la escala fluctúa entre 36 (la ausencia de malestar) y 180 (malestar extremo). La LCS-36 es una medida de carácter multidimensional, breve y orientada a evaluar sintomatología psicológica y psiquiátrica. Es de gran interés entre los/as psicólogos/as por su utilidad como instrumento breve y confiable para el cernimiento de pacientes con sintomatología severa.

En Puerto Rico existen varias traducciones al español de la versión de 1967 del IDB, entre ellas la de Rañal (1974). En el presente estudio utilizamos la versión traducida por Bernal para una investigación de corte preventivo realizada en California (Muñoz, Ying, Bernal, Pérez-Stable, Sorensen, & Hargreaves, 1995). Utilizamos la traducción del LCS-36 realizada por el primer autor como parte de otra investigación (Bernal, Flores-Ortíz, Sorensen, Diamond, & Bonilla 1995).

Además, se utilizó información de la Hoja Demográfica completada por las personas que solicitan servicios al CUSEP. De dicha hoja se obtuvo la siguiente información demográfica de los y las participantes: género, edad, ocupación y estado civil.

Procedimiento

Se solicitó el permiso para tener acceso al banco de datos del CUSEP. La Junta Asesora del Centro evaluó favorablemente la solicitud asegurando salvaguardar la confidencialidad de la clientela. Con este propósito se le dio instrucciones a la analista de datos del Centro de proveer la información sobre el IDB, la LCS-36 y la Hoja Demográfica sin información que le permitiera a los/as investigadores/as identificar a algún cliente.

Resultados

Los hallazgos de esta investigación se presentan en tres secciones. La primera contiene resultados en torno a las características demográficas y sintomatológicas de la muestra. La segunda presenta los hallazgos sobre la confiabilidad del IDB y de la LCS-36, y la tercera los resultados sobre la validez de construcción lógica de ambos instrumentos.

Características demográficas y sintomatológicas

La Tabla 1 presenta la distribución en frecuencias y porcientos de los y las participantes en las variables de área residencial, estado civil, ocupación y tipo de trabajo. Se presenta esta información por género y por la totalidad de la muestra. Se observa que un 75% de la muestra corresponde a personas residentes en el área metropolitana. La mayoría de las personas son solteras (71. 5%), siendo el por ciento de soltería mayor para los hombres (81. 2%) que para las mujeres (66. 5%). También, se observa que el 63. 7% de las personas en la muestra indicaron como ocupación principal el estudio, mientras que un 24. 7% informaron que trabajan.

De los 300 casos que componen la muestra del estudio, 197 fueron mujeres y 102 hombres. En un expediente no se pudo

Tabla 1.
Distribución en frecuencias y porcientos de los/as participantes en las variables género, área residencial, estado civil, ocupación y tipo de trabajo.

	Féminas		Varones		Ambos	
	f	%	f	%	f	%
Género	197	65.9	102	34.1	299	100
Area Residencial						
Metropolitana	151	78.2	70	70.0	221	75.4
Isla	42	21.8	30	30.0	72	24.6
Estado Civil						
Soltero/a	131	66.5	82	81.2	213	71.5
Casado/a	45	22.8	13	12.9	58	19.5
Separado/a	5	2.5	1	1.0	6	2.0
Divorciado/a	16	8.1	5	5.0	21	7.0
Ocupación						
Trabaja	53	28.5	17	17.5	70	24.7
Estudia	100	52.6	74	76.3	191	63.7
No estudia - ni trabaja	21	11.1	6	6.2	20	7.1
Estudia y trabaja	16	8.4	0	0.0	2	.7
Tipo de Trabajo						
UPR - Administrativo	3	1.6	0	0.0	3	1.1
No administrativo	15	8.1	6	6.2	21	7.4
Profesional	22	11.8	5	5.2	27	9.5
No profesional	15	8.1	6	6.2	21	7.4
No aplica	131	70.4	80	82.5	211	74.6

identificar el género de la persona por no ser legible el código correspondiente a esta variable. Según se observa en la Tabla 1, el por ciento mayor de las personas que solicitaron los servicios del CUSEP entre 1986 y 1990, y que cumplieron con los criterios para participar en este estudio, son mujeres (65%) adultas jóvenes. La edad promedio de las mujeres fue 26. 81 con una desviación típica (DT) de 10. 33. La edad promedio para los hombres fue 22. 26 (DT= 12. 33) y para la muestra en su totalidad fue 25. 25 (DT=11. 25).

La Tabla 2 presenta la distribución de los y las participantes por nivel de sintomatología depresiva. También ofrece la información por la totalidad de la muestra y considera la variable género. De acuerdo a los puntos de corte para el IDB establecidos por Beck (Beck y colaboradores, 1988) en muestras norteamericanas, un 31% de la muestra presentó sintomatología depresiva leve, un 22% moderada y un 13% severa. Esto significa que un 66 % de la muestra informó algún nivel de sintomatología depresiva mientras que sólo un 34% no informó sintomatología. En dicha tabla, observamos también que hay un porciento mayor de mujeres (73%) que presentó sintomatología depresiva en comparación con los hombres (54%). Más aún el porciento de mujeres que informó sintomatología depresiva severa es más del doble del porciento de los hombres en esta misma categoría.

Según se presenta en la Tabla 3, la puntuación promedio de los y las participantes en el IDB se encuentra dentro del nivel de sintomatología depresiva leve (x=15. 27). No obstante, la desviación típica obtenida es relativamente alta, lo cual sugiere una variabilidad considerable en las puntuaciones para el IDB. Considerando la desviación típica obtenida para el IDB (10. 14) encontramos que el 68% de los y las participantes obtuvieron puntuaciones que fluctuaron entre ausencia de sintomatología depresiva (5. 13) y sintomatología depresiva moderada (25. 41). La puntuación superior en dicho intervalo está bastante cerca a la puntuación de corte para el nivel de sintomatología depresiva

Tabla 2.
Distribución de los/as participantes por nivel de sintomatología depresiva.

Sintomatología	Féminas (n=197)		Varones (n=102)		Ambos (299)	
	F	%	F	%	F	%
Ausencia (0-9)	53	27	48	46	101	34
Leve (10-18)	65	33	28	27	93	31
Moderada (19-29)	46	23	19	19	65	22
Severa (30-63)	33	17	7	7	40	13

El criterio para los puntos de cortes fue tomado de Beck y colaboradores, 1988.

severa.

La Tabla 3 nos informa también que la puntuación promedio de las mujeres (x=16. 59) en el IDB fue significativamente diferente a la de los hombres (x=12. 89). Aunque las puntuaciones promedio de ambos grupos se encuentran dentro de la categoría de depresión leve, la obtenida por los hombres se inclina al punto de corte de la categoría de ausencia de sintomatología depresiva y la obtenida por las mujeres al punto de corte de la categoría de sintomatología moderada. La desviación típica en ambos casos fue relativamente alta.

En la LCS-36 las puntuaciones para la totalidad de la muestra fluctuaron entre 17 y 162 con un promedio de 79. 81 y una DT de 27. 64. El 68% de los y las participantes obtuvieron

Tabla 3.
Puntuación promedio y desviación típica en el IDB y la LCS-36: Resumen de un análisis de *t* para grupos independientes.

Género	n	X	DT	t	gl
IDB					
Féminas	191	16.59	10.31	3.10**	289
Varones	101	12.89	9.35		
Ambos	293	15.27	10.14		
LCS-36					
Féminas	191	82.83	28.44	2.01*	288
Varones	97	75.87	27.42		
Ambos	288	79.81	27.64		

Las puntuaciones en el IDB para las féminas fluctaron de 0 a 43; para los varones de 0 a 41 y para la totalidad de la muestra de 0 a 43.
P<=.05*; <=.01**; <=.001***

puntuaciones que fluctuaron entre poco malestar (x=52. 17) y algún malestar sintomatológico (x=107. 45).

También se encontraron diferencias significativas por género en la puntuación promedio de la LCS 36. Las mujeres (x=82. 83) presentaron niveles más altos de malestar psicológico que los hombres (x=75. 87). No se encontraron diferencias significativas en la puntuación promedio de la LCS-36 y del IDB para las demás variables demográficas que se presentan en la Tabla.

Confiabilidad interna del IDB y la LCS-36

La confiabilidad interna de ambos instrumentos fue evaluada mediante el índice de consistencia Cronbach Alfa. El mismo nos ofrece información del grado de homogeneidad entre los reactivos que constituyen un instrumento (Anastasi, 1954). El índice alfa obtenido para el IDB fue . 8948. Los valores de la matriz de correlación obtenida entre los reactivos de este instrumento fluctuaron entre . 03 y . 50. Los reactivos que en promedio estuvieron más correlacionados con los demás reactivos del IDB son los siguientes: tristeza (. 48), pesimismo (. 39), sentimientos de fracaso (. 30), sentimientos de culpa (. 33) y autodecepción (. 36). El reactivo del IDB que posee una asociación menor con los demás es el que pretende medir la pérdida de peso. Su correlación con los otros veinte reactivos del IDB fluctuó entre . 27 y cero.

El índice de consistencia interna para la LCS-36 fue . 9469. El análisis de la matriz de correlación entre los reactivos de esta escala demuestra que el grado de asociación entre los mismos fluctuó entre . 0334 y . 7379. El reactivo que lee "no me siento apreciado" presentó, en promedio, una correlación mayor con los demás reactivos de la escala. Específicamente encontramos índices de asociación iguales o mayores a . 50 entre dicho reactivo y los siguientes: sentirse solo (. 57), sentimientos de tristeza (. 64), desinterés en las cosas (. 58), sentir que la gente no es amigable (. 53), sentirse inferior (. 73), sentirse vigilado (. 55), sentirse solo cuando se está acompañado (. 62) y sentir que lo familiar es extraño (. 50). El reactivo sobre dolor de espalda y el de dolores musculares tiene índices de asociación más bajos con el resto de los reactivos de la escala, el cual fluctuó entre . 32 y . 034.

Validez de construcción lógica del IDB y la LCS-36

Evaluar la estructura factorial de un instrumento nos permite documentar su validez de construcción lógica (Herrans, 1985). Si la estructura factorial obtenida corresponde a las dimensiones establecidas en la literatura como aquella esencial en la nosología del constructo que se mide; entonces decimos que la validez (de construcción lógica) del instrumento es buena.

Nosotros evaluamos la estructura factorial de las versiones del IDB y la LCS-36, utilizadas en este estudio, a través de un análisis de componentes principales utilizando como método de rotación el de varimax. Las tablas 4, 5, 6 , 7, 8 y 9 resumen los hallazgos principales obtenidos del análisis de factores.

Los resultados sugieren la presencia de cuatro factores en el IDB: actitudes negativas, cognitivo-conductual, biológico y somático (Véase Tablas 4 y 5). La variabilidad explicada por los cuatro factores fue de 49. 4%. El factor sobre las *actitudes negativas* agrupa nueve reactivos; siete de éstos aluden a sentimientos tales como: tristeza, pesimismo, fracaso, culpa, castigo, autodecepción y autoculpa. Otros dos reactivos aluden al llanto y a las ideas de suicidio. Este factor explica el 31. 9% de la varianza. El factor *cognitivo-conductual* contiene reactivos de insatisfacción, irritabilidad, desinterés social, indecisión, pobre imagen corporal, incapacidad laboral y fatiga. Dichos reactivos explican el 7. 2% de la variabilidad. El factor *biológico* se compone de cuatro reactivos sobre insomnio, pérdida de apetito, pérdida de peso y desinterés por el sexo; los cuales explican el 5. 4% de la varianza. El factor *somático* se compone de un solo reactivo sobre problemas físicos que explica el 4. 8% de la varianza.

Los índices de consistencia interna entre los reactivos de cada factor del IDB fluctuaron entre . 61 y . 84 (Véase Tabla 6). El índice más bajo (. 61) fue para el factor biológico, el cual se constituyó de cuatro reactivos. Indices bajos pueden explicarse, en parte, por el hecho de que el coeficiente Alfa de Cronbach se ve afectado por el número de reactivos que se utilizan para su cómputo. Si evaluamos el contenido de los reactivos que se agrupan en dicho factor, éstos aludirían a aspectos biológicos de la depresión. A pesar del índice de consistencia interna obtenido para el factor biológico podemos señalar que la homogeneidad

Tabla 4.
Resumen del análisis de factores de componentes principales para el IDB.

Reactivos		Com.	Factor	Eigen	%Var.	Acum.
1.	Tristeza	.60	1	6.69	31.9	31.9
2.	Pesimismo	.53	2	1.52	7.2	39.1
3.	Sentimientos de fracaso	.58	3	1.14	5.4	44.5
4.	Insatisfacción	.61	4	1.01	4.8	49.4
5.	Culpabilidad	.56				
6.	Sentimientos de castigo	.51				
7.	Autodecepción	.46				
8.	Autoculpación	.39				
9.	Ideas de suicidio	.30				
10.	Llanto	.38				
11.	Irritabilidad	.43				
12.	Desinterés social	.58				
13.	Indecisión	.42				
14.	Pobre imagen corporal	.40				
15.	Incapacidad laboral	.41				
16.	Insomnio	.42				
17.	Fatiga	.47				
18.	Pérdida de apetito	.62				
19.	Pérdida de peso	.61				
20.	Problemas físicos	.75				
21.	Desinterés por el sexo	.30				

Los factores encontrados fueron denominados de la siguiente manera: (1) actitudes negativas; (2) cognitivo-conductual; (3) biológico y (4) somático.

Tabla 5.
Pesos factoriales de los reactivos del IDB por factor.

Factor/Reactivos	Peso Factorial	Núm. Reactivo
Actitudes Negativas		
Tristeza	.60	1
Pensamiento	.58	2
Sentimientos de fracaso	.70	3
Culpabilidad	.68	5
Sentimientos de castigo	.63	6
Autodecepción	.59	7
Autoculpa	.60	8
Ideas de suicidio	.40	9
Llanto	.43	10
Cognitivo-Conductual		
Insatisfacción	.38	4
Irritabilidad	.62	11
Desinterés social	.68	12
Indecisión	.50	13
Pobre imagen corporal	.42	14
Incapacidad laboral	.53	15
Fatiga	.52	17
Biológico		
Insomnio	.47	16
Pérdida de apetito	.73	18
Pérdida de peso	.77	19
Desinterés por el sexo	.44	21
Somático		
Problemas físicos	.84	20
El método de rotación utilizado fue varimax.		

Tabla 6.
Confiabilidad interna de los factores del IDB.

Factor	Número de Reactivos	Coeficiente Alfa
Estado de Animo	9	.847
Cognitivo-Conductual	7	.755
Biológico	4	.614
IDB	21	.895

No aparece el índice de confiabilidad interna para el factor somático debido a que está constituido por un reactivo.

entre los reactivos que constituyen el factor sobre actitudes negativas y el cognitivo-conductual es buena. Más aún, parece que los reactivos agrupados en los factores encontrados, en efecto, aluden a dimensiones teóricas distintas que a su vez responden a aquéllas identificadas en la literatura como fundamentales para establecer la nosología de la depresión.

En resumen, los resultados presentados sobre la estructura factorial del IDB y la consistencia interna de los factores, ofrecen apoyo sobre la validez del instrumento como medida de sintomatología depresiva en categorías de síntomas.

En relación a la LCS-36 encontramos seis factores principales que explican el 59% de la variabilidad total. Las Tablas 7 y 8 nos presentan los hallazgos principales del análisis de factores de la LCS-36. Los factores encontrados fueron los siguientes: depresión, hostilidad/sospecha, ansiedad fóbica, somatización, disturbios de pensamiento e impedimento funcional. El factor denominado como *depresión* explica el 36. 2% de la varianza y agrupa los reactivos sobre soledad, tristeza, desinterés, preocupación por uno mismo, discusiones, sentirse solo cuando

Tabla 7.
Resumen del análisis de factores de componentes principales de la LCS-36.

Reactivos		Com.	Factor	Eigen	%Var.	Acum.
1.	Vértigo, debilidad	.53	1	13.02	36.2	36.2
2.	Control del pensamiento	.49	2	2.39	6.6	42.8
3.	Miedo a espacios abiertos	.65	3	2.03	5.9	48.5
4.	Escuchar voces	.44		1.41	3.9	52.4
5.	Timidez o incomodidad con personas del sexo opuesto	.44	5	1.22	3.4	55.8
6.	Miedo repentino sin razón	.52	6	1.14	3.2	59.0
7.	Temperamento explosivo	.36				
8.	Miedo de salir solo/a	.60				
9.	Dolores de espalda	.67				
10.	Sentirse solo/a	.74				
11.	Sentirse triste	.79				
12.	Desinterés en las cosas	.62				
13.	Pensar que otros conocen los pensamientos privados	.51				
14.	Sentir que la gente no es amigable	.64				
15.	Sentir que tiene que hacer las cosas muy despacio	.58				
16.	Sentirse inferior	.65				

Continuación:
Tabla 7.
Resumen del análisis de factores de componentes principales de la LCS-36.

Reactivos		Com.	Factor	Eigen	%Var.	Acum.
17.	Dolores Musculares	.76				
18.	Sentirse vigilado/a	.74				
19.	Revisar más de una vez lo que se hace	.62				
20.	Evitar cosas o lugares por miedo o temor	.57				
21.	Tener la mente en blanco	.51				
22.	Adormecimiento/cosquilleo en partes del cuerpo	.62				
23.	Problemas de concentración	.55				
24.	Debilidad en el cuerpo	.59				
25.	Sentirse tenso/nervioso	.58				
26.	Brazos y piernas pesados	.63				
27.	Sentirse incomodo/a cuando personas lo miran	.63				
28.	Necesidad de repetir las mismas acciones	.41				
29.	Sentirse preocupado/a por sí mismo/a	.58				

Continuación:
Tabla 7.
Resumen del análisis de factores de componentes principales de la LCS-36.

Reactivos		Com.	Factor	Eigen	%Var.	Acum.
30.	Sentirse incómodo/a en grupos	.59				
31.	Sentir que todo requiere un gran esfuerzo	.62				
32.	Ataques de terror o pánico	.58				
33.	Discusiones frecuentes	.49				
34.	Sentirse solo/a cuando se está rodeado de personas	.69				
35.	Sentirse sin valor o no apreciado/a	.74				
36.	Sentir que las cosas familiares son extrañas	.45				

Los factores encontrados fueron denominados de la siguiente manera: (1) depresión; (2) hostilidad/sospecha; (3)ansiedad fóbica; (4) somatización; (5) disturbios de pensamiento e (6) impedimento funcional.

Tabla 8.
Pesos factoriales de los reactivos de la LCS-36 por factor.

Factor/Reactivos	Peso Factorial	Núm. Reactivo
Depresión		
Sentirse solo/a	.80	10
Sentirse triste	.83	11
Desinterés en las cosas	.63	12
Problemas de concentración	.48	23
Sentirse preocupado/a por sí mismo/a	.50	29
Discusiones frecuentes	.47	33
Sentirse solo/a cuando se está rodeado de personas	.74	34
Sentirse sin valor o no apreciado	.66	35
Sentir que las cosas familiares son extrañas	.55	36
Hostilidad/Sospecha		
Temperamento explosivo	.33	7
Pensar que otros conocen los pensamientos privados	.50	13
Sentir que la gente no es amigable	.70	14
Sentirse inferior	.61	16
Sentirse vigilado/a	.75	18
Sentirse incómodo/a cuando personas lo miran	.54	27

Continuación:
Tabla 8.
Pesos factoriales de los reactivos de la LCS-36 por factor.

Factor/Reactivos	Peso Factorial	Núm. Reactivo
Ansiedad Fóbica		
Miedo a espacios abiertos	.74	3
Timidez o incomodidad con personas del sexo opuesto	.51	5
Miedo repentino sin razón	.51	6
Miedo de salir solo/a	.67	8
Evitar cosas o lugares por miedo o temor	.59	20
Sentirse incómodo/a en grupos	.45	30
Ataques de terror o pánico	.66	32
Somatización		
Dolores de espalda	.80	9
Dolores Musculares	.82	17
Adormecimiento/cosquilleo en partes del cuerpo	.62	22
Debilidad en algunas partes del cuerpo	.61	24
Brazos y piernas pesados	.60	26
Disturbios de Pensamiento		
Vértigo, debilidad	.55	1
Control del pensamiento	.53	2
Escuchar voces	.42	4

Continuación:
Tabla 8.
Pesos factoriales de los reactivos de la LCS-36 por factor.

Factor/Reactivos	Peso Factorial	Núm. Reactivo
Tener la mente en blanco	.61	21
Necesidad de repetir las mismas acciones	.37	28
Sentirse tenso/nervioso	.44	25
Impedimento Funcional		
Sentir que tiene que hacer las cosas despacio	.64	15
Revisar más de una vez lo que se hace	.68	19
Sentir que todo requiere un gran esfuerzo	.55	31

El método de rotación utilizado fue varimax.

está acompañado, sentirse sin valor o no apreciado, sentir que lo familiar es extraño y dificultad con la concentración. El factor denominado como *hostilidad/sospecha* contiene reactivos sobre: temperamento explosivo, que otros conozcan de los pensamientos privados, que la gente no es amigable, inferioridad, sentirse vigilado e incomodidad al ser mirado. Este segundo factor explica el 6. 6% de la varianza total de la puntuación del instrumento. El factor identificado como *ansiedad fóbica* explica el 5. 9% de la variabilidad total de la medida y agrupa reactivos sobre: miedo a espacios abiertos, incomodidad con personas del sexo opuesto, miedo repentino sin razón, miedo a salir solo, evitar lugares o cosas, incomodidad en grupo y ataques de pánico. El cuarto factor lo identificamos como *somatización.* El mismo explica el 3. 9% de la variabilidad y contiene reactivos sobre dolores de espalda, musculares, adormecimientos o cosquilleo en el cuerpo, debilidad y peso de las extremidades. Un quinto factor fue denominado como *disturbios de pensamiento* y agrupa reactivos sobre vértigo/debilidad, control de pensamientos, escuchar voces, tener la mente en blanco, conducta repetitiva y sentirse tenso/a o nervioso/a. Este factor explica el 3. 4% de la variabilidad. Finalmente, el sexto factor fue catalogado como *impedimento funcional.* Este explica el 3. 2% de la variabilidad del instrumento y agrupa los siguientes reactivos: hacer las cosas muy despacio, revisar las cosas más de una vez y sentir que las cosas requieren mucho esfuerzo.

La Tabla 9 contiene información sobre los índices de confiabilidad interna de los reactivos de la LCS-36 por factor. Los índices fluctuaron entre . 702 y . 898. Estos hallazgos en conjunto a los del análisis de factores sugieren la presencia de distintas dimensiones en la LCS-36 que poseen bastante homogeneidad entre los reactivos que las miden. A su vez esta

Tabla 9.
Confiabilidad interna de los factores de la LCS-36.

Factor	Número de Reactivos	Coeficiente Alfa
Depresión	9	.898
Hostilidad/Sospecha	6	.831
Ansiedad Fóbica	7	.829
Somatización	5	.822
Disturbios de Pensamiento	6	.728
Impedimento Funcional	3	.702
LCS-36	36	.949

información apoya la validez de construcción lógica de la escala.

Además de evaluar la validez de construcción lógica del IDB y de la LCS-36 por medio del análisis de factores y de los índices de confiabilidad interna obtenidos para estos, evaluamos la matriz de correlación entre los factores de la LCS-36 y la puntuación total del IDB. Los índices deberían estar asociados debido a que todos los factores aluden a dimensiones psicológicas que teóricamente están correlacionadas (ejemplo; ansiedad y depresión). Por otro lado, los índices de asociación no deberían ser significativamente altos porque cada dimensión es cualitativamente diferente de las otras. Los índices de asociación entre la puntuación total del IDB y los factores de la LCS-36 fluctuaron entre . 50 y . 77. Específicamente, la puntuación total del IDB correlacionó . 77 con depresión, . 61 con hostilidad/sospecha, . 60 con ansiedad fóbica, . 50 con somatización, . 62 con disturbios de pensamiento y . 57 con impedimento funcional. Todos los índices de correlación resultaron estadísticamente significativos ($p < .01$). La correlación entre el IDB y la LCS-36 fue . 74, la cual resultó estadísticamente significativa ($p < .01$). En resumen, estos hallazgos sugieren la intercorrelación entre los factores de la escala de la LCS-36 con el IDB debido a que ambos instrumentos miden sintomatología clínica, particularmente aquélla relacionada a la depresión.

Discusión y Conclusiones

El propósito de este estudio fue evaluar algunas de las propiedades psicométricas del IDB y la LCS-36 en una muestra clínica en Puerto Rico. En esta muestra encontramos que más mujeres que hombres solicitaron servicios psicológicos y fueron éstas las que informaron niveles más altos de sintomatología psicológica (depresiva, entre otras). Estas diferencias en la presencia de sintomatología psicológica entre mujeres y hombres guarda correspondencia con las diferencias por género encontradas, particularmente, en los trastornos afectivos. Dichas diferencias fueron identificadas también en el estudio epidemiológico realizado en Puerto Rico por Canino, Rubio, Shrout, Bravo, Stolberg, & Bird (1987) y en el estudio realizado por Figueroa (1989).

Tanto la confiabilidad interna como la validez de construcción lógica de ambos instrumentos fueron apoyadas favorablemente. Más aún, los índices de consistencia interna de la versión del IDB y la LCS-36 utilizadas en el estudio son excelentes. Además, tanto los índices de confiabilidad interna como los factores obtenidos comparan favorablemente con los informados en estudios con muestras en otros contextos socio-culturales (Beck, Steer, & Gabin, 1988; McNiel, Greenfield, Attkinson, & Binder, 1989; Vázquez & Sanz, 1991).

En varios estudios sobre la estructura factorial del IDB, se ha identificado la presencia de tres o cuatro factores interpretables dependiendo de la naturaleza de la muestra (Beck, Steer & Garbin, 1988). Comúnmente se informa sobre la presencia de los siguientes factores: fisiológico (insomnio, pérdida de líbido, peso y apetito), actitudes o auto-imagen negativas (sentido de fracaso, autoculpabilidad, sentimientos de castigo, entre otros), impedimento en la ejecución y somático. Estos factores son similares a los que encontramos en el presente estudio. Específicamente, tres de los factores del IDB que identificamos en este estudio (actitudes negativas, biológico y somático) son similares a los encontrados por Beck, Steer & Garbin (1988). El factor que identificamos como cognitivo-conductual se constituye de reactivos frecuentemente asociados con impedimentos en la ejecución o conducta, factor así denominado en otros estudios (Beck, Steer & Garbin, 1988). En fin, la estructura factorial del IDB que encontramos apoya el planteamiento de que este instrumento puede evaluar múltiples dimensiones de la depresión en adultos. Además, los factores encontrados son cónsonos con aquellas dimensiones que establece la literatura como parte del conjunto de áreas que permiten la caracterización de la nosología de la depresión, razón por la cual podemos argumentar en favor de la validez de construcción lógica del IDB en una muestra clínica puertorriqueña.

En torno a la LCS-36, identificamos la presencia de seis factores. El factor denominado depresión explicó una proporción mayor de la variabilidad. Estos hallazgos son consistentes a los informados por McNeil y colaboradores (1989). Cuatro de los seis factores identificados por estos autores también fueron encontrados en nuestro estudio. Estos son: la *depresión, hostilidad, ansiedad fóbica y somatización.* A diferencia del estudio de McNiel y colaboradores, nosotros identificamos un factor que agrupa tanto reactivos sobre fobia como de ansiedad. El factor denominado por nosotros como *disturbios de pensamiento* incluye algunos de los reactivos del factor identificado por McNeil y colaboradores como *psicoticismo.* Finalmente, el factor de *impedimento funcional* encontrado en este estudio agrupa reactivos que son identificados por McNiel y colaboradores como parte del factor de fobia o el de ansiedad. Las diferencias en la manera en que se agruparon algunos de los reactivos de la LCS-36 podrían explicarse, en parte, por la naturaleza de la muestra en ambos estudios. La muestra de McNiel y colaboradores fue de pacientes psiquiátricos, mientras que la muestra del presente estudio fue de pacientes ambulatorios. De hecho, nuestros hallazgos son consistentes con la estructura factorial del instrumento original, la *Hopkins Sympton Checklist - 90* (Lipman, Covi, & Shapiro, 1979) que utilizó una muestra de pacientes ambulatorios.

Los resultados obtenidos para el IDB & la LCS-36 son alentadores. Como hemos evidenciado, ambos instrumentos ofrecen información consistente y válida de los constructos que pretenden medir. Sin embargo, estos resultados son preliminares. El estudio está limitado por la naturaleza de la muestra que no fue una representativa. Además, se utilizó una versión del IDB & de la LCS-36 traducida al español, que no ha sido adaptada al contexto puertorriqueño, utilizando los métodos de traducción y adaptación propuestos por investigadoras e investigadores en el campo de la investigación transcultural (Bravo & Woodbury-Fariña, Canino, & Rubio-Stipec, 1993; Bravo, Canino, Rubio-Stipec, & Woodbury-Fariña, 1991). Sería deseable ampliar la muestra y cumplir con todos los criterios de traducción y adaptación cultural para ambos instrumentos. Por otro lado, una muestra más amplia y estratificada por género, clase social y severidad de la psicopatología permitiría una exploración de las dimensiones o factores específicos para distintos sectores poblacionales. Por ejemplo, dadas las diferencias por género encontradas en sintomatología psicológica y psiquiátrica, sería deseable explorar la estructura factorial de ambos instrumentos considerando esta variable.

Los resultados de este estudio representan un paso inicial hacia la documentación de las propiedades psicométricas de estas escalas en nuestro contexto. La brevedad del IDB y la LCS-36 puede servir de recurso para evaluar cambios en la severidad de los síntomas. También, la puntuación total de ambos instrumentos tiene la posibilidad de servir como recurso adicional a la entrevista clínica tanto en el proceso de cernimiento como en la evaluación psicológica. Dadas las propiedades psicométricas encontradas podemos concluir que estos instrumentos funcionan adecuadamente en un escenario clínico y son de utilidad en la investigación clínica y preventiva. Pueden servir como un recurso para la evaluación de los procesos y los resultados de las intervenciones psicoterapéuticas.

Notas

[1] Una versión de este trabajo fue publicado por Bernal, G., Bonilla, J., Santiago, I. J. (1995). Confiabilidad interna y validez de construcción lógica de dos instrumentos para medir sintomatología psicológica en una muestra clínica: El Inventario de Depresión de Beck y la Lista de Cotejo de Síntomas -36. *Revista Latinoamericana de Psicología, 27,* 207-229. Reimpreso con autorización de la Fundación para el avance de la psicología. Los/as autores/as expresamos nuestro agradecimiento a la clientela, fuente informativa para el estudio, y el personal administrativo del CUSEP. En particular a la Sra. Ana Luisa Vélez encargada de la custodia de expedientes del CUSEP durante el periodo de recopilación de datos. Agradecemos además, a Maribel Matos, M. A., psicóloga del CUSEP, por su valiosa colaboración en la corrección de la redacción del trabajo presentado. Esta investigación estuvo apoyada por los Fondos Institucionales para la Investigación, Universidad de Puerto Rico, Recinto de Río Piedras; el Programa de Adiestramiento en la Investigación Biopsicosocial (COR) de la Facultad de Ciencias Sociales, auspiciado por el Instituto Nacional de Salud Mental; y el Centro de Servicios y Estudios Psicológicos (CUSEP) de la Universidad de Puerto Rico, Recinto de Río Piedras.

Referencias

Alegría, M., Robles, R., Freeman, D., Vera, M., Jiménez, A. L., Ríos, C,. & Río, R. (1991). Patterns of mental health utilization among Puerto Rican poor. *American Journal of Public Health, 8* , 861-875.

Alegría, M., Robles, R., & Vera, M. (1988). Psychiatric syntomatology and health care utilization. *Puerto Rico Health Sciences Journal*, *7*, 5-19.

Alvarez, V. (1988) Consideraciones sobre le uso de la batería evacuativa Kaufman para niños (K-ABC) en el diagnóstico intelectual del niño de edad preescolar. *Ciencias de la Conducta*, *3*, 67-78.

Anastasi, A. (1954). *Psychological Testing*. New York: The MacMillan Company.

Bauermeister, J. J. (1994). *Desarrollo y Utilización del Inventario de Comportamiento-Escuela (IDC-E) en la Evaluación de Niños Puertorriqueños.* San Juan, P. R. : Autor.

Beck A. (1974). Short form of depression inventory: Crossvalidation. *Psychological Reports, 34*, 1184-1186.

Beck, A. & Beamesderfer, A. (1974). Assesment of depression: The Depression Inventory. *Modern problems in pharmacopsychiatry, 7,* 151-169.

Beck, A. & Beck, R. (1974). Screening depressed patients in family practice: A rapid technique. *Postgrad Medicine, 52*, 81-85.

Beck, A. T., Steer, R. A., & Garbin, M. C. (1988). Psychometric properties of the Beck Depression Inventory: Twenty five years of evaluation. *Clinical Psychology Review, 8*, 77-100.

Beck, A. T., Ward, C. H., Mendelson, M., Mock, J., & Erbaugh, J. (1961). An inventory for measuring depression. *Archives of General Psychiatry, 4*, 561-571.

Bernal, G. (1993). De la psicología clínica a la comunitaria y de la comunidad a la clínica: Desarrollo de un centro docente de servicios y estudios psicológicos. *Revista Argentina de Clínica Psicológica, 2*, 30-43.

Bernal, G., Flores-Ortíz, Y., Sorensen, J. L., Diamond, G., & Bonilla, J. (1995). I*ntergenerational family therapy with methadone maintenance patients and family members: Findings of a clinical outcome study.* Río Piedras: Manuscrito inédito.

Berndt, D. (1979). Taking items out of context: Dimensional shifts with the short form of the Beck depression Inventory. *Psychological Reports, 45*, 569-570.

Bravo, M., Woodbury-Fariña, M., Canino, G., & Rubio-Stipec, M. (1993). The Spanish translation and cultural adaptation of the Dianostic Interview Schedule for children (DISC) in Puerto Rico. *Curture, Medicine and Psychiatry, 17*, 329-344.

Bravo, M., Canino, G. J., Rubio-Stipec, M., & Woobury-Fariña, M. (1991). A cross-cultural adaptation of a psychiatric epidemiology instrument: The Dianostic Interview Schedule adaptation in Puerto Rico. *Curture, Medicine and Psychiatry, 15*, 1-18.

Bravo, M., Canino, G. J., & Bird, H. (1987). El DIS en Español: Su traducción y adaptación en Puerto Rico. *Acta Psiquiátrica Psicológica Amer. lat, 33,* 27-42.

Bumberry, W., Oliver, J. M., & McClure, J. N. (1978). Validation of the Beck Depression Inventory in a university population using psychiatric estimate as the criterion. *Journal of Consulting and Clinical Psychology, 46*, 150-155.

Campbell, I., Burgees, P., & Finch, S. (1984). A factorial analysis of IDB scores. *Journal of Clinical Psychology, 40*, 992-996.

Canino, G., Bird, H., Shrout, P. E., Rubio-Stipec, M. et al. (1987). The Spanish Diagnostic Interview Shcedule: Riliability and concordance with clinical diagnoses in Puerto Rico. *Archives of General Psychiatry*, *44*, 720-726.

Canino, G., Bird, H., Shrout, P., Rubio, M. Bravo, M., Martínez, R., Sesman, M., & Guevara, L. (1987). The prevalence of specific psychiatric disorders in Puerto Rico. *Archives of General Psychiatry*, *44*, 727-735.

Canino, G., Rubio, M., Shrout, P., Bravo, M., Stolberg, R., & Bird, H. (1987). Sex differences and depression in Puerto Rico. *Psychology of Women Quarterly, 11*, 443-459.

Cirino, G. (1988). *Sistema Cirino para la planificación de carreras.* Río Piedras, Puerto Rico: Editorial Bohío.

Davies, B. Burrows, G., & Poynton. C. (1975). A comparative study of four depression rating scales. *Australian and New Zealand Journal of Psychiatry*, *9*, 21-24.

Davison, G. C. & Neale, J. M. (1982). *Abnormal Psychology.* New York: Wiley.

Derogatis, L. R., Lipman,R. S., Rickels, K., Uhlenhuth, E. H., & Covi, L. (1974). The Hopkins Sympt6om Cheklist (HSCL): A self-report symptom inventory. *Behavioral Science*, *19*, 1-15.

Evenson, R. C., Holland, R. A., Mehta, S., & Yasin, F. (1980). Factor analysis of the symptom checklist-90. *Psychological Reports*, *46*, 695-699.

Figueroa-Jiménez, P. M. (1989). *Estudio de las diferencias sexuales en las proporciones de depresión de una muestra de estudiantes universitarios puertorriqueños*. Tésis de maestría no publicada. Universidad de Puerto Rico, Río Piedras.

Gallagher, D., Nies, G., & Thompson, L. (1982). Reliability of the Beck Depression Inventory with older adults. *Journal of Consulting and Clinical Psychology*, *50*, 152-153.

Herrans, L. L. (1985). *Medición Psicológica.* México: Interamericana.

Herrans, L. L. & Rodríguez, J. M. (1992). *Manual EWINR de Puerto Rico*. San Juan: The Psychological Corporation.

Hoffman, N. G. & Overall, P. B. (1978). Factor structure of the SCL-90 in a psychiatric population. *Journal of Consulting and Clinical Psychology*, *46*, 1187 1191.

Lipman, R. S., Covi, L., & Shapiro, A. K. (1979). The Hopkins Symptom Checklist (HSCL): Factors derived from the HSSCL-90. *Journal of Affective Disorders*, *1*, 9-24

Lorente, A. P. (1988). *La depresión*. España: Martínez Roca, S. A.

Muñoz, R. F., Ying, Y., Bernal, G., Pérez-Stable, E. J., Sorensen, J. L., & Hargraves, W. (1995). Prevention of clinical depression with primary care patients: A randomized control trial. Miranda, J., Miller, LS. *American Journal of Community Psychology, 23,* 199-222.

McNeil, D. E., Greenfield, T. K., Attkinson, C. C., & Binder, R. L. (1989). Factor structure of a brief symptom checklist for acute psychiatric inpatients. *Journal of Clinical Psychology*, *45*, 66-72.

Rañal Guerra, M. (1974). *Comparación de la depresión en función de clase social: alta y baja.* Tesis de maestría no publicada. Universidad de Puerto Rico, Río Piedras.

Reynolds, W. & Gould, J. (1981). A psychometric investigation of the standard and short form Beck Depression Inventory. *Journal of Consulting and Clinical Psychology*, *49*, 306-307.

Roca de Torres, I. & Rodríguez-Aponte, M. (1988). Spanish translation and adaptation of the Piers-Harris Children's Self Concept Scale for a Puerto Rican sample. En Asociación de Psicólogos de Puerto Rico (Eds.), *Memorias del Primer Simposio de Medición Psicológica*, (pp. 135-154). San Juan: Autor.

Rosselló, J. & Bernal, G. (1996). Cognitive-Behavioral and Interpersonal Treatment for depressed adolescent Puerto Ricans. En E. Hibbs y P. Jenson, (Eds.), *Treatments for child and adolescent disorders.* Washington, D. C. : American Psychological Association Press.

Vázquez, C. & Sanz, J. (1991). *Fiabilidad y validez factorial de la versión española del Inventario de Depresión de Beck.* Comunicación presentada en el III Congreso de Evaluación Psicológica, Barcelona, septiembre.

Welch, G., Hall, A., & Walkey, F. (1990). The replicable dimensions of the Beck Depression Inventory. *Journal of Clinical Psychology*, *46*, 817-827.

CAPÍTULO 7:
Depresión y género

Depresión y género: Resultados iniciales de un estudio colaborativo sobre los estados de ánimo[1]

El trabajo inicial sobre las propiedades psicométricas de instrumentos para evaluar el rendimiento terapéutico nos llevó a colaborar con otros colegas en el Caribe interesados en temas similares. Nuestro trabajo parte de un compromiso de fomentar la colaboración entre académicos/as del Caribe en estudios psicológicos, particularmente en el área de la salud mental y muy en especial entre Puerto Rico, Cuba y la República Dominicana. En Cuba la Co-Investigadora es la licenciada Isabel Louro y en la República Dominicana la Co-Investigadora es la licenciada Clara Benedicto. Esta colaboración es posible mediante el Proyecto ATLANTEA de la Presidencia de la Universidad de Puerto Rico que pretende promover el intercambio y la colaboración académica e investigativa en el Caribe. Por otro lado, nuestro trabajo en Puerto Rico se viabiliza con el respaldo de los Fondos Institucionales para la Investigación de la Universidad de Puerto Rico, Recinto de Río Piedras. A continuación presentamos nuestra línea de trabajo encaminada al desarrollo de instrumentos que nos permitan evaluar variables psicológicas y a largo plazo elaborar modelos en este campo de estudio que sean pertinentes al Caribe.

El objetivo a largo plazo de este esfuerzo es sentar las bases de colaboración en torno a estudios con instrumentos psicológicos que presenten propiedades psicométricas apropiadas (validez y confiabilidad). Una base de colaboración concertada nos permitirá ampliar el trabajo con miras a realizar intercambios académicos, adiestramientos e investigaciones de mayor envergadura en el Caribe. En esta ocasión, exponemos con la muestra en Puerto Rico las características de un instrumento para medir la sintomatología depresiva y exploramos las diferencias entre géneros.

Los resultados de la muestra que presentaremos son parte de un proyecto de investigación más amplio que tiene como propósito la traducción y validación de instrumentos que permitan la recopilación de información confiable. Dichos instrumentos son necesarios para la evaluación de tratamientos y modelos sobre la sintomatología depresiva.

Género y depresión

La depresión es un estado de ánimo caracterizado por sentimientos de tristeza e irritabilidad, variaciones en hábitos de alimentación, fatiga o bajos niveles de energía, baja autoestima, problemas de sueño, sentimientos de culpa, problemas de concentración, desesperanza y pensamientos o actos suicida (APA, 1994). Un estudio realizado en Puerto Rico sobre la prevalencia de los desórdenes afectivos, entre los cuales se encuentra la depresión, apoya que éstos constituyen el cuarto trastorno psiquiátrico de mayor prevalencia en la Isla (Canino, Bird, Rubio, Bravo, Martínez, & Sesman, 1987). Estos datos documentan la necesidad de llevar a cabo estudios relacionados a la depresión y a la manera en que esta problemática se manifiesta en la población.

Durante la década de los setenta se realizaron varios estudios para estimar la tasa de depresión por la variable género (Culbertson, 1997). Un número mayor de los estudios realizados informan que tres mujeres por cada hombre presentan depresión (3:1). Otros estudios realizados entre las décadas del ochenta y noventa han estimado una proporción de dos mujeres por cada hombre (2:1). Estos hallazgos son cónsonos con estudios realizados en países como Estados Unidos, Suecia, Alemania, Canadá y Nueva Zelandia (Klerman & Weissman, 1989). Aún cuando la investigación en el área de las diferencias por género en la depresión ha brindado valiosa información al fenómeno de la sintomatología depresiva, son limitados los estudios que intentan explorar la manera en que los géneros construyen la depresión. Conocer la forma en que se construye la depresión en los géneros podría contribuir a la explicación de los hallazgos anteriores.

Canino, Rubio-Stipec, et al. (1987) realizaron un estudio con el objetivo de evaluar las diferencias por género en trastornos psiquiátricos en una muestra de puertorriqueños/as entre 16 y 65 años. Los hallazgos de este estudio corroboran los resultados de investigaciones previas donde las mujeres presentan más sintomatología depresiva que los hombres. Canino, Rubio-Stipec, et al. (1987) proponen que las diferencias por género en la prevalencia de la depresión pueden ser explicadas a partir de teorías sociales. Específicamente, sostienen que diferencias por género en la depresión pueden ser explicadas a partir de la manera en que cada género interioriza roles sociales mediante el proceso de socialización. Los roles asociados a la mujer son más congruentes con características o rasgos emotivos (ej. llanto) y un rol de conducta más pasivo que el atribuído al hombre.

La explicación articulada en el trabajo de Canino, Rubio-Stipec, et al. (1987) plantea las siguientes interrogantes: ¿Es el proceso de socialización de los géneros determinante en las diferencias de la prevalencia de la depresión? ¿Experimentan o construyen los diferentes géneros la depresión de igual manera?

Uno de los estudios que ha intentado contestar estas preguntas lo realizó Guarnaccia, Angel, & Lowe (1989). Dicho estudio compara la prevalencia de síntomas de depresión entre hombres y mujeres de origen mejicano, cubano y puertorriqueño residiendo en los Estados Unidos. Con el objetivo de documentar diferencias en la estructura factorial del CES-D por género, Guarnaccia, Angel, & Lowe (1989) llevaron a cabo un análisis de la estructura factorial de la Escala de Depresión del Centro de Estudios Epidemiológicos (CES-D) dividiendo la muestra del estudio por género. Los autores encontraron que la estructura factorial resultante para el CES-D con la muestra de mujeres, fue bastante similar en los distintos orígenes étnicos. Este hallazgo sostiene que las mujeres latinas constituyen la depresión de manera similar. Por otro lado, la estructura factorial del CES-D resultante con la muestra de los hombres difirió de la estructura obtenida a partir de la muestra de las mujeres.

En la muestra de las mujeres puertorriqueñas (n=794) se encontraron tres factores y en la de los hombres cuatro (Guarnaccia, Angel, & Lowe, 1989). En el caso de las mujeres el primer factor, compuesto por 16 reactivos, fue denominado *ánimo depresivo o somático* e incluyó reactivos relacionados a molestia, apetito, tristeza, depresión, esfuerzo, fracaso, miedo, sueño, soledad y llanto. El segundo factor, llamado *interpersonal*, estuvo compuesto por dos reactivos relacionados a conceptos como aversión y enemistad. El tercer y último factor, llamado *afecto positivo*, estuvo constituído por dos reactivos relacionados a esperanza y a bienestar. Los/as autores/as del estudio aclaran que la agrupación de la mayoría de los reactivos, en el primer factor, contribuye a que las tasas de sintomatología depresiva informadas sean mayores en mujeres latinas.

Con la muestra de hombres puertorriqueños (n=472) se identificaron cuatro factores en el CES-D. El primero, denominado *desmoralización*, incluyó siete reactivos relacionados a fracaso, miedo, sueño, tristeza, comunicación y soledad. El segundo factor, llamado *afecto depresivo o somático*, estuvo compuesto por cinco reactivos relacionados a molestia, apetito, tristeza y depresión. El tercer factor denominado *interpersonal* incluyó dos reactivos relacionados a enemistad y aversión. El cuarto y último factor llamado *afecto positivo* incluyó reactivos relacionados a esperanza, bienestar y disfrute.

Es importante destacar que el cuarto factor en los hombres y el tercero en las mujeres son semejantes y están relacionados a un factor de afecto positivo. De la misma manera el tercer factor en los hombres y el segundo en las mujeres tiene que ver con problemas interpersonales e integran exactamente los mismos reactivos. Sin embargo, la diferencia entre los dos primeros factores es marcada porque agrupan reactivos relacionados a sentimientos de desmoralización en la muestra de hombres y de afecto depresivo y somatización en la muestra de mujeres. Dicho afecto depresivo y la somatización componen el segundo factor para los hombres.

Otro estudio que ha explorado las diferencias por género en la depresión fue el de Gjerde, Block, & Block (1988). Los y las autores/as encontraron diferencias por género en los resultados obtenidos de la Escala de Depresión del Centro de Estudios Epidemiológicos (CES-D) en una muestra de 87 adolescentes estadounidenses de 18 años de edad. Aunque los promedios de las puntuaciones totales en el CES-D de los hombres y las mujeres fueron similares, pruebas estadísticas más específicas documentaron diferencias por género en la manifestación de la depresión. En la muestra de los hombres se observaron puntuaciones más altas en reactivos relacionados a procesos de exteriorización (ej. irritación, funcionalidad; entre otros) y en la muestra de mujeres se observaron puntuaciones más altas en reactivos relacionados a procesos de internalización (ej. ánimo deprimido, pesimismo; entre otros).

Es nuestro propósito en este estudio explorar diferencias sintomatológicas entre los géneros utilizando análisis de factores exploratorios. Para dicho propósito utilizaremos una versión traducida al español y adaptada en la población puertorriqueña del Inventario de Depresión de Beck (IDB) (Bonilla, Bernal, Santos & Santos 1998). El IDB ha sido una de las medidas de autoinforme más utilizadas en el campo de la psicología, porque es un instrumento breve y fácil de completar. Luego de 36 años de investigación con este instrumento, se ha documentado que el mismo posee buenas propiedades psicométricas en poblaciones anglosajonas y europeas (Beck, Steer, & Garbin, 1988; Gallagher, Nies, & Thompson, 1982; Reynolds & Grould, 1981; Vázquez & Sanz, 1991). En Puerto Rico, Bernal, Bonilla, & Santiago (1995), encontraron en una muestra de pacientes clínicos que el IDB tiene un índice de confiabilidad interna de . 89 y posee validez de construcción lógica determinada mediante un análisis de factores. En un estudio posterior con el IDB-S (versión en español que incluye criterios para la depresión mayor según el DSM-IV), Bonilla, Bernal, Santos y Santos (1998), encontraron en una muestra de comunidad un índice de confiabilidad alto (. 89) y se apoyó la validez de construcción lógica del instrumento.

Método

Participantes

Participaron en el estudio 548 estudiantes de nivel de bachillerato de la Universidad de Puerto Rico[2] de los Recintos de Río Piedras, Mayagüez, Bayamón y Ciencias Médicas seleccionados por disponibilidad. La edad promedio de los/as participantes fue de 21. 79 años (DT[3] =4. 3). Un 71. 2% (f=390) fueron mujeres y un 28. 8% (f=158) fueron hombres. Un 88. 3% de los participantes informaron ser solteros/as (n=408) y un 8. 9% estar casados/as (n=41).

Instrumentos

Los instrumentos utilizados en el estudio, además de la versión revisada del IDB, fueron seis medidas de autoinforme relacionadas con *sintomatología depresiva* (Bernal, Bonilla & Santiago,1995; Masten, Caldwell-Colbert, Alcala, & Mijares, 1986; Radlof, 1977; Roberts, 1980; Vera, Alegría, Freeman, Robles, Ríos, & Ríos, 1991; Vernon & Roberts, 1982), *cogniciones disfuncionales* (Cane et al., 1986; Derogatis & Clearly, 1977; Hoffman & Overall 1978; Jones, 1969; Lipman, Covi, & Shapiro,1979; Norman, Miller, & Dow 1988; McNiel, Greenfild, Attkinsson, & Binder 1989; Weissman,1979), *estrés* (Sarason, Johnson, & Siegel, 1978) y *apoyo social* (Bernal, Maldonado & Bonilla, 1998). A continuación presentamos información sobre la versión revisada en español del Inventario de Depresión de Beck (IDB-S). Para información detallada de los otros instrumentos deben referirse al informe de Bonilla, Bernal, Santos & Santos (1998).

La *Versión en Español del Inventario de Depresión de Beck-IDB-S (Spanish Version of the BDI)* es una medida de autoinforme que contiene 22 grupos de oraciones que permiten evaluar sintomatología asociada a la depresión. Cada grupo de oraciones ofrece cuatro alternativas que fluctúan entre 0 y 3 en la dirección de la severidad o intensidad del síntoma que describe. Las puntuaciones finales del IDB-S pueden fluctuar de 0 a 66 (0 a 63 en el IDB original) e informan sobre el número de síntomas y su severidad. El IDB-S contiene un reactivo más que el IDB y fue traducido al español por los autores (Bonilla, Bernal, Santos y Santos, 1998). Este instrumento fue modificado para adecuarlo a los criterios de depresión mayor del DMS-IV. Además, se añadió al instrumento una sección que evalúa funcionalidad y otra parte sobre los criterios de exclusión para depresión mayor. La confiabilidad interna del IDB-S en una muestra de estudiantes puertorriqueños fue de . 88 (Bonilla, Bernal, Santos, & Santos, 1998). Al igual que el IDB el IDB-S posee validez de construcción lógica (Bernal, Bonilla, y Santiago, 1985; y Bonilla, Bernal, Santos, y Santos, 1998).

Procedimiento

Los instrumentos fueron traducidos al español a través del método de traducción inversa. Las traducciones fueron realizadas por el equipo de investigación del Proyecto CEA (Cuestionarios de Estados de Animo[4]) y por una traductora bilingüe e independiente al mismo. Utilizando el método de traducción inversa se consideró la equivalencia de contenido, semántica, técnica, de criterio y conceptual de las traducciones con las versiones originales en inglés de los instrumentos. Estas áreas de equivalencia son parte del modelo de traducción inversa propuesto por Brislin (1970) y adaptado por Bravo, Canino, & Bird (1987).

El equipo de investigación revisó la versión traducida y adaptada al español del IDB y la modificó para adecuarla con los criterios establecidos para diagnosticar la depresión mayor de acuerdo al DSM-IV (APA, 1994). Posteriormente, el IDB-S resultante del proceso de traducción y adaptación fue sometido a una prueba piloto con los objetivos de: (1) evaluar el tiempo para completar el instrumento, (2) evaluar la claridad de las instrucciones y de los reactivos y (3) ensayar el procedimiento de administración.

El estudio final fue realizado administrando el IDB-S y los demás instrumentos del estudio en salones de clases de las universidades participantes. Aquellos/as estudiantes que accedieron participar y completaron la Hoja de Consentimiento constituyeron la muestra del estudio.

Resultados

Contenido del IDB-S

La versión en español del IDB (IDB-S) contiene tres partes. La primera incluye 22 grupos de oraciones que permiten evaluar sintomatología asociada a la depresión. Los cambios al IDB, en la primera parte del instrumento, incluyen añadir un reactivo que recoge el síntoma de agitación o retardación psicomotora de la depresión mayor de acuerdo al DSM-IV (APA, 1994). Además se incluir bidireccionalidad a los reactivos de apetito, sueño y peso (ej., la alternativa 2 del reactivo 18 lee como sigue: ahora tengo *mucho menos o mucho más* apetito que antes). Debido a que se incluyó un reactivo adicional al IDB-S la puntuación final en el instrumento puede fluctuar de 0 a 66 indicando tanto el número de síntomas asociados a la depresión como la severidad presentada.

La segunda y tercera parte del IDB-S fueron desarrolladas en su totalidad por el equipo de trabajo del Proyecto CEA. La segunda parte del instrumento contiene 12 oraciones orientadas a evaluar el grado en que los síntomas que se recogen en la primera parte del instrumento han afectado o interrumpido relaciones interpersonales, el trabajo o algún otro aspecto importante en la vida de la persona (criterio de funcionabilidad para un diagnóstico de depresión mayor en el DSM-IV). La tercera parte del IDB-S contiene tres preguntas orientadas a identificar los criterios de exclusión para la depresión mayor en el DSM-IV. Estas son preguntas que se contestan en términos de sí o no y aluden al uso de medicamentos o substancias que afectan el estado de ánimo de la persona y a la pérdida de un ser querido durante los últimos dos meses. El IDB-S incluye además, el criterio de tiempo considerado en el DSM-IV para establecer un diagnóstico de depresión mayor. Es decir, se considera que los síntomas descritos en la primera parte del instrumento deben estar presentes, por lo menos, durante los últimos 14 días. El IDB-S al igual que el IDB se contesta en un período de tiempo breve aunque el mismo puede variar de acuerdo a la presencia y severidad de la sintomatología de las personas que lo completan.

Propiedades Psicométricas de IDB-S

La confiabilidad interna del IDB-S fue evaluada por medio del índice Cronbach Alfa. El índice de consistencia interna obtenido fue de . 89.

Como se puede observar en las tablas 1 y 2 el análisis de factores para la totalidad de la muestra, incluyendo ambos géneros, permitió identificar la presencia de cuatro factores principales. Los índices de confiabilidad de los factores para la totalidad de la muestra fluctuaron entre . 45 y . 78 como se puede ver en la tabla 3. El primer factor, *Autoestima*, explicó el 31. 1% de la variabilidad de las respuestas al instrumento y obtuvo un índice de confiabilidad de . 78. El mismo estuvo compuesto por 7 reactivos relacionados a autoculpa, fracaso, culpabilidad, autodecepción, pobre imagen corporal, pesimismo e indecisión. El segundo factor, *Somático*, explicó el 6. 7% de la variabilidad de las respuestas al instrumento

Tabla 1.
Resumen del Análisis de Factores de Componentes Principales para el IDB-S para la totalidad de la muestra.

Reactivos		Com.	Factor	Eigen	%Var.	Acum.
1.	Tristeza	.57	1	6.84	31.1	31.1
2.	Pesimismo	.47	2	1.48	6.7	37.8
3.	Sentimientos de fracaso	.46	3	1.11	5.0	42.8
4.	Insatisfacción	.53	4	1.05	4.8	47.6
5.	Culpabilidad	.51				
6.	Sentimientos de castigo	.45				
7.	Autodecepción	.54				
8.	Autoculpa	.47				
9.	Ideas de suicidio	.36				
10.	Llanto	.58				
11.	Irritabilidad	.54				
12.	Desinterés social	.37				
13.	Indecisión	.38				
14.	Pobre imagen corporal	.61				
15.	Incapacidad laboral	.44				
16.	Insomnio (hipersomnio)	.50				
17.	Fatiga	.52				
18.	Pérdida de apetito	.51				
19.	Pérdida de peso	.46				
20.	Problemas físicos	.35				
21.	Desinterés por el sexo	.34				
22.	Problemas psicomotores	.53				

Los factores encontrados fueron denominados de la siguiente manera: (1) Autoestima, (2) Somático, (3) Animo Negativo, (4) Pensamientos Negativos.

Tabla 2.
Factores para Ambos Géneros con sus Respectivos Reactivos y Pesos Factoriales

Factor	Peso Factorial	Núm. Reactivo
Autoestima		
Autoculpa	.65	8
Culpabilidad	.62	5
Autodecepción	.62	7
Fracaso	.61	3
Pobre Imagen Corporal	.57	14
Pesimismo	.51	2
Indecisión	.45	13
Somático		
Insomnio (hipersomnio)	.68	16
Apetito	.62	18
Fatiga	.61	17
Problemas Psicomotores	.58	22
Problemas Físicos	.51	20
Desinterés Sexual	.50	21
Incapacidad Laboral	.49	15
Animo Negativo		
Llanto	.73	10
Tristeza	.65	1
Sentimientos de Castigo	.50	6
Insatisfacción	.48	4
Ideas de Suicidio	.46	9

Continuación:
Tabla 2.
Factores para Ambos Géneros con sus Respectivos Reactivos y Pesos Factoriales

Factor	Peso Factorial	Núm. Reactivo
Pensamientos Negativos		
Irritabilidad	.68	11
Peso	.53	19
Desinterés Social	.39	12

y obtuvo un índice de confiabilidad de . 76. Este incluye 7 reactivos relacionados a insomnio (hipersomnio), apetito, fatiga, problemas psicomotores, problemas físicos, desinterés sexual e incapacidad laboral. El tercer factor, *Animo Negativo*, explicó el 5. 0% de la variabilidad de las respuestas al instrumento y obtuvo un índice de confiabilidad de . 71. El mismo estuvo compuesto por 5 reactivos relacionados a llanto, tristeza, sentimientos de castigo, insatisfacción e ideas de suicidio. El cuarto factor, *Pensamientos Negativos*, explicó el 4. 8% de la variabilidad del instrumento y obtuvo un índice de confiabilidad de . 45. Este incluyó 3 reactivos relacionados a irritabilidad, peso y desinterés social. Los cuatro factores identificados explican el 47. 6% de la variabilidad de las respuestas en el IDB-S.

Características sintomatológicas

El promedio en el IDB-S de la muestra fue de 10. 16 (DT=8.

Tabla 3.
Confiabilidad Interna de los Factores del IDB-S.

Factor	Número de Reactivos	Coeficiente Alfa
Ambos Géneros		
Autoestima	7	.78
Somático	7	.76
Animo Negativo	5	.71
Pensamientos Negativos	3	.45
Mujeres		
Autoestima	10	.84
Somático	6	.74
Animo Negativo	4	.64
Pensamientos Negativos	2	.33
Hombres		
Autoestima	4	.72
Funcionabilidad	4	.65
Pesimismo	2	.67
Pensamientos Negativos	4	.70
Autoimagen Negativa	4	.66
Somático	4	.61

41). La Tabla 4 presenta la frecuencia y por cientos de los/as participantes por nivel de sintomatología depresiva a partir del punto de corte del instrumento determinado por medio de la desviación típica de la muestra. Véase que los puntos de corte sugeridos en este trabajo son casi idénticos a los señalados por Beck (Beck, Steer, Garbin, 1988); (0-9 = ausencia de síntomas, 10-18 = depresión leve, 19-29 = depresión moderada y depresión severa = 30-63). Como se puede observar en una muestra de estudiantes universitarios, un 59% de los/as participantes presentan ausencia de síntomas de depresión (puntuaciones entre 0 y 10), un 27. 4% de la muestra presenta sintomatología leve, (11 a 19), un 9. 4% moderada (20 a 27) y un 4. 3% sintomatología severa (más de 28 puntos).

Diferencias por género

Se encontraron diferencias significativas en el IDB-S por

Tabla 4.
Distribución de Frecuencias y Por cientos de los/as Participantes por Nivel de Sintomatología Depresiva en el IDB-S.

Sintomatología	Ambos géneros (n=541)	
		%
Ausencia (0-10)	319	59.0
Leve (11-19)	148	27.4
Moderada (20-27)	51	9.4
Severa (28-66)	23	4.3

género. Un análisis de varianza (F=5. 15; df=2, 538; p <. 02) resultó significativo. El promedio de las mujeres (X=10. 68, DT=8. 66) fue significativamente mayor que el de los hombres (X=8. 88, DT=7. 65).

La Tabla 5 presenta las frecuencias y porcientos de las mujeres y los hombres por nivel de sintomatología depresiva en el IDB-S utilizando como puntos de corte el criterio de la desviación típica de la muestra. Debido a que se encontraron diferencias por género, entre los promedios de las puntuaciones totales del IDB-S, se desarrollaron puntos de corte diferentes para los hombres y para las mujeres.

Como se puede observar en la Tabla 5, un 60. 4% de las mujeres presentaron ausencia de síntomas de depresión

Tabla 5.
Distribución de Hombres y las Mujeres por Nivel de Sintomatología Depresiva en el IDB-S.

Sintomatología en Hombres (n=157)				Sintomatología en Mujeres (n=384)			
Nivel	Puntos de corte	F	%	Nivel	Puntos de corte	F	%
Ausencia	(0-9	100	63.7	Ausencia	(0-11)	232	60.4
Leve	(10-17)	38	24.2	Leve	(12-19)	94	24.5
Moderada	(18-24)	14	8.9	Moderada	(20-28)	42	10.9
Severa	(25-66)	5	3.2	Severa	(29-66)	16	4.2

(puntuaciones entre 0 y 11), un 24. 5% depresión leve (entre 12 y 19), un 10. 9% depresión moderada (entre 20 y 28) y un 4. 2% severa (más de 29 puntos). Un 63. 7% de los hombres presentaron ausencia de síntomas de depresión (puntuaciones entre 0 y 9), 24. 2% depresión leve (entre 10 y 17), 8. 9% depresión moderada (entre 18 y 24) y 3. 2% severa (más de 25 puntos).

El análisis de factores del IDB-S con la muestra de mujeres reflejó la presencia de cuatro factores (ver Tabla 6). El primero, *Autoestima*, explicó el 31. 6% de la variabilidad de las puntuaciones en el instrumento y obtuvo un índice de confiabilidad de . 84. Este incluyó 10 reactivos relacionados a sentimientos de autodecepción, culpabilidad, fracaso, pobre imagen corporal, autoculpa, incapacidad laboral, pesimismo, insatisfacción, desinterés social e indecisión. El segundo factor, *Somático*, explicó el 6. 7% de la variabilidad de las respuestas en el instrumento y obtuvo un índice de confiabilidad de . 74. Este estuvo compuesto por 6 reactivos relacionados a insomnio (hipersomnio), apetito, fatiga, problemas psicomotores, problemas físicos y desinterés sexual. El tercer factor, *Animo Negativo*, explicó el 5. 3% de la variabilidad de las respuestas al instrumento y obtuvo un índice de confiabilidad de . 64. El mismo, incluyó 4 reactivos relacionados a llanto, tristeza, sentimientos de castigo e ideas suicidas. El cuarto factor, *Pensamientos Negativos*, explicó el 4. 9% de la variabilidad de las respuestas al instrumento y obtuvo un índice de confiabilidad de . 33. Este incluyó 2 reactivos relacionados a irritabilidad y peso. Estos cuatro factores explican el 48. 5% de la variabilidad de las respuestas al IDB-S.

El análisis de factores para los hombres apoyó la presencia de seis factores (Ver Tabla 7). El primero, *Autoestima*, explicó

Tabla 6.
Factores Identificados en la Muestra de Mujeres (n=390) con sus Respectivos Reactivos y Pesos Factoriales.

Factor	Peso Factorial	Núm. Reactivo
Autoestima		
Culpabilidad	.67	5
Autodecepción	.66	7
Fracaso	.62	3
Pobre Imagen Corporal	.59	14
Autoculpa	.57	8
Incapacidad Laboral	.52	15
Desinterés Social	.49	12
Pesimismo	.48	2
Insatisfacción	.48	4
Indecisión	.45	13
Somático		
Insomnio (Hipersomnio)	.72	16
Apetito	.64	18
Fatiga	.61	17
Problemas Psicomotores	.54	22
Problemas Físicos	.52	20
Desinterés Sexual	.47	21
Animo Negativo		
Llanto	.73	10
Tristeza	.62	1

Continuación:
Tabla 6.
Factores Identificados en la Muestra de Mujeres (n=390) con sus Respectivos Reactivos y Pesos Factoriales.

Factor	Peso Factorial	Núm. Reactivo
Sentimientos de Castigo	.57	6
Ideas Suicidas	.44	9
Pensamientos Negativos		
Irritabilidad	.60	11
Peso	.57	19

el 29. 6% de la variabilidad de las respuestas al instrumento y obtuvo un índice de confiabilidad de . 72. Este incluyó 4 reactivos relacionados a culpabilidad, sentimientos de castigo, llanto y autodecepción. El segundo factor, *Funcionabilidad*, explicó el 7. 7% de la variabilidad de las respuestas al instrumento y obtuvo un índice de confiabilidad de . 65. Este estuvo compuesto por 4 reactivos relacionados a desinterés sexual, incapacidad laboral, tristeza e insomnio (hipersomnio). El tercer factor, *Pesimismo*, explicó el 6. 6% de la variabilidad de las respuestas al instrumento y obtuvo un índice de confiabilidad de . 67. El mismo, incluyó 2 reactivos relacionados a fracaso y pesimismo. El cuarto factor, *Pensamientos Negativos*, explica el 6. 5% de la variabilidad de las respuestas al instrumento y obtuvo un índice de confiabilidad de . 70. Este incluyó 4 reactivos, relacionados a irritabilidad, desinterés social, ideas suicidas e insatisfacción. El quinto factor, *Autoimagen Negativa*, explicó el 5. 4% de la variabilidad de las respuestas al instrumento y obtuvo un índice de confiabilidad de . 66. Este incluyó 4 reactivos, relacionados a indecisión, autoculpa, pobre imagen corporal y problemas psicomotores. El sexto factor, *Somático*, explicó el 4. 7% de la variabilidad de

Tabla 7.
Factores Identificados en la muestra de Hombres (n=158) con sus Respectivos Reactivos y Pesos Factoriales.

Factor	Peso Factorial	Núm. Reactivo
Autoestima		
Culpabilidad	.82	5
Sentimientos de Castigo	.69	6
Llanto	.57	10
Autodecepción	.46	7
Funcionabilidad		
Desinterés Sexual	.73	21
Incapacidad Laboral	.65	15
Tristeza	.60	1
Insomnio (Hipersomnio)	.48	16
Pesimismo		
Fracaso	.81	3
Pesimismo	.69	
Pensamientos Negativos		
Irritabilidad	.76	11
Desinterés Social	.69	12
Ideas Suicidas	.55	
Insatisfacción	.48	4
Autoimagen Negativa		
Indecisión	.68	13
Autoculpa	.53	

Continuación:
Tabla 7.
Factores Identificados en la muestra de Hombres (n=158) con sus Respectivos Reactivos y Pesos Factoriales.

Factor	Peso Factorial	Núm. Reactivo
Pobre Imagen Corporal	.52	14
Problemas Psicomotores	.44	22
Somático		
Peso	.74	19
Problemas Físicos	.58	20
Apetito	.56	18
Fatiga	.53	17

las respuestas al instrumento y obtuvo un índice de confiabilidad de . 61. Este incluyó 4 reactivos, relacionados a peso, problemas físicos, apetito y fatiga. Los seis factores explican el 60. 5% de la variabilidad en el IDB-S.

Discusión

El índice Cronbach Alfa encontrado para el IDB-S fue alto y consistente con los índices informados para el IDB en investigaciones realizadas en Estados Unidos, Europa y en Puerto Rico. La confiabilidad interna del IDB en investigaciones realizadas en Estados Unidos ha fluctuado de . 86 a . 93 (Beck, Weissman, Lester, & Trexler, 1974; Conde López, Chamorro, Useros, 1976). Vázquez y Sanz (1991) han informado índices de confiabilidad interna cerca del . 93 en investigaciones realizadas en España. En Puerto Rico en una muestra clínica, se informó un índice de confiabilidad interna de . 89 para el IDB (Bernal, Bonilla,

& Santiago, 1995).

En términos generales los hallazgos sobre confiabilidad sostienen que el IDB-S provee información tan consistente internamente como el IDB. Los hallazgos apoyan también que el IDB-S posee validez de construcción lógica porque los factores identificados en la muestra total de los/as participantes son cónsonos con las dimensiones de la depresión que se han descrito en la literatura de depresión. La validez de construcción lógica del IDB-S se documentó también porque el estudio apoyó planteamientos teóricos sobre la relación entre la depresión y otras variables. Por ejemplo, la puntuación en la depresión se asoció positivamente con la presencia de pensamientos o actitudes disfuncionales (Beck, 1967, 1976, 1987; Kuiper, Olinger, & Martin, 1988; Robins & Block, 1989) y negativamente con estrés y apoyo social.

Podemos afirmar que las propiedades psicométricas del IDB-S son buenas y consistentes con las informadas para el IDB. De hecho es impresionante observar la consistencia de las propiedades psicométricas del IDB con muestras en contextos disímiles. Además, la estructura factorial del IDB-S identificada en este estudio apoya la tesis de que dicho instrumento evalúa múltiples dimensiones de la depresión en adultos. Es necesario evaluar si estos hallazgos se corroboran con la muestras de Cuba y de la República Dominicana.

En cuanto a las características sintomatológicas, los resultados de este estudio indican que un 60. 4% de las mujeres presentan ausencia de síntomas de depresión (puntuaciones entre 0 y 11), un 24. 5% depresión leve (entre 12 y 19), un 10. 9% depresión moderada (entre 20 y 28) y un 4. 2% severa (más de 29 puntos). Un 15. 1 % de las mujeres informaron síntomas de depresión moderada o severa. Para los hombres, un 63. 7% presentaron ausencia de síntomas de depresión (puntuaciones entre 0 y 9), 24. 2% depresión leve (entre 10 y 17), 8. 9% depresión moderada (entre 18 y 24) y 3. 2% severa (más de 25 puntos). Un 12% de los hombres reportaron síntomas de depresión moderada o severa. Estas cifras preocupan a los/as autores/as del trabajo porque las mismas están por encima de los informados para la población general de Puerto Rico (Canino, Bird, Rubio, Gravo, Martínez, & Sesman, 1987).

Como se encontró un por ciento mayor de mujeres en el nivel de sintomatología severa fue necesario desarrollar puntos de cortes distintos a los identificados por Beck para ambos géneros. De lo contrario nos arriesgamos a no identificar la depresión en hombres cuando la sintomatología está presente. Nuestros puntos de corte son preliminares. Debemos señalar, que existe una diferencia de un punto entre los nuestros y los de Beck que se explica, en parte, por haber añadido un reactivo adicional al instrumento. La diferencia entre los puntos de corte de Beck y los que generamos para los hombres es mayor. Aquí la diferencia estriba en determinar una depresión moderada que para el IDB sería entre 19-29 puntos, pero que para el IDB-S sería entre 18-24 puntos en el caso de los hombres. Para el IDB la depresión severa se define a partir de los treinta puntos, pero en el IDB-S en los varones se define a partir de los 25 puntos. Es probable que al aumentar el tamaño de la muestra nuestros puntos de corte cambien.

Como señalamos anteriormente en la muestra estudiantil se encontraron diferencias en el IDB-S por género. Un análisis preliminar con 361 de los/as participantes, no encontró diferencias por género (Bonilla, 1997). Sin embargo, al aumentar la muestra a 548 participantes, aumentó también el poder estadístico de las pruebas realizadas. Esto permitió detectar una magnitud de efecto pequeño pero importante para sostener la hipótesis de diferencias por género en la depresión. Cuando se examina la estructura factorial del IDB-S por género, se encontró que los factores para la totalidad fueron muy parecidos a los identificados en las mujeres (Autoestima, Somático, Animo Negativo y Pensamientos Negativos). Sin embargo, se encontró diferencias interesantes por género. Primero, en el caso de las mujeres, los factores que explican el 48. 5% de la variabilidad de las respuestas en la medida de depresión son cuatro, mientras que en los varones son seis (Autoestima, Funcionabilidad, Pesimismo, Pensamientos Negativos, Autoimagen Negativa y Somático) y explicaron el 60. 5% de la variabilidad. Esto puede sugerir un mayor nivel de complejidad al evaluar la depresión en hombres. Esto implica que deberíamos atender aspectos distintos al evaluar la depresión en hombres y mujeres.

El primer factor, *Autoestima*, explica casi el mismo por ciento de variabilidad para ambos géneros, pero en el caso de las mujeres se configura con 10 reactivos (todos relacionados al constructo) y en el de los hombres solo con cuatro reactivos (uno no relacionado al constructo de ánimo – llanto). El segundo factor para las mujeres, *Somático,* incluye seis reactivos relacionados a aspectos biológicos de la depresión (apetito, fatiga, problemas psicomotores, problemas físicos y desinterés sexual). También es interesante notar que los primeros dos factores para las mujeres explicaron el 38% de la variabilidad de las respuestas en el IDB-S. Para los hombres, el segundo factor denominado *funcionabilidad* alude a aspectos de impedimento funcional de la depresión (ej. desinterés sexual, incapacidad laboral e insomnio). En dicho factor se incluye un reactivo relacionado al constructo de ánimo negativo (tristeza). Con estos dos factores (*autoestima y funcionabilidad*), se explica el 37. 3% de la variabilidad para las puntuaciones de depresión en los hombres. Sin embargo, para los hombres el factor de *autoestima* y *funcionabilidad* incluye aspectos de ánimo deprimido y no es así el caso en las mujeres.

La similitud en la estructura factorial del IDB-S entre los géneros reside en que la depresión es claramente un fenómeno multifactorial. Para ambos, la autoestima es un elemento central en la manifestación de la depresión. Sin embargo, la autoestima para los hombres está matizada con elementos del estado de ánimo mientras que en la mujeres esta dimensión se expresa de manera más generalizada. También, ambos géneros comparten un elemento de funcionalidad de la depresión que para los hombres tiene características externalizantes. Esto se manifestó en síntomas de funcionamiento sexual, incapacidad laboral e insomnio. Para las mujeres el segundo factor (*Somático*) contiene reactivos que aluden a la funcionabilidad con una dirección más interiorizante. Debemos señalar que la muestra masculina fue relativamente pequeña, razón por la cual debemos esperar a ver si se mantiene estas tendencias con las otras muestras del estudio. De corroborarse, nos parece que las implicaciones para la identificación, el tratamiento y la prevención de la depresión deben tomar en consideración las diferencias por género.

En comparación con estudios anteriores como el de Guarnaccia, Angel, & Lowe (1989), la estructura factorial del IDB-S que encontramos en nuestro análisis fue diferente. No debemos olvidar que las muestras en ambos estudios son distintas y poseen características muy particulares que pueden ser factores contribuyentes a estas diferencias. En el estudio de Guarnaccia, Angel, & Lowe (1989), mencionado en la introducción de este trabajo, la muestra está compuesta por emigrantes en los Estados Unidos mientras que la de este estudio se compone de estudiantes universitarios en Puerto Rico. Los resultados de los primeros pueden estar matizados por experiencias particulares a su condición de emigrantes como cambio geográfico, lenguaje y situación económica, entre otros; mientras que la de los segundos por las experiencias específicas de la realidad estudiantil universitaria. También, ambos estudios utilizaron distintos instrumentos para medir síntomas de depresión. Sin embargo, es evidente que las diferencias de la manifestación de la depresión por género son hallazgos compartidos en ambos estudios.

De la misma manera, las diferencias por género en la depresión parecen ser detectables aún cuando se utilizan instrumentos diferentes para medirlas, como es el caso del IDB-S en nuestro estudio y el CES-D en el estudio de Gurarnaccia, Angel & Lowel (1989) así como en el de Gjerde, Block, & Block (1988). Nuestros resultados de los análisis factoriales por género nos llevan a compartir la noción de que alguna de la sintomatología depresiva apunta hacia una dirección de exteriorizarse en los hombres e interiorizarse en las mujeres, como sugerimos anteriormente.

Los hallazgos de las propiedades psicométricas del IDB-S están limitados en términos de generalización, ya que el estudio se realizó en una muestra no clínica de 548 personas. Con esta limitación en mente, nuestro plan es de ampliar las muestras a escenarios de salud mental. Las mismas ofrecerán información adicional para el desarrollo de los puntos de corte del instrumento. Igualmente se están recopilando datos en muestras clínicas y de comunidad en Cuba y la República Dominicana.

Para concluir, éste estudio es parte de un esfuerzo colaborativo entre equipos de trabajo en Puerto Rico, Cuba y la República Dominicana. El mismo busca desarrollar instrumentos confiables para medir depresión en el contexto caribeño.

En términos generales, el estudio realizado provee a profesionales de la salud mental y de áreas afines una medida breve de autoinforme con información confiable y válida de la (APA, 1994) sintomatología depresiva y cónsona con la definición para la depresión mayor en el DSM-IV (APA, 1994). Esta medida, IDB-S, considera en la medición del constructo depresión, elementos del contexto hispanohablante (lenguaje) como resultado de haber sido traducida al español y adaptada al contexto de Puerto Rico en una muestra no clínica.

Notas

[1] Este trabajo fue publicado por Bernal, G., Varas, N., Bonilla, J., Santos, A.,

y Maldonado, M., (1998). Depresión género: Resultados inciales de un estudio colaborativo en el caribe sobre los estados de ánimo. En M. Brea de Cabral, E. Rodríguez Arias y M. Alonso de Tapia (Eds). *30 años de psicología: Pasado, presente y futuro.* Santo Domingo: Editora Universitaria-USAD. Una versión de este trabajo fue presentada en el *Congreso 30 años de Psicología Dominicana: Pasado presente y Futuro,* Noviembre, 1997 en Santo Domingo.

[2] Agradecemos la colaboración del Dr. Alfonso Martínez Taboas al facilitarnos su banco de información para la confección de la muestra sobre la cual informamos en este estudio.

[3] DT son las siglas para la desviación típica.

[4] Proyecto que tiene como objetivo traducir y adaptar varios instrumentos sobre depresión, cogniciones disfuncionales, estrés y apoyo social. Este proyecto de investigación está apoyado por los Fondos Institucionales para la Investigación (FIPI) de la UPR-RP.

Referencias

American Psychiatric Association (1994). *Diagnostic and Statistical Manual of Mental Disorder*, Fourth Edition. American Psychiatric Association, Washington, D. C.

Beck, A. T. (1987). Cognitive models of depression. *Journal of Cognitive Psychotherapy*, *1*, 5-37.

Beck, A. T. (1976). *Cognitive therapy and the emotional disorders.* New York: International Universities Press.

Beck, A. T. (1967). *Depression: Clinical experimental and technical aspects.* New York: Harper & Row.

Beck, A., Steer, R., & Garbin, M. (1988). Psychometric properties of the Beck Depression Inventory: Twenty five years of evaluation. *Clinical Psychology Review*, *8*, 77-100.

Beck, A. T., Weissman, A., Lester, O., & Trexler, L. (1974). The measure of pessimism: The Hopelessness Scale. *Journal of Consulting and Clinical Psychology*, *42*, 861-865.

Bernal, G., Bonilla, J. y Santiago, J. (1995). Confiabilidad interna y validez de construcción lógica de dos instrumentos para medir sintomatología psicológica en una muestra clínica: El inventario de depresión de Beck y la lista de cotejo de síntomas-36. *Revista Latinoamericana de Psicología*, *27*, 207-229.

Bernal, G., Maldonado, M., y Bonilla, J. (1998). *Reliability and construct validity of a social support scale*. Rio Piedras: University of Puerto Rico.

Bonilla, J. (1997). *Vulnerabilidad a la sintomatología depresiva: variables personales, cognoscitivas y contextuales*. Rio Piedras: Universidad de Puerto Rico.

Bonilla, J., Bernal, G., Santos, A., y Santos, D. (1998). *Modified version of the Beck Depression Inventory: Psychometric Properties with a Sample of Puerto Rican College Students*. Río Piedras, P. R. Trabajo no publicado.

Bravo, M., Canino, G., & Bird, H. (1987). El DIS en español. *Acta Psiquiátrica Psicológica Latinoamericana*, *33*, 27-42.

Brislin, R. W. (1970). Back-Translation of cross-cultural research. *Journal of Cross-Cultural Psychiatry*, *1*, 185-216.

Cane, D. B., Olinger, J., Gotlib, I. H., & Kuiper, N. A. (1986). Factor structure the Dysfunctional Attitude Scale in a student population. *Journal of Clinical Psychology*, *42*, 307-309.

Canino, G., Bird., Rubio, M., Bravo, M., Martínez, R., y Sesman, M. (1987). The prevalence of specific psychiatric disorders in Puerto Rico. *Archives of General Psychiatry*, *44*, 727-735.

Canino, G., Rubio-Stipec, M., Shrout, P. Bravo, M., Stolberg, R., & Bird, H. (1987). Sex differences and depression in Puerto Rico. *Psychology of Woman Quaterly*, *11*, 443-459.

Conde López, V., Chamorro, T. E., y Useros Serrano, E. (1976). Estudio crítico de la fiabilidad y validez de la E. E. C. de Beck para la medida de la depresión. *Archivos de Neurobiología*, *39*, 313-338.

Culbertson, F. M. (1997). Depression and Gender, An International Review. *American Psychologist*, *52*, 25-31.

Derogatis, L., & Cleary, P. (1977). Confirmation of the dimensional structure of the SCL-90: A study in construct validation. *Journal of Clinical Psychology*, 33, 981-989.

Gallagher, D., Nies, G., & Thompson, L. (1982). Reliability of the Beck Depression Inventory with other adults. *Journal of Consulting and Clinical Psychology*, *50,* 152-152.

Gjerde, Per F., Block, J., & Block, J. H. (1988). Depressive Symptoms and Personality During Late Adolescence: Gender Differences in the Externalization-Internalization of Symptom Expression. *Journal of Abnormal Psychology*, *4*, 475-486.

Guarnaccia, P., Angel, R., y Lowe Worobey, J. (1989). The Factor structure of the CES-D in the Hispanic Health and Nutrition ExaminationSurvey: The

Influences of Etnnicity, Gender and Language. *Social Science and Medicine, 29*, 85-94.

Hoffman, N. G., & Overall, P. B. (1978). Factor structure of the SCL-90 in a psychiatric population. *Journal of Consulting and Clinical Psychology, 46*, 1187-1191.

Klerman, G. K. & Weissman, M. M. (1989) Increasing rates of depression. *Journal of the American Medical Association, 261*, 2229-2235.

Kuiper, N. A., Olinger, L. J., & Martin, R. A. (1988). Dysfunctional Attitudes, stress, and negative emotions. *Cognitive Therapy and Research, 12*, 533-547.

Lipman, R. S., Covi, L., & Shapiro, A. K. (1979). The Hopkins Symptom Checklist (HSCL): Factors derived for the HSSCL-90. *Journal of Affective Disorders, 1,* 9-24.

Masten, W. G., Caldwell-Colbert, A. T., Alcala, S. J., y Mijares, B. E. (1986). Confiabilidad y validez de la escala de depresión del Centro de Estudios Epidemiológicos. *Hispanic Journal of Behavioral Sciences, 8*, 77-84.

McNeil, D. E., Greenfield, T. K., C. C., & Binder, R. L. (1989). Factor structure of brief symptom check list for acute psychiatric inpatients. *Journal of Clinical Psychology, 45*, 66-72.

Nietzel, M. T., Russell, R. L., Hemmangs, K. A., & Greter, M. L. (1987). Clinical significance of psychotherapy for unipolar depression: A meta-analytic approach to social comparison. *Journal of Consulting and Clinical Psychology, 55*, 156-161.

Norman, W. H., Miller, I. W., & Dow, M. G. (1988). Characteristics of depressed patients with elevated levels of dysfunctional cognitions. *Cognitive Therapy and Research, 12*, 39-52.

Reynolds, W. & Gould, J. (1981). A psychometric investigation of the standard and short Beck Depression Inventory. *Journal of Consulting and Clinical Psychology, 49*, 306-307.

Roberts, R. E. (1980). Reliability of the CES-D Scale in different ethnic contexts. *Psychiatry Research, 2*, 125-134.

Robins, C. J., & Block, P. (1989). Cognitive theories of Depression view from a diathesis-stress perspective: Evaluations of a Model of Beck and Abramson, Seligman and Teasdale. *Cognitive Therapy and Research, 13*, 297-313.

Sarason, I. G., Johnson, J. H., & Siegel, J. M. (1978). Assessing the impact of life changes. Development of the Life Experiences Survey. *Journal of Consulting and Clinical Psychology, 46*, 932-946.

Vázquez, C. y Sanz, J. (1991). Fiabilidad y Validez Factorial de la Versión Española del Inventario de depresión de Beck. Comunicación presentada en el III Congreso de Evaluación Psicológica, Barcelona, 25-28 de septiembre de 1991.

Vera, M., Alegría, M., Freeman, D., Robles, R. R., Ríos, R., & Ríos, C. F. (1991). Depressive symptoms among Puerto Ricans: Island poor compared with residents of the New York City area. *American Journal of Epidemiology*, *134*, 502-510.

Vernon, S. W., & Roberts, R. E. (1982). Use of the SADS-RDC in a tri-ethnic community survey. *Archives of General Psychiatry*, *39*, 47-52.

Weissman, A. N. (1979). The Disfunctional Attitude Scale: A validation study. *Dissertation Abstracts International*, *40*, 1389B-1390B. (University Micrfilm, No. 79-19, 533).

Weissman, M., & Myers, J. (1978). Affective disorders in a U. S. urban community. *Archives of General Psychiatry*, *35*, 1304-1311.

CAPÍTULO 8:
El Inventario de Depresión para Niños y Niñas

El Inventario de Depresión para Niños y Niñas: Propiedades psicométricas en dos muestras puertorriqueñas[1]

El propósito de este estudio fue evaluar las propiedades psicométricas, confiabilidad interna y validez de construcción lógica del Inventario de Depresión para niños/as (CDI, por sus siglas en inglés) (Kovacs, 1983), en una muestra de comunidad y otra clínica. Este instrumento es una medida de auto-informe que contiene 27 reactivos y signos de depresión en jóvenes. La muestra de comunidad estuvo compuesta de 265 participantes, de los cuales, el 58% eran mujeres en su mayoría entre 13 y 20 años, de escuelas públicas y privadas y principalmente de la zona urbana. De esta muestra un 40% manifestó ausencia de depresión, otro 40% manifestó un nivel de depresión de leve a moderado y un 20% depresión severa. El índice de confiabilidad interna del CDI para esta muestra fue de . 8162. El análisis de la estructura factorial sugiere la presencia de ocho factores en el CDI. A saber, **ánimo negativo**, **problemas interpersonales**, **pensamientos negativos**, **autoestima negativa**, **problemas de conducta**, **aislamiento**, **problemas escolares** y **preocupación** que explican el 53. 7% de la varianza en el CDI. La muestra clínica estaba compuesta de 59 jóvenes entre 13 y 20 años, balanceada en género, principalmente de escuelas públicas y de la zona urbana que participaban en un ensayo clínico de tratamiento para la depresión. De esta muestra un 42% manifestó un nivel de depresión leve a moderado y un 58%

depresión severa. En términos de la confiabilidad interna, se obtuvo un índice de . 7959 y se identificaron nueve factores (**pensamientos negativos, ánimo negativo**, **aspectos biológicos, problemas interpersonales**, **problemas escolares, aislamiento, autoestima negativa**, **falta de apoyo social y problemas de conducta**) que explican el 70% de la varianza en el CDI. Los resultados de la investigación apoyan el planteamiento que sostiene que la depresión juvenil es un fenómeno multifactorial. En el estudio se discute la similaridad entre la solución factorial del CDI para ambas muestras, la presencia de factores de corte "interpersonal" y las limitaciones del estudio. Se concluye que el CDI ofrece información consistente y válida de los constructos que pretende medir.

Los trastornos afectivos en niños, niñas y adolescentes representan un serio problema de salud mental. En Puerto Rico, la tasa de prevalencia se estima en 5. 9% para los cuadros de depresión y distímia en niños, niñas y adolescentes entre 4 y 16 años de edad (Bird et al., 1988). En dicho estudio epidemiológico, se encontraron que los cuadros de depresión y distímia son los terceros de mayor frecuencia después de los trastornos oposicionales y los de déficit de atención en jóvenes puertorriqueños/as. Por otro lado, la depresión es una de las razones más frecuentes por las cuales se solicitan servicios psicológicos (Rosselló & Bernal, 1996).

La magnitud del problema de la depresión en nuestra población requiere que desarrollemos programas de tratamiento y prevención para responder a la problemática de los trastornos afectivos. Sin embargo, un primer paso hacia este objetivo es contar con instrumentos de evaluación, cernimiento, identificación y evaluación de la depresión (Bernal, Bonilla y Santiago, 1995). Por un lado, necesitamos instrumentos válidos, confiables y fáciles de administrar que permitan la identificación efectiva de sintomatología depresiva. Por otro lado, es necesario que dichos instrumentos sean lo suficientemente sensibles para detectar cambios debidos a una intervención psicológica o social.

El propósito de este estudio es evaluar las propiedades psicométricas del Inventario de Depresión para Niños y Niñas (CDI, por sus siglas en inglés) de Kovacs (1983). Específicamente nos proponemos evaluar la confiabilidad interna y la validez de construcción lógica en una muestra de comunidad y en una muestra clínica. El CDI es utilizado ampliamente en múltiples estudios de investigación, posee buenas características psicométricas, es fácil de administrar y puede detectar cambios debidos a una intervención psicológica. Sin embargo, este instrumento no ha recibido mucha atención en estudios con muestras latinoamericanas o hispanohablantes (Rosselló, Guisasola, Ralat, Martínez, & Nieves, 1992).

Inventario de Depresión para Niños y Niñas

El Inventario de Depresión para Niños y Niñas (CDI) fue desarrollado por Kovacs (1983) para medir síntomas y signos de la depresión en jóvenes. El CDI es un instrumento en formato de auto-informe que contiene 27 reactivos y cuya consistencia interna es relativamente alta a base de estudios realizados en muestras norteamericanas (Kovacs, 1992). Recientemente, en un estudio del CDI realizado en Puerto Rico, se informaron índices de alta confiabilidad interna y temporal para este instrumento (Rosselló, Guisasola, Ralat, Martínez y Nieves, 1992).

Las investigaciones con el CDI sugieren que la depresión es un fenómeno complejo y multidimensional, ya que la estructura factorial de este instrumento es una multifactorial. Kovacs (1992) informa cinco factores que surgen consistentemente de las investigaciones. Estos son: estado de ánimo negativo, problemas interpersonales, inutilidad, anhedonia y autoestima negativa. Sin embargo, se han informado algunas diferencias entre las muestras clínicas y las normativas (o de comunidad) en torno a las dimensiones subyacentes a la depresión que surgen de los análisis de factores. Las muestras clínicas tienden a generar más factores que las muestras normativas.

Estudio 1: Validez de construcción lógica en una muestra de comunidad

Método

Participantes

La muestra se confeccionó a base de 265 participantes entre las edades de 9 a 20 años. Los y las participantes fueron seleccionados/as por disponibilidad de los siguientes años de estudio: cuarto, sexto, octavo, décimo y duodécimo. Se administraron los instrumentos a aquellas personas que entregaron una hoja de consentimiento firmadas por sus padres y por la misma persona.

Descripción de la muestra

La muestra estaba compuesta de 154 (58%) féminas y 111 (42%) varones. En términos de las edades, se estratificó en pre-adolescentes (de 9 a 13 años) y adolescentes (de 14 a 20 años); en el primer grupo hubo 133 estudiantes (50. 2%) y en el segundo 132 (49. 8%). Los datos fueron recogidos de escuelas privadas y públicas, en aproximadamente la misma proporción ya que 130 estudiantes (49%) estudiaban en escuela privada y 135 (51%) en escuelas públicas. El por ciento de estudiantes por grado fue el siguiente: de cuarto grado participaron 43 estudiantes (16%); de sexto grado fueron 42 estudiantes (16%); de octavo participaron 76 estudiantes (29%); de décimo grado fueron 66 estudiantes (25%); y de cuarto año participaron 35 estudiantes (13%).

En cuanto a la zona residencial, 153 estudiantes vivían en

zona urbana (58%), y 91 de estos en zona rural (34%). El restante 8% de los y las estudiantes no contestaron esta pregunta. En términos de la constitución familiar, aunque un 10% no contestó esta pregunta, 89 de los padres estaban casados (34%), 86 estaban divorciados (32. 5%) y 62 se encontraban separados (23. 4%). En 77 (29. 1%) de los hogares habían tres familiares además de la persona participante viviendo bajo el mismo techo; en 75 (28%) de los hogares habían cuatro familiares; en 52 (20%) de los casos habían dos familiares en el mismo hogar; en 35 (13%) de los casos habían cinco familiares; en 14 (5. 3%) habían seis familiares; y en 7 (3%) de los casos había solamente un familiar. Solamente en 5 hogares (1. 6%) habían siete, ocho o trece familiares viviendo en el mismo hogar con el o la participante.

La información sobre ocupación obtenida de los padres y de los y las participantes se clasificó de la siguiente manera: trabajo en el sector privado, público, negocio propio o desempleado. De estas familias, 134 trabajaban en el sector privado (51%); 71 (27%) en el sector público; 13 tenían negocio propio (5%) y 35 (13%) se encontraban desempleadas. El 4% restante no contestó la pregunta.

Instrumentos

Para evaluar la sintomatología depresiva, se utilizó el Inventario de Depresión para Niños y Niñas (CDI - *Children's Depression Inventory*) de Kovacs (1983). Este es un instrumento de auto-informe que pretende medir los signos y síntomas de depresión en niños/as y adolescentes. Se responde a cada pregunta o reactivo según el que mejor describe el estado de ánimo durante las últimas dos semanas. El CDI contiene 27 reactivos, los cuales incluyen preguntas específicas para cada síntoma. Por ejemplo, hay preguntas en torno al estado de ánimo, capacidad para divertirse, auto-evaluaciones, conducta interpersonal y funciones vegetativas, entre otros.

El CDI se codifica en una escala de 0, 1 ó 2, que va en dirección de la severidad o intensidad del síntoma y la puntuación total fluctúa entre 0 y 54.

Kovacs (1985) informó un coeficiente de confiabilidad interna de . 86 para el CDI y estableció que éste tenía una validez adecuada al compararlo con otros instrumentos. En este estudio se seleccionó este instrumento ya que puede distinguir entre niveles de depresión (leve a moderada -entre doce y dieciocho puntos- y depresión severa -mayor de diecinueve puntos). En un estudio preliminar, Rosselló et al. (1992) realizó una traducción y adaptación del CDI en una muestra puertorriqueña. Se encontró una consistencia interna alta (. 95) y se documentó su validez concurrente con la Escala de Depresión para Niños/as del Centro para Estudios Epidemiológicos (CESD-C, por sus siglas en inglés). La asociación entre el CDI y la CESD-C fue significativa en la dirección esperada.

Procedimiento

Se estableció un enlace con cinco escuelas del área metropolitana de San Juan, cuatro de ellas eran del sistema de educación pública y una era privada. Luego de obtener el permiso de las escuelas para considerar la participación de estudiantes de los grados cuarto, sexto, octavo, décimo y cuarto año, se solicitó la cooperación de maestros y maestras para repartir las hojas de consentimiento que debían ser firmadas por los padres y los y las estudiantes. Posteriormente, se procedió a administrar los instrumentos solamente a aquellas personas que habían completado las hojas de consentimiento. Los y las estudiantes fueron agrupados por grado y se les dio instrucciones de cómo llenar los cuestionarios. En total, 810 personas fueron invitadas a participar en el estudio de los cuales 265 firmaron las hojas de consentimiento aceptando participar, para una tasa de participación de un 33%.

Resultados

Características demográficas y sintomatológicas

La frecuencia y por cientos de las variables de género, edad, tipo de escuela, grado escolar, zona residencial, estatus de los padres y ocupación de los padres aparecen en la Tabla 1. Un 58% de la muestra estuvo constituida por féminas en su mayoría entre 13 y 20 años de edad (68%), de escuelas públicas y privadas (50%), principalmente de la zona urbana (60%).

La Tabla 2 presenta el promedio y la desviación típica de la muestra en el CDI por género. Como se observa, no se encontraron diferencias significativas por género en las puntuaciones totales del CDI por esta variable. Tanto las féminas como los varones obtuvieron una puntuación en el CDI asociada a un nivel leve a moderado de sintomatología depresiva.

La distribución de los y las participantes por nivel de sintomatología, según los puntos de corte de Kovacs (ausencia de sintomatología, livianamente deprimido, moderadamente deprimido, y severamente deprimido), aparecen en la Tabla 3. Un 40% manifestó ausencia de síntomas de depresión, otro 40% manifestó síntomas de depresión leve a moderado y un 20% presentó síntomas de depresión severa.

Confiabilidad interna del CDI

Los promedios por reactivos, la desviación típica y la correlación entre el reactivo y la puntuación total del CDI aparecen en la Tabla 4. Los reactivos con los promedios más altos fueron los siguientes: somaticismo, fatiga, irritabilidad y dificultad con el trabajo escolar. El promedio de todos los reactivos fue . 51, con un mínimo de . 16 y un máximo de . 74. Los reactivos que más alto correlacionaron con la puntuación total del CDI fueron los de: soledad, comparación con otros, desobediencia,

Tabla 1.
Frecuencias y por cientos de las variables de género, edad, tipo de escuela, grado escolar, zona residencial, estatus de los padres y ocupación de los padres para la muestra de comunidad.

Variables	Féminas		Varones		Ambos	
	f	%	f	%	f	%
Género	154	58	111	42	265	100
Edad						
9-12	38	25	44	40	82	32
13-20	116	75	67	60	183	69
Escuela						
Privada	71	46	59	53	130	49
Pública	82	53	52	47	135	51
Grado Escolar						
Cuarto	18	12	25	23	43	16
Sexto	22	14	20	18	42	16
Octavo	44	29	32	29	76	29
Décimo	44	29	22	20	66	25
Décimosegundo	24	16	11	10	35	14
Zona Residencial						
Urbana	78	51	75	68	153	58
Rural	70	46	21	19	91	34
Estado Civil						
Casados	49	32	40	36	89	34
Separados	47	31	15	14	62	23
Divorciados	49	32	37	33	86	33

Continuación:

Tabla 1.

Frecuencias y por cientos de las variables de género, edad, tipo de escuela, grado escolar, zona residencial, estatus de los padres y ocupación de los padres para la muestra de comunidad.

	Féminas		Varones		Ambos	
	f	%	f	%	f	%
Ocupación Padres						
Privado	85	55	49	44	134	51
Público	35	23	36	32	71	27
Negocio Propio	9	6	4	4	13	5
Desempleado	22	14	13	12	35	13

Tabla 2.

Puntuación promedio y desviación típica en el CDI para la muestra de comunidad por género.

	Promedio	DT	n
Mujeres	13.5	6.0	154
Hombres	13.5	6.1	111
Ambos	13.5	6.0	265

Tabla 3.

Frecuencia y por cientos en los niveles de sintomatología depresiva en el CDI para la muestra de comunidad por género.

	Ausencia (9-11)		Leve a moderado (12-18)		Severo (>19)	
	f	%	f	%	f	%
Mujeres		40		41	29	19
Hombres		41		39	23	21
Ambos	107	40	106	40	52	20

Tabla 4.
Reactivos, promedios, desviaciones típicas, correlaciones entre reactivo y total en el CDI para la muestra de comunidad.

Reactivos del CDI		Promedio	DT	rTotal
1.	Tristeza	.59	.51	.50
2.	Pesimismo	.62	.51	.49
3.	Auto-desprecio	.22	.44	.46
4.	Anhedonia	.37	.50	.32
5.	Mala conducta	.51	.52	.41
6.	Preocupación pesimista	.51	.53	.19
7.	Auto-odio	.48	.51	.51
8.	Auto-culpa	.65	.53	.44
9.	Ideas suicidas	.31	.48	.52
10.	Llanto	.56	.60	.42
11.	Irritabilidad	.74	.51	.44
12.	Compartir con la gente	.18	.43	.37
13.	Tomar Decisiones	.54	.57	.35
14.	Imagen corporal	.65	.63	.54
15.	Dificultad en el trabajo escolar	.67	.67	.25
16.	Insomnio	.54	.66	.53
17.	Fatiga	.81	.49	.29
18.	Pobre apetito	.50	.64	.34
19.	Somaticismo	.90	.59	.34
20.	Soledad	.63	.55	.59
21.	Disgusto con la escuela	.53	.54	.34

Continuación:
Tabla 4.
Reactivos, promedios, desviaciones típicas, correlaciones entre reactivo y total en el CDI para la muestra de comunidad.

Reactivos del CDI		Promedio	DT	rTotal
22.	Falta de amigos	.41	.61	.38
23.	Pobre ejecución escolar	.58	.68	.45
24.	Comparación con otros/as	.65	.65	.55
25.	Sentimientos de desamor	.19	.40	.54
26.	Desobediencia	.16	.39	.36
27.	Peleas	.17	.40	.33

Tabla 5.
Resumen del análisis de factores de componentes principales para el CDI en la muestra de comunidad.

Reactivos	Com.	Factor	Eigen	%Var.	Acum.
CDI1	.59	1	5.11	18.9	18.9
CDI2	.47	2	1.90	7.0	26.0
CDI3	.54	3	1.58	5.9	31.8
CDI4	.39	4	1.42	5.3	37.1
CDI5	.53	5	1.24	4.6	41.7
CDI6	.75	6	1.17	4.3	46.0
CDI7	.48	7	1.06	3.9	49.9
CDI8	.55	8	1.01	3.8	53.7
CDI9	.66				
CDI10	.61				
CDI11	.51				
CDI12	.48				
CDI13	.57				
CDI14	.54				
CDI15	.56				
CDI16	.41				
CDI17	.55				
CDI18	.54				
CDI19	.47				
CDI20	.48				
CDI21	.57				

Continuación:

Tabla 5.

Resumen del análisis de factores de componentes principales para el CDI en la muestra de comunidad.

Reactivos	Com.	Factor	Eigen	%Var.	Acum.
CDI22	.49				
CDI23	.54				
CDI24	.50				
CDI25	.52				
CDI26	.60				
CDI27	.57				

Tabla 6.
Pesos factoriales de los reactivos del CDI por factor para la muestra de comunidad.

Factor/Reactivos	Peso Factorial	Núm. Reactivo
Ánimo Negativo		
Tristeza	.67	1
Llanto	.68	10
Fatiga	.62	17
Soledad	.39	20
Irritabilidad	.39	11
Somaticismo	.39	19
Apetito	.37	18
Problemas Interpersonales		
Disgusto con la escuela	.71	21
Falta de amistades	.65	22
Anhedonia	.49	4
Poco interés social	.35	12
Pensamientos Negativos		
Indecisión	.72	13
Auto-desprecio (via pares)	.56	24
Desamor	.50	25
Pobre imagen corporal	.49	14

Continuación:
Tabla 6.
Pesos factoriales de los reactivos del CDI por factor para la muestra de comunidad.

Factor/Reactivos	Peso Factorial	Núm. Reactivo
Autoestima Negativa		
Auto-culpa	.69	8
Mala conducta	.61	5
Auto-desprecio	.57	
Problemas de Conducta		
Peleas	.68	27
Desobediencia	.64	26
Poco interés social	.50	12
Aislamiento		
Ideas suicidas	.73	9
Pesimismo	.50	2
Problemas Esolares		
Dificultad con el trabajo escolar	.70	15
Pobre ejecución escolar	.62	23
Preocupaciones		
Preocupación pesimista	.84	6
Somaticismo	.33	19

sentimientos de desamor, imagen corporal y tristeza. El promedio de las correlaciones entre reactivos fue de . 14 con un intervalo que fluctuó entre -. 10 y . 52. La confiabilidad interna fue evaluada por el índice de consistencia interna Cronbach Alfa. El índice obtenido para esta muestra fue de . 8162.

Validez de construcción lógica del CDI

Evaluamos la estructura factorial del CDI mediante un análisis de factores utilizando el método de rotación varimax. Las tablas 5 y 6 presentan un resumen de los hallazgos obtenidos.

Los resultados sugieren la presencia de ocho factores en el CDI. A saber, **ánimo negativo**, **problemas interpersonales**, **pensamientos negativos**, **autoestima negativa**, **problemas de conducta**, **aislamiento**, **problemas escolares** y **preocupación**. Estos ocho factores explican el 53. 7% de la varianza en el CDI y se establecen utilizando el criterio de los valores eigen mayor o igual a 1. 0.

El primer factor, **ánimo negativo**, agrupa cinco reactivos que aluden a conductas y sentimientos vinculados al estado de ánimo negativo tales como: tristeza, llanto, fatiga, soledad e irritabilidad. Este factor explica el 18. 9% de la varianza. El factor de **problemas interpersonales** contiene reactivos de disgusto con la escuela, falta de amistades, anhedonia y poco interés social que explican el 7% de la variabilidad. El factor de **pensamientos negativos** se compone de reactivos sobre indecisión, auto-desprecio (en relación a los pares), sentimientos de desamor y una pobre imagen corporal; los cuales explican un 5. 9% de la varianza. El cuarto factor fue denominado como **autoestima negativa** y agrupa a reactivos de auto-culpa, mala conducta y auto-desprecio explicando otro 4. 6% de la varianza. El quinto factor de **problemas de conducta** explica 4. 3 de la varianza y se compone de reactivos tales como: peleas, desobediencia, y poco interés social. El factor denominado como **aislamiento** se compone de reactivos sobre ideas suicidas y pesimismo, y explica 4. 3 % de la varianza. **Problemas Escolares** agrupa a reactivos como dificultad con el trabajo escolar y la pobre ejecución escolar explicando otro 3. 9% de la varianza. El octavo factor, **preocupaciones**, agrupa a los reactivos de preocupación pesimista y somaticismo explicando el 3. 8 de la variabilidad.

Los resultados del análisis de factores del CDI sugieren la presencia de ocho factores relacionados al constructo de la depresión. De hecho, los reactivos agrupados en los factores encontrados aluden a dimensiones teóricas que responden a las características del síndrome de depresión identificadas en la literatura.

Estudio 2: Validez de construcción lógica en una muestra clínica

Método

Participantes

La muestra se compone de 59 adolescentes entre las edades de 13 a 18 años. Los y las participantes fueron seleccionados/as de los referidos por escuelas adyacentes a la clínica y evaluados/as a base de los criterios de inclusión de la investigación.

Descripción de la Muestra

La muestra estaba compuesta de 30 (51%) féminas y 29 (49%) varones. En términos de las edades, 22% de los/as participantes tenían 13 años, 24% tenían 14 años, 19% tenían 15 años, 20% tenían 16 años, 12% tenían 17 años, y 3% tenían 18 años. Los y las participantes estaban matriculados/as en los grados de séptimo a duodécimo. Un 61% (n=36) de los/as participantes provenían de escuelas públicas y un 39% (n=23) de escuelas privadas. En cuanto a niveles socioeconómicos, el 86% de la muestra provenía de bajo nivel socioeconómico y sólo el 14% de alto nivel socioeconómico.

Instrumentos

Como parte de un estudio matriz sobre la eficacia de tratamientos psicosociales para la depresión en adolescentes (Rosselló & Bernal, 1995), a los/as participantes se les administraron un conjunto de instrumentos. La evaluación incluyó un serie de instrumentos y los principales fueron los siguientes: 1) *Children's Depression Inventory* (CDI), (Kovacs, 1983); 2) *Center for Epidemiological Studies Depression Scale for Children* (CES-DC), (Radloff, 1977); 3) *Piers Harris Children's Self-Concept Scale* (PHSCS), (Piers, 1972); 4) *Child Behavior Checklist* (CBCL), versión de los padres (CBCL-P) y maestros (CBCL-T), (Achenbach & Edelbrock, 1983); 5) *Diagnostic Interview Scale for Children-2* (DISC-2) y de los padres (DISC-2 P); 6) *Family Emotional Involvement and Criticism Scale* (FEICS), (Shields, et. al, 1992); 7) *The Integrative Psychotherapy Alliance*, (Pinsoff & Catherall, 1986); 8) Escala de Bienestar Actual, (Howard, 1988); 9) Indice Hollingshead, (1957); 10) Escala Beck de Ideación Suicida, (Beck, et. al, 1979); 11) Criterios de Inclusión/Exclusión; 12) Lista de cotejo del DSM-III. Para los propósitos de esta investigación, nos limitamos a la información obtenida en el CDI y en la hoja de datos demográficos.

Procedimiento

Se configuró un banco de datos del estudio matriz (Rosselló & Bernal, 1995). Los y las participantes que pasaron por el proceso de entrevista de cernimiento, que tenían consentimiento informado (hoja de consentimiento firmadas por los padres y por el/la adolescente) y que cumplían con los criterios de inclusión para el estudio fueron asignados al azar a una de tres condiciones: Terapia Conductual-Cognoscitiva, Terapia Interpersonal y Control (lista de espera). Cada participante fue evaluado antes, después y tres meses posterior a concluir la intervención. Tanto en la entrevista de cernimiento, como en la de terminación y seguimiento, se les administran todos los instrumentos antes mencionados. Para propósitos de configurar una muestra clínica para este estudio, se utilizaron los datos de las personas que cumplían con los criterios de depresión antes del tratamiento.

Resultados

Características demográficas y sintomatológicas

La frecuencia y por cientos de las variables demográficas por género aparece en la Tabla 7. La muestra se compuso de jóvenes entre 13 y 20 años de edad, igualmente distribuidos por género (53% féminas), principalmente de escuelas públicas (61%) y mayoritariamente de la zona urbana (91%).

La Tabla 8 presenta el promedio y la desviación típica de la muestra en el CDI por género. No se encontraron diferencias significativas en las puntuaciones totales del CDI por género.

La distribución de los y las participantes por nivel de sintomatología, según los puntos de corte de Kovacs (ausencia de sintomatología, livianamente deprimido, moderadamente deprimido, y severamente deprimido), aparecen en la Tabla 9. Como se observa en dicha tabla, no hay personas en el nivel de ausencia de depresión, dado que el criterio de cernimiento era sintomatología clínica.

Confiabilidad interna del CDI

Los promedios, desviaciones típicas de cada reactivo y la correlación entre el reactivo y la puntuación total del CDI aparecen

Tabla 7.
Frecuencias y por cientos de las variables de género, edad, tipo de escuela, grado escolar, zona residencial, estatus de los padres y ocupación de los padres para la muestra clínica.

	Féminas		Varones		Ambos	
	f	%	f	%	f	%
Género	34	53	30	47	64	100
Edad						
13-20	34	53	29	53	64	100
Escuela						
Privada	12	35	13	43	25	39
Pública	22	65	17	57	39	61
Grado Escolar						
Cuarto	1	3	0	0	1	2
Sexto	1	3	5	17	6	9
Octavo	11	32	6	20	17	27
Décimo	6	18	7	23	13	20
Décimoprimero	2	6	2	7	4	6
Decimosegundo	3	9	1	3	4	6
No información	1	2	1	3	2	3
Zona Residencial						
Urbana	30	88	28	93	58	91
Rural	4	12	2	7	6	9

Continuación:
Tabla 7.
Frecuencias y por cientos de las variables de género, edad, tipo de escuela, grado escolar, zona residencial, estatus de los padres y ocupación de los padres para la muestra clínica.

	Féminas		Varones		Ambos	
	f	%	f	%	f	%
Status Padres						
Casados	16	47	16	53	32	50
Separados	3	9	1	3	4	6
Divorciados	14	41	12	40	26	41
No información	1	3	1	3	2	3
Ocupación Padres						
Privado	13	38	9	30	22	34
Público	8	24	10	33	18	28
Negocio Propio	8	24	8	27	16	25
Desempleado	2	6	2	7	4	6
No información	3	8	1	3	4	7

Tabla 8.
Puntuación promedio y desviación típica en el CDI para la muestra clínica por género.

	Promedio	DT	n
Mujeres	22.2	7.1	30
Hombres	17.9	5.4	29
Ambos	20.2	6.3	59

Tabla 9.
Frecuencia y por cientos en los niveles de sintomatología depresiva en el CDI para la muestra clínica por género.

	Ausencia (9-11)		Leve a moderado (12-18)		Severo (>19)	
	f	%	f	%	f	%
Mujeres	0	0	11	32	21	62
Hombres	0	0	16	53	13	43
Ambos	0	0	27	42	34	58

en la Tabla 10. Los reactivos con promedios más altos fueron los siguientes: dificultad con el trabajo escolar, somaticismo, pobre ejecución escolar, irritabilidad y comparación con otros/as. El promedio de todos los reactivos fue . 75, con un mínimo de . 25 y un máximo de 1. 14. Los reactivos mas altamente correlacionados con la puntuación total del CDI fueron los de: sentimientos de desamor, dificultad con el trabajo escolar, ideas suicidas, tristeza y pesimismo. El promedio de las correlaciones entre reactivos fue de . 12 con un mínimo de -. 38 y un máximo de . 87. La confiabilidad interna según el índice de Alfa fue de . 7959.

Validez de construcción lógica del CDI

Al igual que con la muestra de comunidad, evaluamos la estructura factorial del CDI mediante un análisis de factores utilizando el método de rotación varimax. Las tablas 11 y 12 presentan un resumen de los hallazgos obtenidos.

Los resultados indicaron la presencia de nueve factores en el CDI: **pensamientos negativos**, **ánimo negativo**, **aspectos biológicos**, **problemas interpersonales**, **problemas escolares**, **aislamiento**, **autoestima negativa**, **falta de apoyo social y**

Tabla 10.
Reactivos, promedios, desviaciones típicas, correlaciones entre reactivo y total en el CDI para la muestra clínica.

Reactivos del CDI		Promedio	DT	rTotal
1.	Tristeza	.95	.58	.50
2.	Pesimismo	.94	.59	.49
3.	Auto-desprecio	.60	.63	.46
4.	Anhedonia	.67	.57	.32
5.	Mala conducta	.70	.61	.41
6.	Preocupación pesimista	.77	.71	.19
7.	Auto-odio	.72	.60	.51
8.	Auto-culpa	.83	.63	.44
9.	Ideas suicidas	.57	.56	.52
10.	Llanto	.84	.76	.42
11.	Irritabilidad	1.05	.55	.44
12.	Compartir con la gente	.36	.57	.37
13.	Tomar decisiones	.78	.60	.35
14.	Imagen corporal	.79	.67	.54
15.	Dificultad para el trabajo escolar	1.14	.77	.25
16.	Insomnio	.59	.56	.53
17.	Fatiga	1.02	.56	.29
18.	Pobre apetito	.66	.70	.34
19.	Somaticismo	1.13	.72	.34
20.	Soledad	.80	.62	.59
21.	Disgusto con la escuela	.67	.57	.34

Continuación:
Tabla 10.
Reactivos, promedios, desviaciones típicas, correlaciones entre reactivo y total en el CDI para la muestra clínica.

Reactivos del CDI		Promedio	DT	rTotal
22.	Falta de amigos	.66	.76	.38
23.	Pobre ejecución escolar	1.06	.80	.45
24.	Comparación con otros/as	1.02	.69	.55
25.	Sentimientos de desamor	.30	.49	.54
26.	Desobediencia		.50	.36
27.	Peleas	.25	.44	.33

problemas de conducta. Estos nueve factores explican el 70% de la varianza en el CDI que se establecen utilizando el criterio de los valores eigen mayor o igual a 1. 0. Es importante señalar que la factorización en esta muestra explica 17% más de la varianza que la de la muestra de comunidad.

El primer factor, **pensamientos negativos** alude a un conjunto de ideas y conductas negativas como: imagen corporal negativa, auto-odio, pesimismo, llanto, auto-desprecio y anhedonia. Este factor explica el 18. 3% de la variabilidad en el CDI. El factor de **ánimo negativo** agrupa reactivos como tristeza, somaticismo, ideas suicidas, auto-culpa e irritabilidad. El factor **biológico** se compone de tres reactivos sobre fatiga, insomnio y pobre apetito; los cuales explican un 8. 6% de la varianza. El factor de **problemas interpersonales** contiene reactivos de auto-desprecio (via pares), anhedonia y poco interés social explicando el 7. 3 de la variabilidad en el CDI. El factor de **aislamiento** contiene reactivos sobre irritabilidad, ideas suicida y de compartir con la gente; este factor explica el 5. 5% de la varianza. El factor de **autoestima negativa** agrupa a reactivos de indecisión, pesimismo

Tabla 11.
Resumen del análisis de factores de componentes principales para el CDI en la muestra clínica.

Reactivos	Com.	Factor	Eigen	%Var.	Acum.
CDI1	.73	1	4.95	18.3	18.3
CDI2	.75	2	2.48	9.2	27.5
CDI3	.63	3	2.33	8.6	36.2
CDI4	.73	4	1.98	7.3	43.5
CDI5	.71	5	1.77	6.6	50.1
CDI6	.63	6	1.48	5.5	55.5
CDI7	.68	7	1.42	5.3	60.8
CDI8	.60	8	1.31	4.9	65.6
CDI9	.74	9	1.17	4.3	70.0
CDI10	.63				
CDI11	.84				
CDI12	.72				
CDI13	.78				
CDI14	.69				
CDI15	.76				
CDI16	.43				
CDI17	.68				
CDI18	.69				
CDI19	.72				
CDI20	.62				
CDI21	.74				

Continuación:
Tabla 11.
Resumen del análisis de factores de componentes principales para el CDI en la muestra clínica.

Reactivos	Com.	Factor	Eigen	%Var.	Acum.
CDI22	.74				
CDI23	.75				
CDI24	.65				
CDI25	.73				
CDI26	.83				
CDI27	.74				

y soledad explicando otro 5. 3% de la varianza. El factor de **apoyo social** incluye reactivos que aluden a sentimientos de desamor, falta de amigos/as y poco compartir con la gente explicando un 4. 9% de la variabilidad. El noveno factor, **problemas de conducta**, se compone de reactivos tales como: mala conducta y desobediencia y explica un 4. 3% de la viariabilidad en el CDI.

Los resultados del análisis de factores del CDI para la muestra clínica sugieren la presencia de nueve factores relacionados al constructo de la depresión. Al igual que la estructura factorial encontrada en la muestra de comunidad, los reactivos agrupados en los factores encontrados aluden a dimensiones teóricas que responden a las características del síndrome de depresión identificadas en la literatura (Kovacs, 1992).

Discusión y Conclusión

En este estudio, nos propusimos evaluar algunas de las propiedades psicométricas del CDI en una muestra de comunidad y otra clínica. La confiabilidad interna del CDI recibió apoyo

Tabla 12.
Pesos factoriales de los reactivos del CDI por factor para la muestra clínica.

Factor/Reactivos	Peso Factorial	Núm. Reactivo
Pensamientos Negativos		
Imagen corporal negativa	.82	14
Auto-odio	.77	7
Pesimismo	.50	2
Llanto	.41	10
Auto-desprecio	.36	3
Anhedonia	.36	4
Ánimo Negativo		
Tristeza	.80	1
Somaticismo	.64	19
Ideas suicidas	.55	9
Auto-culpa	.40	8
Irritabilidad	.39	11
Biológico		
Fatiga	.74	17
Insomnio	.59	16
Apetito	.44	18
Problemas Interpersonales		
Auto-desprecio (via pares)	.78	24
Anhedonia	.55	4
Poco interés social	.48	12

Continuación:
Tabla 12.
Pesos factoriales de los reactivos del CDI por factor para la muestra clínica.

Factor/Reactivos	Peso Factorial	Núm. Reactivo
Problemas Escolares		
Dificultad escolar	.73	15
Auto-culpa	.50	8
Pobre ejecución escolar	.41	23
Aislamiento		
Irritabilidad	.68	11
Ideas suicidas	.49	9
Compartir con la gente	.40	12
Autoestima Negativa		
Indecisión	.82	13
Pesimismo	.51	2
Soledad	.51	20
Apoyo Social		
Desamor	.81	25
Falta de amigos/as	.73	22
Compartir con la gente	.49	12
Problemas de Conducta		
Mala conducta	.78	5
Desobediencia	.67	26

favorable. De hecho, los índices de consistencia interna del CDI fueron excelentes tanto para la muestra de comunidad como para la clínica. Estos hallazgos son congruentes con los de un estudio preliminar realizado en Puerto Rico (Rosselló et al., 1992) y con los de estudios realizados en otros países (Kovacs, 1992).

En torno a la estructura factorial del CDI, se confirma la presencia de un fenómeno multifactorial que subyace el síndrome de depresión juvenil. Las muestras de comunidad y clínica apoya un modelo de depresión juvenil sugerido por Kovacs (1992) donde factores primarios altamente correlacionados subyacen al constructo general de la depresión.

Nuestros resultados de la muestra de comunidad sugieren la presencia de ocho factores en el CDI (**ánimo negativo**, **problemas interpersonales**, **pensamientos negativos**, **autoestima negativa**, **problemas de conducta**, **aislamiento**, **problemas escolares** y **preocupación**.) Estos ocho factores explican el 53. 7% de la varianza en el CDI. En la muestra clínica, los resultados indicaron la presencia de nueve factores en el CDI (**pensamientos negativos, ánimo negativo**, **biológico, problemas interpersonales**, **problemas escolares, aislamiento, autoestima negativo**, **falta de apoyo social y problemas de conducta**). Estos nueve factores explican el 70% de la variabilidad explicando 17% más de la varianza que en la factorización de la muestra de comunidad. También, los resultados de ambas muestras son cónsonos con los cinco factores, según Kovacs (1992), que consistentemente surgen de la literatura (ánimo negativo, problemas interpersonales, inutilidad, anhedonia y autoestima negativa).

Es notable la similaridad entre la solución factorial para la muestra de comunidad como para la clínica. Hay congruencia entre los factores de ánimo negativo, problemas interpersonales, autoestima negativa, problemas de conducta, y problemas escolares. Nos parece interesante la presencia de factores de corte interpersonal para ambas muestras. Por ejemplo, en la muestra clínica, los factores "falta de apoyo social", "problemas escolares", y "problemas de conducta", así como el factor "interpersonal" aluden a un proceso interpersonal característico en la cultura latina. Puede ser que la depresión en un contexto latino, como el puertorriqueño, presente una dimensión interpersonal de mayor significado que la que aparece en otros grupos culturales. Si esto es así, entonces procede una reconceptualización de la depresión donde los aspectos interpersonales tienen mayor relevancia con las importantes implicaciones para el adiestramiento clínico, la provisión de servicios psicológicos y la investigación.

Los resultados de esta investigación con el CDI son alentadores. Como hemos indicado anteriormente, este instrumento ofrece información consistente y válida de los constructos que pretende medir. Sin embargo, es importante señalar algunas de las limitaciones de esta investigación. Primero, las dos muestras no fueron representativas limitando el alcance de las generalizaciones. Otra limitación fue el tamaño de la muestra clínica. El análisis de factores con sólo 59 adolescentes puede no contar con la estabilidad necesaria y debe considerarse preliminar. Una muestra mayor, estratificada por género, clase social y edad permitiría mejor precisión en los factores para distintos sectores y aseguraría la estabilidad de los mismos. También, sería beneficioso evaluar otras características psicométricas no incluidas en el estudio tales como la confiabilidad temporal y la validez predictiva.

Este trabajo representa un paso inicial hacia la documentación de las propiedades psicométricas del CDI para jóvenes en el contexto puertorriqueño. La brevedad de este inventario, unida las características de confiabilidad y validez de construcción lógica, representa un importante recurso para evaluar cambio sintomatológico. Podemos concluir que este instrumento tiene gran potencial para la investigación tanto de corte clínico como preventivo en el contexto puertorriqueño.

Notas

[1] Este capítulo se basa en el trabajo de Bernal, G., Rosselló, J., & Martínez, A. (1996). Inventario de Depresión para Niños y Niñas: Propiedades psicométricas en dos muestras puertorriqueñas. *Revista de Psicología Contemporánea, 4,* 12-22. Adaptado con la autorización de Revista Contemporánea de Psicología Copyright 1996. Cortesía de la Editorial Manual Moderno, S. A. de C.V. Esta investigación fue apoyada por los *Fondos Institucionales para la Investigación* de la Universidad de Puerto Rico, Recinto de Río Piedras (1993-1996) y por una subvención *del National Institute on Mental Health* (NIMH por sus siglas en Inglés, No. R24-MH49368). También esta investigación fue respaldada por el Centro Universitario de Servicios y Estudios Psicológicos (CUSEP), Departamento de Psicología, Facultad de Ciencias Sociales de la Universidad de Puerto Rico. Agradecemos la colaboración de Beatríz Matos, Elizabeth Iglesias, a los y las integrantes del Proyecto de Investigación sobre la Depresión en Adolescentes, muy en especial a Carmen Rivera, Marta Philippi y Leonel Martínez. Finalmente, agradecemos la colaboracion de Janet Bonilla por su cuidadosa revisión de este documento.

Referencias

Achenbach, T. M., & Edelbrock, C. S. (1983). *Manual for the Child Behavior Checklist and Revised Child Behavior Profile.* Burlington, VT. : Department of Psychiatry, University of Vermont.

Bernal, G., Bonilla, J., y Santiago, J. (1995). Confiabilidad interna y validez de construcción lógica de dos instrumentos para medir sintomatología psicológica en una muestra clínica: En Inventario de Depresión de Beck y la Lista de Cotejo de Síntomas - 36. *Revista Latinoamericana de Psicología, 27,* 207-229.

Bird, H. R., Canino, G., Rubio-Stipec, M., Gould, M. S., Ribera, J., Sessman, M., Woodburry, M., Huertas-Goldman, S., Pagán, A., Sánchez, L. A., y Moscoso, M. (1988). Estimate of the prevalence of childhood maladjustments in a community survey in Puerto Rico. *Archives of General Psychiatry, 45,* 1120-1126.

Beck, A., Kovacs, M., & Weissman, M. (1979). Assesment for suicide ideation: The Scale for Suicide Ideation. *Journal of Consulting and Clinical Psychology, 47,* 343-352.

Hollingshead, A. B. (1957). *Two-factor Index of Social Position.* New Haven: Author.

Kovacs, M. (1983). *The Children's Depression Inventory: A self report depression scale for school-aged youngsters.* University of Pittsburgh School of Medicine, Unpublished manuscript.

Kovacs, M. (1985). The Children's Depression Inventory. *Psychopharmacology Bulletin, 21*, 995-998.

Kovacs, M. (1992). *Children's Depression Inventory Manual.* North Tonawanda, New York: Multi-Health Systems, Inc.

Piers, E. V. (1972). Prediction on children's self-concepts. *Journal of Consulting and Clinical Psychology, 38*, 428-433.

Pinsof, W. M., & Catherall, D. R. (1986). The integrative psychotherapy alliance: family, couple and individual therapy scales. *Journal of Marital and Family Therapy, 12* , 137-151.

Radloff, L. S. (1977). The CES-C Scale: A self report depression scale for research in the general population. *Applied Psychological Measurement, 1*, 385-401.

Rosselló, J., & Bernal, G. (1996). Cognitive-Behavioral and Interpersonal Treatment for depressed Puerto Ricans Adolescents. In E. Hibbs and P. Jenson, (Eds.). *Psychosocial treatment for child and adolescent disorders.* Washington, DC: APA press.

Rosselló, J., Guisasola, E., Ralat, S., Martínez, S., y Nieves, A. (1992). La evaluación de la depresión en un grupo de jóvenes adolescentes. *Revista Puertorriqueña de Psicología, 8*, 155-162.

Shields, C., Franks, P., Harp, J., McDaniel, S., & Campbell, T. (1992). Development of the Family Emotional Involvement and Criticism Scale (FEICS): A Self-Report Scale to Measure Expressed Emotion. *Journal of Marital and Family Therapy, 18*, 395-407.

CAPÍTULO 9:
El reto de evaluar la efectividad de la psicoterapia

El reto de evaluar la efectividad de la psicoterapia: Agenda para el futuro

¿Qué contribuciones hace la investigación psicoterapéutica a la construcción del conocimiento, al desarrollo de la teoría y al mejoramiento de la práctica clínica? ¿Hacia dónde deben dirigirse los estudios en torno a la psicoterapia? ¿Qué tipo de evaluación deberíamos estar realizando? ¿Cómo deberíamos atender los asuntos sobre la efectividad, eficacia y eficiencia de las psicoterapias a la luz de los problemas que enfrenta la sociedad contemporánea? En el umbral del nuevo milenio, estas preguntas son tan apremiantes para el Puerto Rico actual como para cualquier sociedad con sectores poblacionales caracterizadas por la diversidad étnica y racial así como para personas de origen latinoamericano. En este capítulo, pretendemos realizar una síntesis de los trabajos expuestos anteriormente e hilvanar los argumentos fundamentales que nos llevan a plantear una agenda de trabajo para profesionales en la academia, la práctica psicoterapéutica, y para la investigación.

El reto de evaluar efectividad: Una síntesis

Uno de los retos principales incide en la pregunta misma de investigación. Al inicio de este libro nos planteamos la pregunta básica de ¿es o no efectiva la psicoterapia es o no es efectiva? Como señalamos, este planteamiento desencadenó una generación de investigaciones sobre la eficacia de tratamientos (Bergin & Lambert, 1978). La pregunta de efectividad se replantea posteriormente con mayor especificidad. Deja de ser si és o no es efectiva la psicoterapia en términos generales y se va particularizando el grado de efectividad: ¿cuáles tratamientos particulares, para qué personas o conjunto de personas; con qué características; en qué situaciones podemos establecer la efectividad? Además de preguntas en torno al "qué" de la psicoterapia, vemos una articulación de asuntos en torno al "cómo", es decir sobre el proceso psicoterapéutico y las relaciones (o alianza) en la psicoterapia. Los estudios sobre las condiciones necesarias y suficientes para lograr la efectividad (Orlinsky & Howard, 1986) de la psicoterapia cobran mayor fuerza. Con una gama de estudios de corte comparativo surgió el meta-análisis como instrumento para evaluar este cuerpo de estudios en torno a la eficacia de distintos tratamientos para trastornos particulares.

Hoy día contamos con un cuerpo de información que apunta hacia la efectividad de psicoterapias "bien articuladas" (Lipsey y Wilson, 1993; Smith y Glass, 1977). El asunto medular ya ha dejado de ser si recibir psicoterapia es mejor que no recibir nada. Ya se ha establecido que en términos generales algo es mejor que nada. Sin embargo, desconocemos cuál es el costo para la persona, la familia, la comunidad y la sociedad de no recibir ningún tratamiento para una condición de salud mental. Esta es la situación de la mayoría de las personas en Puerto Rico que sufre de un trastorno de salud mental (Alegría y colaboradores 1999; Canino, 1999). También éste es el caso para muchos sectores poblacionales latinoamericanos en Estados Unidos que enfrentan barreras para tener acceso al sistema de salud mental. Por un lado, contamos con un creciente cuerpo de información de tratamientos "bien articulados" y con efectividad demostrada. Por otro lado, enfrentamos serias limitaciones en el ofrecimiento de dichos tratamientos a la población. Uno de los retos a enfrentar, como señalamos anteriormente, será el realizar investigaciones encaminadas a estudiar los factores que hacen más efectivas las psicoterapias existentes, cuáles son las características de la clientela y de los y las terapeutas, del contexto social y cultural o del propio trastorno que influyen en el rendimiento efectivo. Es necesario plantear la pregunta del costo de dichos tratamientos y cómo un conjunto de factores se relacionan para aumentar la efectividad. Claramente, contestar la pregunta de la eficiencia y costo para la efectividad de la psicoterapia representa un reto para el campo. Sin embargo, el reto mayor y aún más apremiante es contestar la pregunta sobre el costo humano y social de no ofrecer tratamientos a personas que lo necesitan.

A pesar de que existe un cuerpo de información sobre la efectividad de ciertos tratamientos para determinados trastornos, son poco los estudios realizados con poblaciones diversas. La abrumadora mayoría de los estudios se realizan con grupos de personas adultas, féminas, de clase media o clase media alta, de raza blanca, angloparlante que estaban buscando psicoterapia en los Estados Unidos. Se desconoce si los hallazgos de estas investigaciones se puede generalizar a otros sectores, muy en particular a sectores marginados que no buscan psicoterapia, ó a otros grupos lingüísticos, raciales, étnicos y culturales diferentes. Por otro lado, es necesario cuestionarnos la importación ciega de modelos de psicoterapia desarrollados en otro contexto socio-cultural. Tenemos que trabajar concretamente para desarrollar nuevos modelos o evaluar y adaptar modelos de psicoterapias existentes a nuestra realidad social y cultural, lo que representa otro reto que al enfrentarlo adelantaría el estado de conocimiento del campo.

Las diferencias metodológicas entre estudios de eficacia y los de efectividad fue el tema explorado en el segundo capítulo. Se presentó un encuadre para integrar la investigación orientada al descubrimiento y la investigación orientada a la prueba de hipótesis. Se argumentó que estos acercamientos al estudio de la psicoterapia no sólo se complementan, sino que pueden y deben integrarse. Para adelantar la construcción de los acercamientos teóricos tanto como para adelantar la investigación empírica, tenemos que trascender posiciones polarizadoras como que una teoría de psicoterapia es mejor que otras y así resalta las diferencias. El debate en el campo sobre diferencias teóricas ya no es muy fructífero y se hace casi irrelevante porque todas tienen más o menos igual efectividad (hipótesis conocida como la del "pájaro Dodo"). Sugerimos que una ruta alterna de trabajo puede ser la búsqueda de los aspectos que las distintas terapias comparten, así como los mecanismos de cambio de un determinado modelo, e incluso las acciones particulares de el o la terapeuta y el o la cliente.

Como la psicoterapia y la investigación psicoterapéutica se desarrollaron a base de sectores muy particulares, tenemos que cuestionar la pertinencia para personas de origen latinoamericano, grupos marginados, personas de escasos recursos y poca educación. Si adoptamos una postura desde la óptica de la investigación tradicional tenemos que concluir que se conoce muy poco sobre la eficacia de tratamientos con grupos marginados o minorías étnicas e inclusive con poblaciones no angloparlantes. Por otro lado, desde una óptica alterna e integradora (orientación al descubrimiento y la orientación de la verificación de hipótesis), sí podemos afirmar que se cuenta con una base de información sobre los aspectos que hacen una psicoterapia más efectiva que otra. Claramente, el acercamiento al saber puede ser más determinante que el contenido de lo que sabemos. Un marco conceptual sirve de recurso integrador de las dos vertientes metodológicas principales en el campo, a saber, las investigaciones orientadas al descubrimiento y las orientadas a la verificación de hipótesis. Partiendo de este marco integrador, son claras las diferencias entre las investigaciones de eficacia y las de efectividad. A partir del marco conceptual se hace evidente la necesidad de re-conceptualizar las prioridades de investigación y la urgencia de establecer esfuerzos colaborativos para iniciar estudios de mayor pertinencia y complejidad en el campo.

Anteriormente se aludió que la mayoría de las teorías de psicoterapia han sido desarrolladas en Europa o Estados Unidos y luego exportadas a otros escenarios. Además, en Europa y en Estados Unidos los modelos de psicoterapia se desarrollaron con sectores privilegiados de la sociedad y luego generalizaron a otros sectores. Dado que la psicoterapia es un fenómeno netamente cultural y que en gran medida ya es parte de la cultura contemporánea, ¿cómo lograr que algunos tratamientos sean más sensibles culturalmente, muy en especial para personas de diversos trasfondos lingüísticos, étnicos, raciales y de clase social? En el capítulo 3, presentamos una perspectiva de sensibilidad cultural. El interés aquí fue desarrollar un recurso para facilitar una mayor validez ecológica en las investigaciones sobre el tratamiento. Se examinó la relación entre validez externa, validez ecológica e investigaciones con sensibilidad cultural. También se presentó un modelo conceptual sobre la sensibilidad cultural orientado a fortalecer la validez ecológica en los tratamientos. El modelo conceptual incluye ocho dimensiones de las intervenciones con tratamientos (el lenguaje, la/s persona/s, la metáfora, el contenido, los conceptos, las metas, los métodos, y el contexto). Se indicó cómo estas dimensiones pueden servir de recurso para desarrollar tratamientos o para adaptar tratamientos ya existentes con mayor sensibilidad cultural a diversos grupos. El modelo conceptual representa un esfuerzo preliminar y se presentó algunas de las limitaciones del mismo. Sin embargo, cualquier recurso que aumente el acuerdo entre la ecología experimentada por la persona participante y las propiedades del medio ambiente asumidas por el o la investigador/a o el o la terapeuta, cumple con el criterio de validez ecológica.

De lo anterior se desprende que la investigación psicoterapéutica no ha recibido mucha atención en escenarios latinoamericanos, con grupos de origen latino en Estados Unidos y en Puerto Rico. En el cuarto capítulo se presenta un estudio de efectividad realizado en el Centro Universitario de Servicios y Estudios Psicológicos (CUSEP) del Departamento de Psicología de la Universidad de Puerto Rico, Recinto de Río Pideras. Este estudio se desarrolló con dos objetivos fundamentales: el desarrollo de instrumentos y la elaboración de modelos de evaluación para la documentación de la efectividad de la psicoterapia. El estudio fue de carácter exploratorio sobre los factores asociados a la efectividad de la psicoterapia utilizando un método descriptivo. Un total de setenta y nueve personas que habían recibido servicios de psicoterapia aceptaron participar en el estudio para evaluar la psicoterapia completando un cuestionario extenso que incluyó información demográfica sobre el proceso de la psicoterapia y los resultados de la misma en torno al problema presentado. Los resultados apuntan hacia varios factores asociados a la efectividad. Mayor severidad sintomatológica, mayor edad, más número de sesiones y una mejor alianza, estaban asociados a mayor efectividad de la psicoterapia. Sobre dos terceras partes de la clientela informó un cambio confiable en torno al problema que le motivó a solicitar ayuda, un 60% indicó haberse beneficiado moderadamente o más del tratamiento y sobre el 60% informó satisfacción en torno al tratamiento. Estos por cientos son similares a otros informados en la literatura (Beutler & Crago, 1991; Luborsky, Auerback, Chritscristoph, Mints, 1988; Howard, Kopta, Krause & Orlinsky, 1986; Strupp, Wallach & Wogan, 1964). También, los resultados indican que la alianza psicoterapéutica es el factor que explica un 48% de la variabilidad en relación a la efectividad. Este hallazgo sugiere que la relación psicoterapéutica debe ser objeto de mayor estudio en las investigaciones de efectividad porque tiene implicaciones para la práctica clínica como para el adiestramiento de psicoterapeutas. Los hallazgos apuntan hacia la necesidad de evaluar fortalezas y debilidades en la alianza terapéutica en distintos momentos o etapas de un tratamiento atendiendo a elementos fundamentales de la relación de terapia como la confianza, el apoyo, las tareas compartidas y las metas, entre otros. Es altamente probable que la atención a estos asuntos aumenten la probabilidad de resultados beneficiosos en la psicoterapia. Una forma de fortalecer aspectos básicos de la psicoterapia es mediante la incorporación de elementos de sensibilidad cultural como parte del tratamiento mismo considerando el idioma, las personas, las metáforas, el contenido, los conceptos, metas, métodos y el contexto específico del grupo en cuestión.

El enlace en la psicoterapia, o la relación con el terapeuta desde la óptica del o la cliente, puede ser determinante para un rendimiento efectivo. Por otro lado, encontramos un 52% de la variabilidad de la efectividad no explicada o que desconocemos su origen. Futuros estudios deben encaminarse a explorar otros factores no contemplados en esta investigación y a utilizar diseños prospectivos.

El estudio antes mencionado tiene implicaciones para el diseño de estudios de psicoterapia en escenarios clínicos de escasos recursos. Primero el diseño del estudio evaluó un tratamiento como se ofrece en su actualidad en un escenario de adiestramiento clínico. En este sentido, el tratamiento, como tal, no fue uno desarrollado por los y las investigadores, si no que éste fue el tratamiento que se ofrece en su forma natural en un momento determinado. Este diseño pudiera ser de gran utilidad en clínicas de salud mental u otros centros de servicios que interesen evaluar los resultados del servicio psicoterapéutico que ofrecen. También el diseño parte de la óptica del cliente. El criterio básico para determinar rendimiento efectivo es desde la perspectiva de la persona que recibe los servicios de psicoterapia. El diseño de la investigación utilizó una metodología alterna incorporando datos retrospectivos con datos del expediente de la clientela. A pesar que los informes retrospectivos han sido criticados, en la ausencia de ensayos clínicos, éste puede ser un método que adelante nuestro conocimiento. Finalmente, una de las características más importantes del estudio fue que el mismo se realizó sin fondos externos para la investigación y con sólo un mínimo de recursos económicos. El estudio contó con el apoyo de los Fondos

Institucionales Para la Investigación del Decanato de Estudios Graduados e Investigación de la Universidad de Puerto Rico Recinto de Río Piedras, por un período de tres años para el pago de un asistente de investigación. Otros asistentes de investigación procedían de prácticas o tesis para su grado en el bachillerato o en estudios graduados. En fin, los recurso económicos fueron modestos y en parte esa limitación es su fortaleza principal. El diseño sirve como un modelo de evaluación de rendimiento efectivo para clínicas o centros de servicios de salud mental que enfrentan limitaciones presupuestarias.

Uno de los retos más difíciles que enfrentamos en los estudios de evaluación de programas de rendimiento efectivo, o para lanzar estudios de efectividad en nuestro entorno es la carencia de instrumentos adecuados para evaluar la efectividad. En los capítulos 5, 6, 7 y 8 expusimos una línea de trabajo paralelo en torno al desarrollo, traducción y adaptación de instrumentos que respondan a nuestro contexto para su uso en estudios de efectividad. En dichos capítulos expusimos información detallada sobre instrumentos que pretenden evaluar la alianza psicoterapéutica, la sintomatología depresiva en adultos, sintomatología depresiva en niños y niñas y la lista de cotejo de síntomas, entre otros. En el caso de los instrumentos adaptados y traducidos, podemos concluir que dichos instrumentos guardan equivalencia semántica, temática, técnica, conceptual, de contenido y estructural a las versiones originales. También, es importante señalar que todos los instrumentos utilizados poseen buenas propiedades psicométricas (como índices de confiabilidad interna) en la población estudiada. Estos instrumentos por un lado sirven de ejemplo de cómo iniciar trabajos sobre las propiedades psicométricas de instrumentos para evaluar efectividad. Por otro lado, los mismos representan un paso preliminar pero firme hacia el reto de contar con medidas válidas y confiables para las poblaciones con las que trabajamos.

Contribuciones de la investigación psicoterapeutica

Son muchas las contribuciones de la investigación psicoterapéutica al campo. En primer lugar, una contribución ha sido el fundamentar empíricamente que la psicoterapia es beneficiosa. Como hemos señalado anteriormente, del campo de la investigación psicoterapéutica podemos concluir que recibir terapia cuando se necesita es mejor que no recibirla. Esta aseveración que puede interpretarse como simplista no es nada trivial. Las implicaciones son trascendentales para el sistema de salud. A base de lo expuesto anteriormente, podemos afirmar que un tratamiento psicosocial en términos generales va a producir efectos positivos cuando se compara con las personas que no reciben tratamiento para una condición determinada. Por otro lado, también sabemos que algunos tratamientos para ciertas condiciones son sumamente beneficiosos (por ejemplo: la terapia cognitiva-conductual, la psicoterapia interpersonal para la depresión, la terapia cognitiva-conductual para la ansiedad, entre otras). Otro efecto positivo de estas investigaciones es que ha estimulado la producción de manuales y protocolos específicos para el tratamiento de distintos trastornos. Dichos manuales representan un valioso recurso para la práctica clínica, la docencia y la investigación.

A pesar de que ya contamos con una gama de tratamientos con una base empírica demostrada se hace difícil evidenciar que un determinado tratamiento es mejor o superior a otro tratamiento. De hecho existe ya un cuerpo de información, a base de los estudios de eficacia, que apuntan hacia la efectividad de tratamientos farmacológicos y psicológicos para la depresión. La eficacia de estos tratamientos, que parten de supuestos tan distintos, retan los modelos en los cuales dichos tratamientos están basados (Free y Oei, 1989). Por lo tanto, entre las contribuciones más importantes está la construcción y transformación de teorías de psicoterapia, tanto en torno a la validez del modelo implícito conceptual, como en la construcción de modelos de corte integrador o meta-teóricos. A continuación presentamos tres instancias de aportaciones a la construcción teórica que surgen de la investigación.

Procesos lineales, separados y circulares.

Los modelos de psicoterapia como el cognitivo-conductual o el interpersonal para la depresión, parten del supuesto que la persona con depresión se alivia al recibir intervenciones psicoterapéuticas interpersonales o cognoscitivas (Nathan y Gorman, 1998). Si se logra cambiar la manera de pensar o si se cambian la ideas disfuncionales, la depresión se reduce. Si se interviene en los conflictos interpersonales, la depresión disminuye. Los modelos biológicos para la depresión postulan que es necesario intervenir a nivel fisiológico para que la depresión se reduzca (Nemeroff y Schatzberg, 1998). Hay varias hipótesis de corte biológico basadas en el supuesto del funcionamiento de distintos neurotransmisores y su relación con los estados de ánimo. Los tratamientos farmacológicos más comunes para la depresión utilizan los antidepresivos tricíclicos, los inhibidores de la reabsorbción de la serotonina y los inhibidores MAO. Por ende, ambos modelos postulan procesos lineales y separados, es decir, lo biológico y lo psicológico se consideran independientes. De lo anterior se desprende que la mayoría de los estudios de tratamientos para la depresión se basan en modelos conceptuales que a su vez se fundamentan en el supuesto cartesiano de mente y cuerpo. Se presupone que existen eventos de índole psicológico y otros puramente fisiológicos vinculados a la depresión (Lewis, 1990).

Sin embargo, la evidencia de los estudios de eficacia para la depresión mayor retan la conceptualización de dichos modelos (Free & Oei, 1989). Tras una evaluación crítica y abarcadora de la literatura, estos autores indican, que aún partiendo de la posición mas conservadora, a base de la literatura se puede concluir lo siguiente: 1) los tratamientos farmacológicos y psicológicos para la depresión mayor son clínicamente efectivos, según instrumentos que miden severidad de síntomas de depresión; 2) una variedad de medidas de rendimiento muestran resultados equivalentes para los tratamientos psicológicos cuando se comparan con los farmacológicos; 3) hay una tendencia que favorece la superioridad de un tratamiento combinado (farmacológico y psicológico) sobre un solo tipo de tratamiento (Free & Oei, 1989). ¿Cómo entonces pueden modelos tan disímiles explicar estos hallazgos? Dicho de otra manera, ¿cómo es posible que a partir de terapias con supuestos teóricos totalmente distintos (fisiológicos, cognoscitivos e interpersonales) y que plantean mecanismos de cambio en dimensiones conceptualizadas como casi opuestas (mente y cuerpo) tengan igual eficacia? El resultado de este conjunto de investigaciones sugiere que hay varias vías para llegar a Roma y que tenemos que realizar una evaluación crítica de los modelos, conceptos y procesos involucrados en dichos tratamientos a base de la evidencia empírica.

Aquí encontramos otra de las grandes contribuciones de la investigación al campo. Las concepciones relativamente sencillas de procesos de cambio independientes o separados no se sostienen ante los resultados positivos de los estudios de eficacia para la depresión mayor (Elkin, in-colaboradores, 1989). Es probable que estos resultados sean sólo un aviso inicial y que muy posiblemente encontremos resultados muy similares en otras condiciones. La evidencia es suficientemente contundente para que comencemos a explorar modelos que postulen procesos más complejos y dinámicos como los interaccionales, circulares y dialécticos.

Modelos meta-teóricos

Otro aporte a la construcción de modelos es el planteamiento de modelos genéricos, meta-teóricos (Orlinsky y Howard, 1996) y transteóricos de la psicoterapia (Prochaska, DiClemente y Norcross, 1992). Estos acercamientos están menos enfocados en una teoría particular y plantean una alternativa que permite una integración entre módulos terapéuticos a un nivel de abstracción superior. El módulo genérico enfoca las características esenciales compartidas mientras que el meta-teórico enfatiza los procesos de cambio. A continuación destacaremos dos ejemplos de acercamientos integradores a la psicoterapia.

Orilinsky y Howard (1996) presentan un acercamiento "investigativo" a la teoría de psicoterapia fundamentada en mas de 2,300 investigaciones de proceso y rendimiento efectivo de la psicoterapia. Una teoría de corte investigativo de la psicoterapia tiene el propósito de guiar a los y las investigadores a realizar estudios controlados sobre el tema de interés, proveer un esquema conceptual para definir variables y procesos y sugerir hipótesis sobre las relaciones entre variables para guiar el diseño de nuevos estudios. Este tipo de modelo se nutre de teorías de corte clínico de la psicoterapia (psicoanalítica, dinámica, interpersonal, cognitiva, conductual, y experiencial o humanista, entre otras). De hecho, Orlinsky y Howard (1996) sugieren que las teorías investigativas de psicoterapia incorporan las teorías de corte clínico a un nivel superior de abstracción al ser estas incluidas como parte del modelo (variable del modelo de tratamiento del terapeuta).

El modelo genérico lo representan Orlinsky y Howard (1996) como un flujograma con tres niveles: insumo, proceso y resultado. En el nivel de insumo, considera los requisitos para participar o iniciar un tratamiento. Requiere un paciente, un terapeuta y un sistema de salud, sea éste público o privado. Estas son condiciones necesarias, pero no suficientes para que se dé el proceso psicoterapéutico. El segundo nivel, el de proceso, conlleva seis componentes. 1. *El contrato terapéutico* establece las metas y roles entre el paciente y el terapeuta y formaliza el contrato terapéutico; como frecuencia y duración de sesiones, entre otros aspectos del tratamiento. 2. Las *operaciones terapéuticas* son las acciones entre el paciente y el terapeuta como: la información presentada por el paciente (verbal o no verbal; la evaluación experta del terapeuta; la intervención técnica más indicada a la luz de las necesidades del cliente; y la cooperación complementaria del paciente). 3. El *enlace o vínculo terapéutico* se refiere a la relación interpersonal entre el terapeuta y paciente. La calidad de este vínculo se puede manifestar como una relación de trabajo en equipo o como una relación de confianza entre paciente y terapeuta. 4. La *auto relación* se refiere a procesos intrapersonales del paciente. Es decir, el aspecto de cómo las personas responden a sí mismas al momento de lidiar o responder ante otros, otras situaciones, o eventos a su alrededor. 5. El *impacto de las sesiones* son momentos (positivos o negativos) durante las sesiones como la introvisión (insight), catarsis o desahogo, remoralización, o comprensión del cliente de su proceso. 6. La *secuencia de eventos durante las sesiones y fases del tratamiento* representa el último componente. Este se refiere al hilo conductor del proceso que hilvana sesiones de la terapia formando etapas vinculadas con otros aspectos del tratamiento. El tercer y último nivel es el de resultado. Este último nivel se refiere al rendimiento efectivo dentro de una sesión o de un conjunto de sesiones.

El estudio de efectividad presentado en el capítulo 4 sirve de ejemplo para examinar cómo este modelo genérico nos sirve de guía al construir nuevas investigaciones. Primero, al nivel de insumo (input), se consideraron variables sociales y demográficas relacionadas a la clientela (como género, edad, severidad sintomatológica, entre otras) pero no fueron consideradas variables relacionadas a el o la terapeuta. Estas variables, incluyendo el modelo teórico particular del terapeuta, no fueron partes del estudio y deberían ser consideradas en futuras investigaciones. En el nivel de proceso, según Orlinsky y Howard (1996), el estudio sólo consideró uno de seis componentes, a saber, la alianza terapéutica. En el tercer y último nivel, el de rendimiento o resultado (outcome), se tomó en consideración la evaluación retrospectiva de la clientela. De haber contado con datos prospectivos, la evaluación de efectividad hubiera sido más convincente. Como podemos apreciar, el esquema de Orlinsky y Howard (1996) apunta a la consideración de variables y procesos que enriquecen la pregunta de investigación y por ende sirve de recurso para la misma así como para elaborar y refinar teorías de psicoterapia de corte clínico. Como bien señalan los autores, el modelo genérico también ayuda a identificar las características que distintas teorías de psicoterapia comparten.

Búsqueda de factores comunes

Si bien Orlinsky y Howard (1996) construyeron su modelo a base de examinar las teorías de corte clínico y la literatura sobre la investigación psicoterapéutica para entonces extraer la esencia de un modelo genérico, Prochaska y colaboradores (Prochaska, DiClemente, & Norcross, 1992) enfocan su trabajo hacia un teoría "transteórica"; es decir un modelo que pretende integrar elementos de varias teorías partiendo de un nivel de abstracción más sencillo. Una forma de afrontar el problema de la diversidad en teorías y acercamientos psicoterapeuticos es estableciendo una separación en torno al nivel de abstracción entre la teoría misma y el mecanismo de cambio implícito o explícito de la teoría. El acercamiento teórico es un nivel alto de abstracción, mientras que el principio de cambio y el de la estrategia o técnica de cambio representan niveles menores de abstracción. Si en el campo de las teóricas de psicoterapia y de la investigación de la psicoterapiano se puede llegar a un consenso, es posible que encontremos puntos de convergencia en niveles menores de abstracción como es el de los mecanismos o procesos de cambio. Prochaska y colaboradores han identificado 10 procesos distintos de cambio (Prochaska, Velicer, DiClemente, & Fava, 1988) y sobre 200 técnicas terapéuticas. Sin embargo, este conjunto de técnicas y estrategias puede ser reducido a un conjunto menor de procesos. De hecho, estos elementos de cambio fueron parte de un estudio comparativo de las teorías de psicoterapia (Prochaska, 1979). A base de investigaciones los autores han identificado 10 procesos: 1. *Desarrollo de consciencia* (aumentar información sobre uno mismo - reflexión, observación, confrontación, interpretación, entre otras). 2. *Auto-evaluación* (evaluación de cómo uno se siente y piensa sobre uno mismo en relación a los problemas - incluye clarificación de valores, reflexiones, imaginación, experiencia emocional correctiva); 3. *Alivio dramático* (experimentar y expresar sentimientos sobre problemas y soluciones - catarsis, psicodrama, duelo de pérdidas, juego de roles). 4. *Re-evaluación del medioambiente* (evaluación de cómo el medio ambiente afecta el ámbito social – toma de perspectiva, adiestramiento empático, entre otros). Estos primeros tres procesos de cambio se asocian más a las terapias orientadas a la introspección. 5. *Contra-condicionamiento* (substituir conductas problemáticas por alternas– relajación, desensibilización, asertividad, reto cognitivo). 6. *Control del estímulo* (evadiendo o contrarrestando estímulos asociados a conductas problemáticas – reestructuración del medioambiente, evadir señales de alto riesgo, entre otras técnicas). 7. *Manejo de contingencias* (recompensar o castigarse a uno mismo o a otros/as por hacer cambios – contratos de contingencias, refuerzo directo o imaginario, auto-refuerzo, castigo). Estas categorías de procesos de cambio están mas asociadas a terapias de corte conductual o focalizadas en la conducta. 8. *Relación de ayuda* (confianza y honestidad sobre los problemas con alguien que esté interesado – alianza terapéutica, apoyo social). 9. *Auto-liberación* (decisión a favor del cambio y compromiso con uno/a mismo/a – toma de decisiones, apoyo, técnicas de logoterapia, técnicas de fortalecer el compromiso). Éstas últimos dos se encuentran en todas las modalidades de la psicoterapia. 10. *Liberación social* (aumentar alternativas para que conductas problemáticas no estén disponibles en la sociedad – defensa de los derechos de sectores oprimidos, apoderamiento o "empowering" e intervenciones en la política pública). Este último proceso se encuentra en pocos acercamientos terapéuticos.

Estos procesos de cambio se pueden representar en una dimensión temporal, es decir en fases de cambio. Prochaska, DiClemente y Norcross (1992) identificaron seis fases (precontemplación, contemplación, preparación, acción, mantenimiento y terminación) como parte de su modelo transteórico. Dichas fases pueden servir de recurso para identificar el proceso en el que se encuentra una persona y de esta manera orientar el tratamiento según la etapa particular. En la fase de **precontemplación** se encuentran personas que no tienen ninguna intención de tomar una acción en el futuro cercano sobre una conducta problemática o de alto riesgo. Otras personas en esta fase puede que no estén muy bien informadas o sencillamente desconozcan sobre las consecuencias de su conducta sintomatológica o de alto riesgo. Más aún, otras personas pueden haber tratado de cambiar muchas veces pero se han desmoralizado con las dificultades relacionadas al cambio. El denominador común entre estas personas es que evitan leer, pensar o hablar sobre su conducta problemática o de alto riesgo. Las teorías convencionales de psicoterapia utilizan el concepto de "resistencia" para describir a las personas con poca motivación o no preparadas para el cambio que ubicaríamos en esta fase.

En la fase de **contemplación** ya la persona tiene la intención o piensa tomar pasos concretos hacia algún cambio específico en el futuro cercano (seis meses). Estas personas están conscientes de que existe un problema, están considerando seriamente cómo enfrentar el problema, pero aún no se han comprometido con un plan de acción particular pues están reflexionando sobre las desventajas de cambiar. En ese sentido, estas personas experimentan una gran ambivalencia en relación al cambio y suelen posponer tomar acción concreta. Iniciar el proceso de la próxima fase de **preparación** es gradual. Aquí las personas planifican tomar un conjunto de acciones determinadas (dentro del plazo de un mes) y usualmente ya tienen un plan de acción o se han comprometido con el mismo. La fase de **acción** se refiere al periodo cuando ya la persona ha realizado unos cambios concretos en su estilo de vida durante los últimos 6 meses. Esto implica un cambio en la conducta problemática o de alto riesgo que cumpla con criterios determinados. En la fase de **mantenimiento** la persona trabaja para prevenir recaídas y mantener los logros alcanzados. Finalmente, la **terminación** implica que la persona ya cuenta con un alto grado de seguridad o autoeficacia en situaciones de alto estrés que le permiten separar las conductas problemáticas o de alto riesgo (Prochaska, DiClemente y Norcross, 1992).

El planteamiento de Prochaska y colaboradores sirve de ejemplo para identificar procesos comunes que nos permitan la construcción de modelos teóricos integrativos más focalizados en los procesos que dichos modelos tienen en común y menos en las diferencias. Las teorías de psicoterapia (psicoanalítica, experiencial, humanista, conductual, cognoscitiva, entre otras) plantean procesos de cambio que supuestamente están unos en contradicción con los otros. Sin embargo, estos procesos de cambio que se supone están en oposición, pueden ocurrir simultáneamente en la persona en diferentes niveles y aspectos de su proceso de cambio. Conceptualizarlos de esta forma puede ayudarnos a elaborar modelos integrativos y evolutivos sobre el cambio terapéutico. Como plantean los autores, los procesos de cambio usualmente asociados a los modelos de corte psicoanalítico, humanista-experiencial, o centrado en el cliente tienden a ser mas útiles durante la fase de preparación. Los procesos usualmente asociados a las terapias de corte cognoscitivo o conductual tienden a ser de mayor utilidad durante las fases de acción, mantenimiento y terminación.

El campo necesita modelos que nos orienten a trabajar con las personas en distintos momentos de su proceso o disposición al cambio. Como señalamos anteriormente, contamos con un cuerpo de información sobre tratamientos eficaces para una gama de problemas y trastornos para personas que están en búsqueda de ayuda. Siguiendo el modelo de Prochaska, DiClemente y Norcross (1992), dichos estudios de eficacia y de efectividad son aplicables y generalizables al sector de personas que se encuentran en la fases de preparación, acción, mantenimiento y terminación. Sin embargo, sabemos muy poco sobre personas que no están buscando ayuda activamente o que se encuentran en la etapa de pre-contemplación y contemplación. Desgraciadamente, en demasiadas ocasiones se acude al concepto de resistencia para justificar el fracaso terapéutico. Tal vez, el problema no es sólo que el o la cliente carece de la motivación necesaria o que no está preparado para enfrentar un tratamiento. Es muy posible que las herramientas teóricas y prácticas con las que contamos no toman en consideración las necesidades de las personas que no están en una búsqueda activa de tratamiento. Es precisamente con este grupo de personas supuestamente "no motivadas" pero que sí tienen una sintomatología severa, que sufren de un trastorno o están en alto riesgo de sufrir un trastorno de salud mental, que enfrentamos el mayor reto al construir tratamientos, y diseñar y elaborar estudios de eficacia y efectividad.

Agenda de trabajo

En este libro hemos presentado lo que ha sido parte de nuestra agenda de trabajo sobre la efectividad de la psicoterapia durante los últimos 10 años. El estudio de efectividad realizado fue de carácter exploratorio para, en primer lugar, realizar una evaluación de los servicios psicológicos en un centro de adiestramiento de psicoterapeutas. En segundo lugar, para evaluar y desarrollar los instrumentos adecuados en este tipo de investigación. Nuestro interés fue el de hacer un trabajo de base preliminar con una serie de instrumentos para proceder a realizar investigaciones de efectividad y de eficacia de mayor alcance en el futuro.

Los estudios incluidos en este texto se realizaron en el Centro Universitario de Servicios y Estudios Psicológicos - (CUSEP), unidad de adiestramiento, servicios psicológicos, e investigación del Departamento de Psicología, Facultad de Ciencias Sociales, de la Universidad de Puerto Rico, Recinto de Río Piedras. Desde el momento en que comenzamos a trabajar en esta investigación, a evaluar instrumentos y producir la instrumentación necesaria para dicha evaluación, ya se han desarrollado una serie de otros estudios de efectividad, eficacia tanto en el área de salud mental, como para la depresión y el trastorno por déficit de atención y prevención del VIH. De cierta manera, los trabajos aquí expuestos sirvieron de experiencia para la elaboración de proyectos de mayor envergadura.

Antes de proceder a sugerencias en torno a una agenda de trabajo futura, es necesario comentar sobre la necesidad de contar con una infraestructura para la investigación. En nuestro caso, en la medida que desarrollamos el trabajo expuesto en estas páginas, paralelamente también colaboramos en desarrollar un escenario de trabajo como parte del CUSEP. A continuación describimos algunos aspectos de este centro que fueron sumamente importantes en el respaldo de nuestra investigación.

El CUSEP es un centro dirigido a proveer experiencias prácticas que ayuden en la formación de psicólogos/as competentes. Este es un centro de práctica psicológica que integra la enseñanza, la clínica, la investigación y el servicio. Los objetivos específicos del CUSEP son: servir de centro de práctica psicológica e investigativa al estudiantado y a la facultad del Departamento de Psicología; servir a la comunidad universitaria como centro de servicios psicosociales, servir de modelo a otras dependencias del Gobierno, organizaciones privadas y comunitarias en la prestación de servicios y estudios psicológicos y servir a la comunidad en general como recurso para satisfacer necesidades de servicios psicológicos, y en la investigación.

Partiendo de estos objetivos se desarrolla una unidad de investigación con la misión de promover, apoyar y desarrollar una investigación biopsicosocial de calidad para generar y difundir conocimiento y formar investigadores/ras responsables que respondan a las necesidades del país. La función principal de dicha unidad es el adiestramiento de estudiantes y el facilitar el desarrollo de la facultad en la investigación. Por lo tanto, el CUSEP apoya una serie de proyectos encaminados al estudio de áreas específicas en la investigación psicológica y provee una infraestructura de respaldo a dichos estudios en áreas pertinentes a las Ciencias Sociales y la Educación.

Esta unidad de investigación se desarrolla con fondos externos gracias a las subvenciones de Instituto Nacional de Salud (NIH, por sus siglas en inglés) principalmente el Instituto Nacional de Salud Mental (NIMH por su siglas en inglés) que apoya a la facultad y al estudiantado en el desarrollo de proyectos de investigación. En la actualidad, hay varios proyectos de investigación y de adiestramiento en la investigación albergados en la unidad de investigación del CUSEP. Los dos principales programas de adiestramiento son el programa de *Career Opportunities in Research* y el *Latino Research Training in HIV-AIDS*, este último con fondos del *National Institute on Allergies and Infectuous Diseases* (NIAID del NIH). Existe otro programa para el desarrollo de la infraestructura para la Investigación (M-RISP por su siglas en inglés) que desde el 1995 agrupa a cinco proyectos de investigación. Todos los proyectos tratan temas relacionados al desarrollo, evaluación, efectividad de intervenciones de corte clínico o preventivo para trastornos de salud mental o conducta de alto riesgo del VIH-SIDA. Para más información sobre estos programas el lector puede comunicarse con la página de catálogo a la siguiente dirección: wwwcusep. upr. clu. edu

Con la organización de estos programas de investigación, la agrupación de investigadores e investigadoras trabajando temas similares ubicados en un mismo local, a la par con la construcción de estudios preliminares sobre instrumentos y tratamientos; cuenta con una masa crítica de personal capacitado para desarrollar nuevas avenidas de trabajo. Este equipo de facultad, estudiantado graduado y de bachillerato y personal no-docente constituye una comunidad de aprendizaje que por un lado se desarrolla como grupo e individuos y por el otro contribuye al conocimiento. Nuestro trabajo se desarrolla dentro de este contexto y representa sólo una vertiente dentro de varias líneas de trabajo.

Con esta contextualización de nuestro escenario de trabajo, pasamos a elaborar una agenda necesaria para la investigación psicoterapéutica. A continuación, se presentan recomendaciones para la academia, las clínicas de servicio y para futuras investigaciones.

Academia

• Aportes a la construcción de teorías

La academia debe darse a la tarea de cuestionar la importación acrítica de modelos eurocéntricos y norteamericanos y de desarrollar o adaptar modelos adecuados a la realidad puertorriqueña. Necesitamos contribuir al desarrollo teórico, empírico y práctico de la psicoterapia tomando en consideración la realidad cultural, lingüística y contextual puertorriqueña y latinoamericana. Por un lado, las teorías de psicoterapia no han sido desarrolladas tomando en cuenta las realidades de grupos particulares (Casas, 1995). Por otro lado, el cuerpo de información sobre la investigación psicoterapéutica no es muy sensible a las variedades culturales y lingüísticas. Por lo tanto, es una tarea urgente evaluar de manera crítica los acercamientos teóricos a la luz de la investigación y de la práctica, modificando modelos existentes o elaborando nuevos modelos viables y de utilidad clínica a nuestro contexto.

El desarrollo de la psicoterapia responde a su contexto y en Puerto Rico no podemos perder de vista la condición de un país coloniado y supeditado en su ámbito político, social y económico a los Estados Unidos. No podemos esperar que sea fácil el desarrollo de una psicoterapia autóctona que pueda responder a dicha realidad. Por ende, es de entenderse que al intentar rechazar los modelos norteamericanos algunos académicos hayan abrazado los modelos europeos. La búsqueda por un modelo crítico y autóctono no es fácil, pero algunos colegas han iniciado pasos importantes en esta dirección (Martínez -Taboas, 1990; Muñoz Vázquez y Fernández Bauzó, 1988; Rivera Ramos, 1984; Rodríguez Arocho, 1991; Ysern-Borrás 1984)

• Necesidad de trascender los debates en torno a las diferencias

Los debates en torno a qué modelo terapéutico es el mejor nos enfrascó en discusiones estériles. La investigación psicoterapéutica se encaminó por más de 30 años en esta pregunta. En nuestros escenarios académicos, esta pregunta se convierte en una determinada psicoterapia, como la psicoanalítica, es mejor que otra, como la cognoscitiva o conductual, o si la terapia sistémica es superior a la terapia individual, entre otras posibilidades. El debate debería de girar en torno a cómo se ayuda mejor a una persona que está sufriendo o en torno a qué herramientas conceptuales y prácticas aportan a mejorar su situación. El punto de convergencia de todo clínico es el interés por mejorar la condición de una persona, grupo, familia o comunidad. La búsqueda de los factores comunes y los mecanismos de cambio pueden ser puntos de convergencia entre los distintos modelos de psicoterapia para la construcción de modelos integrativos o por lo menos elaborar estrategias de acción. La exploración cuidadosa, seria y sistemática de estos puntos de convergencia nos llevaría a esbozar una psicoterapia más contextualizada, culturalmente apropiada y basada en la evidencia empírica.

• Incorporar los aportes de la investigación en cursos teóricos y prácticos

En los últimos 15 a 20 años la investigación psicoterapéutica ha producido una impresionante gama de tratamientos bien articulados. Ya contamos con manuales elaborados para condiciones particulares desde distintas orientaciones teóricas. La academia debe incorporar el uso de estos manuales en los cursos de prácticas como mínimo para informar al estudiantado y para que dichos manuales puedan ser objeto de estudio, crítica y evaluación. Por otro lado, el uso ciego de dichos manuales sería un error. Lo importante es el desarrollo de manuales autóctonos o la evaluación y adaptación de manuales existentes. De hecho, para el tratamiento de la depresión en adolescentes, ya contamos con manuales evaluados recientemente en Puerto Rico (Rosselló y Bernal, 1999). Concretamente, es indispensable enseñar lo que sabemos de los tratamientos que cuentan con verificación empírica en los programas graduados y dar mayor énfasis a la enseñanza de técnicas fundamentadas en la teoría, la práctica y en la investigación

También es necesaria la integración de la investigación en los cursos teóricos como los de teorías de personalidad, psicopatología y metodología, entre otros. Ya en la actualidad contamos con un cuerpo considerable de información importante y relevante. Las investigaciones que parten de distintos supuestos metodológicos tienen que formar parte de estos cursos que frecuentemente se quedan meramente en la elaboración teórica o la crítica teórica.

- ## Construcción de nuevos modelos y programas de tratamientos

Una aportación importante de la academia sería en el diseño de estudios de eficacia, efectividad y eficiencia de la práctica clínica (de los servicios que se proveen) y de diseminación de los hallazgos y logros. Especialmente necesitamos estudios que descompongan y desmantelen los elementos de programas de tratamiento para entender mejor los procesos de cambio en relación al rendimiento. También necesitamos desarrollar tratamientos eficaces para su uso en las comunidades y en este sentido necesitamos no sólo tratamientos de corte clínico, sino explorar aquellos que puedan tener implicaciones para la prevención de ciertas condiciones posiblemente utilizando la modalidad de los grupos de apoyo o de auto ayuda para esas personas que se encuentran en determinada etapa de cambio.

Necesitamos construir modelos de mayor complejidad teórica pero que puedan ser evaluados desde múltiples perspectivas metodológicas. Por ejemplo, como señalamos anteriormente, los modelos teóricos de terapia psicológica individual o farmacológica enfocados en un sólo proceso de cambio lineal no son respaldados por las investigaciones de eficacia. Este es el caso en los tratamientos para la depresión mayor pero es muy probable que esta incongruencia sea el caso para otros trastornos o condiciones. Es necesario ir más allá de los modelos que resaltan las diferencias y movernos hacia modelos que incorporan múltiples aspectos de las realidades terapéuticas que puedan explicar mejor los resultados tanto de los estudios cualitativos como los cuantitativos. Dicho de otra manera, necesitamos incorporar en los modelos teóricos formas de explicar las relaciones entre los conceptos y los procesos no lineales. La visión lineal de los procesos no se sostiene a base de las investigaciones actuales. Adelantos en las estadísticas avanzadas nos permite evaluar modelos de mayor complejidad desde una perspectiva cuantitativa. Igualmente, los modelos deben integrar la información aportada por la investigación cualitativa que sólo este tipo de investigación puede aportar. El comienzo con modelos sencillos es un buen inicio pero tenemos que plantearnos modelos teóricos de otro orden a tono con la complejidad del fenómeno bajo estudio.

• Colaboración entre, dentro y fuera de la academia

Una mayor colaboración entre las personas que laboran en centros académicos es necesaria. Aunar esfuerzos entre centros de investigación dentro de las universidades públicas y privadas, así como enlaces con centros de servicios como los de salud mental, es de vital importancia. La complejidad de la investigación contemporánea requiere equipos de trabajo de múltiples disciplinas que frecuentemente se encuentran en distintos centros académicos. Necesitamos respaldar una mayor colaboración entre estos centros para fomentar la posibilidad de proyectos conjuntos más complejos para contribuir al conocimiento. Ya se han tomado algunos pasos en esta dirección en torno a la investigación sobre la efectividad de los servicios de salud mental. El programa conocido como el *Latino Research Program Project* – (LRPP) bajo la dirección de la Dra. Margarita Alegría de la Escuela de Salud Pública de la Universidad de Puerto Rico, Recinto de Ciencias Médicas, agrupa parte del personal de tres centros de investigación en Puerto Rico. Dos de estos centros están en el Recinto de Ciencias Médicas (Centro de Investigación Sociomédica y el Instituto de Investigación de Ciencias de la Conducta) y el tercero en el Recinto de Río Piedras (Centro Universitario de Servicios y Estudios Psicológicos). El LRPP también se nutre de vínculos estrechos con varios equipos, de trabajo en universidades fuera de Puerto Rico que investigan como mejorar los servicios de salud mental para grupos de origen latinoamericano.

Además de la colaboración entre unidades académicas, necesitamos mayor colaboración entre organizaciones que ofrecen servicios de salud y las unidades académicas. En este caso, históricamente la tensión frecuentemente se centra en el reclamo de las organizaciones de servicios que la academia utiliza para sus propósitos investigativos y no contribuye a la demanda de servicios enfrentados por dichas organizaciones. Por otro lado, una evaluación de los servicios por personas que forman parte de un centro determinado puede poner en juego la propia existencia de éste si los resultados no son favorables. En una atmósfera altamente politizada por los recursos para la salud en general y la salud mental, llevar a cabo estudios encaminados a mejorar los servicios de salud mental requieren colaboración basada en la confianza.

• Diseminación: La entrega de la información sobre la psicoterapia al pueblo

Otra tarea urgente es poner al alcance del público la información disponible sobre programas de tratamiento ya bien sean estos de corte clínico o preventivo. Tenemos que emular el llamado de George Miller (1969) (de la psicología de comunidad) en su reto a la disciplina de entregarle la psicología al pueblo ("giving psychology away") que no es otra cosa que poner a la disponibilidad del público lo que sabemos de la psicología. Con los adelantos de la informática ahora, se posibilita el acceso mediante las páginas de catálogo electrónicas para algunos sectores de la población. Contamos con información valiosa sobre instrumentos para evaluar efectividad y eficacia. Necesitamos trasladar los tratamientos (clínicos y preventivos) que se han encontrado eficaces (escenarios de clínicas universitarias) a escenarios del llamado "mundo real", es decir, las clínicas de salud, tanto del sector privado como las del sector público, para poner a prueba estos tratamientos con diversas poblaciones. Otra aportación importante es la diseminación de modelos para evaluar efectividad, eficacia y eficiencia de los servicios de salud.

La academia puede aportar a establecer foros abiertos en la comunidad. Una posibilidad sería ofrecer conferencias de casos en determinados centros en colaboración con las universidades abiertas al público . Otros foros pueden ser conferencias sobre lo que funciona de la psicoterapia con énfasis en los factores comunes de los distintos tratamientos o conferencias sobre el uso y desarrollo de instrumentos. Por otro lado, foros de adiestramiento en torno a tratamientos bien elaborados, como algunos manuales de psicoterapia, que serían de gran valor y adelantaría la agenda de entregarle la psicología al pueblo.

Las clínicas de servicio

- **Disponibilidad par incorporar esquemas de evaluación como parte del servicio**

La clínicas de servicio necesitan ubicarse en una posición que les permita evaluar el servicio que ofrecen y organizarse en esa dirección. Por ejemplo, un primer paso podría ser incorporar el uso de instrumentos de evaluación preliminar de toda la clientela que acuda al servicio de manera que sea posible generar un perfil demográfico y sintomatológico de la clientela. Aún mejor sería administrar los mismos instrumentos al inicio y al finalizar el tratamiento. Esto permitiría una evaluación rudimentaria, pero fundamental en la evaluación. De la misma manera, sería deseable tener alguna información sobre la persona que provee los servicios e información sobre la duración y las características de los servicios. También, el uso de sistemas diagnósticos con demostrada validez y confiabilidad para evaluar cuadros clínicos junto al perfil de la clientela sería de gran utilidad para poder relacionar patrones del uso de servicios con cuadros clínicos o a cierta configuración sintomatológica. Esta información permitiría construir un modelo de evaluación parecido al que presentamos en el Capítulo 4. Claramente, existen muchos obstáculos para establecer cualquier tipo de evaluación. Sin embargo, entendemos que los costos serían mínimos y que los beneficios redundarían favorablemente en la calidad de los servicios.

• Vinculación con centros académicos

La vinculación con centros académicos representa un valioso recurso aún si la clínica de servicios cuenta con personal capacitado para los propósitos de evaluación e investigación. Enlaces con centros académicos pudiera aportar al análisis e interpretación de datos cualitativos o cuantitativos en torno a la sintomatología u otras características del cuadro clínico. Estos enlaces pueden fortalecer los servicios ofrecidos mediante adiestramientos a los y las proveedores/as de servicios y probablemente mejoraría la calidad de los servicios. La vinculación con centros académicos también aportaría a la posibilidad de establecer una mayor participación en investigaciones orientadas a la evaluación de la efectividad. Estos vínculos pueden sentar las bases para que el personal de las clínicas de servicios participen en investigaciones como parte de los equipos de investigación y como co-investigadores. Por otro lado, los centros ofrecerían a la academia mantenerse al día sobre las poblaciones a las que sirve. Estas alianzas son fundamentales para poder realizar estudios de envergadura que adelanten el conocimiento.

• Observación, documentación y evaluación de tratamientos

Muchas clínicas en Puerto Rico y otras que trabajan con poblaciones de origen latinoamericano en los Estados Unidos ya han desarrollado una rica experiencia en el tratamiento de diversas condiciones. Algunos programas han desarrollado tratamientos particulares, específicos y bien elaborados. Esto se evidencia en la literatura sobre estudios de casos y descripciones de tratamientos particulares (Capítulos 2 y 3). Sin embargo, se necesita una buena documentación sobre las observaciones realizadas y evaluación de intervenciones particulares. Este tipo de documentación sería una aportación al campo en la medida en que construimos programas de tratamiento, guías y manuales autóctonos.

Por otro lado, de lo expuesto en este texto se desprende que el personal de las clínicas de servicio también debe considerar el uso de manuales, protocolos y guías de tratamientos ya desarrollados para condiciones particulares. ¡No es necesario volver a inventar la rueda! En la ausencia de tratamientos existentes, es necesario evaluar qué funciona, cómo funciona un tratamiento y para qué condición en nuestro contexto. Esta evaluación la podemos hacer a distintos niveles. Un nivel es el individual; en una clínica determinada entre un paciente y un terapeuta. Mediante una serie de estudios de casos se puede evaluar y modificar el tratamiento. De esta manera, desarrollar experiencias de casos que se pueden ir agrupando para un análisis de un conjunto de casos. Si esta información se recoge y se evalúa de forma sistemática se estaría contribuyendo a la elaboración de tratamientos apropiados a nuestro entorno y por ende a la construcción teórica.

- **Necesidad de trascender posiciones polarizadoras**

Al igual que en la academia, en las clínicas de servicio se enfrentan tensiones que a veces se polarizan entre "la academia" y la "comunidad", o entre personas más orientadas al servicio y otras más orientadas a la investigación y evaluación. Es necesario ir mas allá de posiciones que resaltan las diferencias y minimizan los denominadores comunes y movernos hacia una buena colaboración en búsqueda de mejorar los servicios de salud y aportar al conocimiento sobre los mismos.

La Investigación

- ### Acercamiento multi-factorial, multi-disciplinario

Necesitamos desarrollar nuevos acercamientos a la investigación que tomen en consideración la complejidad de los procesos de cambio personal o individual, familiar, comunitario y social. Para esto la investigación necesita hacer uso de modelos de mayor complejidad que tomen en consideración múltiples procesos y factores así como de distintas perspectivas disciplinarias. La configuración de equipos con miembros de distintas disciplinas como la psicología, psiquiatría, economía, sociología, epidemiología, biología, pediatría, salud pública, estadística y trabajo social, entre otras, enriquece la investigación y aportaría a la búsqueda de tratamientos preventivos y clínicos para los problemas de la sociedad contemporánea (trastornos de salud mental, abuso de substancias, violencia, etc.).

- ### Pluralidad metodológica

La apertura tanto a los métodos cualitativos, como cuantitativos y el uso de múltiples métodos de forma integrada y que se acoplen a contestar la pregunta de investigación será fundamental para adelantar el campo. Se requiere una orientación pluralista que haga buen uso de estrategias tan diversas como la del estudio de casos, la observación y documentación cuidadosa, los estudios de corte experimental y hasta modelos matemáticos complejos multifactoriales como las ecuaciones estructurales. Señalamos anteriormente un marco conceptual para la integración de dos acercamientos en la investigación que frecuentemente se consideran opuestos: la orientación al descubrimiento y orientación a la búsqueda de hipótesis. Estas orientaciones ofrecen información valiosa sobre el fenómeno bajo estudio y deben integrarse en la futuras investigaciones. Anteriormente, hemos señalado que a partir de cómo investigamos y cómo formulemos las preguntas es que vamos a contestar las mismas. En el segundo capítulo, argumentamos a favor de la necesidad de una trayectoria de trabajo integrativo que incluya diversos acercamientos metodológicos.

• Modelo de investigación basado en la colaboración

Ya hemos mencionado la necesidad de establecer vínculos de colaboración entre la academia y las clínicas de servicios. Al plantear la necesidad de un acercamiento multidisciplinario, multifactorial, y multimétodo se hace evidente que el modelo de la persona investigando de manera aislada; ya bien sea en su oficina, consultorio, o laboratorio; no responde a las nuevas exigencias. Esto requiere un cambio de paradigma en la forma de investigar. Dicho paradigma estaría menos centrado en una persona y más orientado en el trabajo en equipo.

El establecer alianzas con otras disciplinas (por ejemplo, psiquiatría, economía y trabajo social) requiere ir mas allá de las fronteras departamentales; de las facultades, los recintos y los centros de investigación en distintas instituciones (privadas y públicas) tanto dentro como fuera de Puerto Rico. La colaboración con las clínicas de servicio, entre la academia y los centros de investigación redundaría en estudios sobre los servicios de salud, entre ellos los tratamientos psicoterapéuticos, de gran aportación a la sociedad y al adelanto del conocimiento en esta área.

• Estudios de efectividad, eficacia, eficiencia, y diseminación

Es necesario realizar más investigaciones de efectividad, eficacia y diseminación en poblaciones de diversidad lingüística, económica, cultural y social. Son relativamente pocas las investigaciones de efectividad y eficacia que se han realizado con dichos sectores. Necesitamos estudios de eficacia con validez y confiabilidad para los nuevos tratamientos psicológicos.

En torno a los estudios de efectividad, se necesita encaminar futuros esfuerzos hacia el estudio de los elementos o factores que hacen más efectivas las psicoterapias existentes. En este sentido, se necesita una mejor documentación sobre las características de la clientela y de los y las terapeutas (o proveedores de servicios), elementos del contexto social y cultural que se imparte el tratamiento, de las condiciones del sistema de salud donde está insertado el tratamiento, de las características del propio trastorno que influyen el rendimiento efectivo, entre otros factores. Mejor información sobre la relación entre estas variables aportaría a mejorar la efectividad y calidad del tratamiento.

También, se necesita estudios de eficacia y de efectividad para el tratamiento de condiciones con una mayor tasa de prevalencia como los trastornos de conducta, desafiante-oposicional, déficit de atención en la niñez, abuso de substancia (farmacodepencia, alcoholismo), depresión y ansiedad en adultos.

Otra ruta importante de trabajo es con el sector de la población que no está activamente buscando tratamiento pero que está en alto riesgo para un trastorno o incurre en una conducta de alto riesgo. Es con este grupo de personas supuestamente "no motivadas" pero que sufren una sintomatología severa para quienes es prioritario construir intervenciones preventivas y diseñar tratamientos eficaces. El trabajo con este sector es un verdadero reto para el campo.

• Procesos comunes y similitudes

En los estudios de efectividad y eficacia se necesita más orientación hacia los tratamientos y procesos compartidos por las distintas terapias. ¿Qué elementos comparten los tratamientos planteados como supuestamente en contraposición? Los procesos de fases, las etapas en la predisposición, al cambio, las acciones particulares de el o la terapeuta y cliente en psicoterapia, entre otros aspectos, representan áreas de trabajo que muy probablemente aportarían al conocimiento sobre la psicoterapia.

- **Estudios de costo efectividad y del costo de no recibir tratamiento**

La evaluación del costo y efectividad, tanto como el costo de no recibir tratamiento, tienen que entrar en el diseño para futuras investigaciones. La base económica de la psicoterapia está cambiando rápidamente con la reforma de salud y el cuido manejado. Anteriormente el modelo económico de la psicoterapia era basado en pago por servicios. Ahora, con la introducción de un sistema de cuido manejado o coordinado surge el debate sobre el costo de la psicoterapia y si éste servicio es un derecho o un privilegio del que lo pueda pagar. La psicoterapia es un servicio, (Consumer Reports, 1995) (Lipsey y Wilson, 1993), es de vital importancia plantear el costo y las consecuencias de este servicio a las personas que lo necesitan.

Conclusión

La agenda futura de la investigación sobre la psicoterapia necesita moverse hacia una mayor colaboración entre sectores de la academia, las clínicas de servicio y la investigación. Una mayor colaboración entre estos sectores aportaría a la construcción teórica y al desarrollo de nuevos modelos y programas de tratamiento. Con alianzas y colaboración entre los distintos sectores se puede contribuir al desarrollo de más y mejores tratamientos con una base empírica sólida para influir de forma inequívoca en la política pública y aportar al mejoramiento de la calidad de vida y a la salud mental del pueblo.

Referencias

Alegría, M. , McGuire, T. , Vera, M. , Canino, G. , Freeman, D., Matías, L., Albizu, C., Marín, H., y Calderón, J. (1999). *The impact of managed care on the use of mental health and substance abuse services in Puerto Rico.* Manuscrito inédito. Río Piedras: Centro de Investigaciónes Sociomédicas, Escuela de Salud Pública, Universidad de Puerto Rico.

Bergin, A. E. & Lambert, M. J. (1978). The evaluation of therapeutic outcomes. In S. L. Garfield & A. E. Bergin (Eds.) *Handbook of psychotherapy and behavior change* (Second Edition). New York: Wiley.

Beutler, L. E. & Crago, M. (Eds.), (1991). *Psychotherapy research: An international review of programmatic studies.* Washington, D. C. : APA.

Bordin, E. S. (1985). *Research on therapeutic alliance.* Paper presented at the Society for Psychotherapy Research, Dallas, Texas.

Canino, G. (1999). *Trastornos mentales y utilización de servicios en niños y adolescentes de Puerto Rico.* Manuscrito inédito. Río Piedras: Instituto de Investigación del Comportamiento Conductual, Escuela de Medicina, Universidad de Puerto Rico.

Casas, J. M. (1995). Counseling and psychotherapy with racial/ethnic minority groups in theory and practice. En B. Bongar y L. E. Beutler (eds.), *Comprehensive textbook of psychotherapy: Theory and practice* (pp. 311-335). New York: Oxford.

Consumer Reports. (1995, November). Mental health: Does therapy help? 734-739.

Elkin, I., Shea, T. M., Watkins, J. T., Imber, S. D., Stosky, S. M., Collins, J. F., Glass, D. R., Pilkonis, P. A., Leber, W. R., Docherty, J. P., Fiester, S. J., & Parloff, M. B. (1989). National

Institute of Mental Health Treatment of Depression Collaborative Research Program. General effectiveness of treatments. *Archives of General Psychiatry*, *46*, 971-982.

Free, M. L., Oei, P. S. (1989). Biological and psychological procesess in the treatment and maintenance of depression. *Clinical psychology review*, *9*, 653-688.

Howard, K. I., Kopta, S. M., Krause, M. S. & Orlinsky, D. E. (1986). The dose-effect relationship in psychotherapy. *American Psychologist*, *41*, 159-164.

Lewis, M. (1990). Models of developmental psychopathology. En M. Lewis y S. M. Miller (Eds). *Handbook of developmental pyschopathology* (pp. 15-25). New York: Plenum Press.

Lipsey, M. W., & Wilson, D. B. (1993). The efficacy of psychological, educational, and behavioral treatment: Confirmation from meta-analysis. *American Psychologist*, *48*, 181-1209.

Luborsky, L., Singer, B., & Luborsky, L. (1975). Comparative studies of psychotherapies. Is it true that "Everyone has won and all must have prizes?" *Archives of General Psychiatry*, *32*, 995-1007.

Luborsky, L., Auerback, A., Chrits-cristoph, P., & Mints, J. (1988). *Who will benefit from psychotherapy?: Predicting therapeutic outcomes*. New York: Basic Books.

Martínez Taboas, A. (1988). ¿Son todas las psicoterapias igualmente efectivas? *Revista Latinoamericana de Psicología*, *20*, 309 330.

Martínez-Taboas, A. (1990). *Personalidad múltiple: una exploración psicológica*. Hato Rey: Publicaciones Puertorriqueñas.

Miller, G. (1969). Psychology as a means of promoting human welfare. *American Psychologist, 24,* 1063-1075.

Muñoz Vázquez, M. y Fernández Bauzó, E. (1988). *El*

divorcio en la sociedad puertorriqueña. Río Piedras: Ediciones Huracán.

Nathan, P. E. & Gorman, J. M. (Eds.). *Treatments that work* (pp. 212-225). New York: Oxford.

Nemeroff , C. B., Schatzberg, A. F. (1998). Pharmacological tratment of unipolar depression. En P. E. Nathan y J. M. Gorman (Eds.). *Treatments that work* (pp. 212-225). New York: Oxford.

Orlinsky, D., & Howard, K. (1995). Unity and diversity among psychotherapies: A comparative perspective. En B. Bongar & L. E. Buetler (Eds.), *Comprehensive textbook of psychotherapy: Theory and practice* (pp. 3-23). New York: Oxford University Press.

Procaska, J. O. (1979). *Systems of psychotherapy: A transtheoretical analysis.* Homewood, Il: Dorsey Press.

Prochaska, J. O., DiClemente, C. C., & Norcross, J. C. (1992). In search of how people change: Applications to addictive behaviors. *American Psychologist*, *47*, 1102-1114.

Prochaska, J. O., Velicer, W. F., DiClemente, C. C., & Fava, J. S. (1988). Measuring processes of change: Applications to the cessation of smoking. *Journal of Consulting and Clinical Psychology*, *56*, 520-528.

Rivera Ramos, A. N. (1984). *Hacia una psicoterapia para el puertorriqueño: enfoque psico-social.* San Juan: CEDEPP.

Rodríguez Arocho, W. (1991). *Hacia una práctica reflexiva de la consejería psicológica en Puerto Rico.* San Juan: Publicaciones Puertorriqueñas.

Rosselló, J. M., & Bernal, G. B. (1999). The efficacy of cognitive behavioral and interpersonal treatments for depressed Puerto Rican adolescents. *Journal of Consulting and Clinical Psychology, 67,* 734-745.

Smith, M. L., & Glass, G. V. (1977). Meta-analysis of

psychotherapy outcome studies. *American Psychologist, 32,* 165-180.

Ysern-Borrás, E. (1984). *The colonized personality: Frank Fanon's concept of the psychology of people living under socio-political conditions of colonialism*. Barkley, A: Wright Institute Graduate School of Psychology.

APÉNDICE
Recursos e instrumentos para la investigación psicoterapéutica

Código: ____________

Centro Universitario de Servicios y Estudios Psicológicos

Universidad de Puerto Rico

Instrucciones

Sus respuestas en este documento nos provee información importante.

Asegúrese de completarla correctamente.

Toda la información que usted provea es estrictamente confidencial.

Por favor, lea cuidadosamente las preguntas. Utilice bolígrafo azul o negro para llenar este documento. No escriba fuera de los cuadros provistos.

Correcto	Incorrecto
A 3	A AB

Correcto	Incorrecto
☒ ■	⊡ ☒

Si comete un error:
Dibuje una línea horizontal a través del cuadro para indicar un error.

☐ ☐ ☐ ☒ ☒
☐ ☒ ☐ ☐ ☐

Información Básica

Nombre:

____

(Apellido Paterno) (Materno) (Nombre)

No. Seg. Social: ______________

Fecha de Nacimiento: ______________

Dirección Residencial:

____
____
____

Dirección Postal:

____
____
____

Teléfono:
casa: ______________
trabajo: ______________
celular: ______________
beeper: ______________

En caso de emergencia, notificar a:

Nombre: ______________

Dirección:

____
____

Teléfonos: ______________

Relación: ______________

Código: ____________

Información Personal

Solicitamos esta información con el objetivo de conocer características tales como sexo, edad, zona residencial, etc. Su nombre no aparece en esta hoja con el objetivo de mantener su identidad confidencial. Algunas preguntas requieren que marque con una X la respuesta correcta y otras que escriba la contestación.

1. Sexo: ☐ F ☐ M

2. Edad: _______

3. Estado Civil: ________

4. ¿Con quién vive?
(Marque todas las que apliquen)
☐ Solo(a) ☐ Esposo(a)/Pareja consensual
☐ Con padre(s)
☐ Niño(s) ☐ Otros: __________

Ocupación

5. Trabaja: ☐ Sí ☐ No

6. Lugar de Trabajo: ☐ UPR ☐ No UPR

7. Si trabaja en UPR:

☐ Administrativo
☐ Docente
☐ Asistente de Cátedra/Investigación
☐ Estudio y trabajo
☐ Otro: ______________________

8. Si no trabaja en UPR:

☐ Servidor Público
☐ Servidor Privado
☐ Por cuenta propia: ______________
____
☐ Otro: ______________________

9. Si está empleado actualmente, su ocupación es de tipo:
☐ Profesional ☐ Técnico Oficio ☐ Dependiente de Tienda Estudiante
☐ Otro: ____________________

10. Ingreso anual: _____ _____

11. Último año de estudio completado por usted: __________ __________

12. Nombre del pueblo donde vive: ________________________.

13. Nombre de la urbanización, condominio, sector o barrio de residencia:
____.

Código: ____________

Cuestionario 1 - Evaluación Inicial

1. ¿Qué experiencias o situaciones le llevaron a solicitar servicios psicológicos al CUSEP por primera vez? Por favor, explique.

____

____

2. ¿Cuánto le molestaba esta situación al solicitar los servicios psicológicos?

1	2	3	4	5	6	7
nada	casi nada	muy poco	poco	moderado	mucho	extremadamente

3. ¿Cuántas sesiones de terapia recibió mientras estuvo visitando el CUSEP? ________

4. ¿Cuántas veces ha solicitado servicios al CUSEP? ________

5. ¿Recibió algún otro tipo de ayuda previo o conjuntamente a los servicios recibidos en el CUSEP? ☐ Sí ☐ No

   A. ¿Qué tipo de ayuda? ______________________________

Experiencias durante sus visitas al Centro

6. De acuerdo a su experiencia pasada, ¿cuán bien o mal se sintió sobre los servicios terapéuticos recibidos en el CUSEP?

1	2	3	4	5	6	7
extremadamente mal	muy mal	mal	regular	bien	muy bien	extremadamente bien

7. ¿Cuán bien o mal se sentía usted con su terapeuta?

1	2	3	4	5	6	7
extremadamente mal	muy mal	mal	regular	bien	muy bien	extremadamente bien

Código: ____________

Cuestionario 1 (continuación)

	Nada 1	Casi nada 2	Algo 3	Bastante 4	Mucho 5
8. ¿Cuán comprendido se sentía usted por su terapeuta?	☐	☐	☐	☐	☐
9. ¿Cuán cómodo se sentía usted con su terapeuta?	☐	☐	☐	☐	☐
10. ¿Cuán seguro o confiado se sentía usted con la habilidad del terapeuta para ayudarle?	☐	☐	☐	☐	☐
11. ¿Cuán apoyado se sentía usted por su terapeuta?	☐	☐	☐	☐	☐
12. ¿En qué medidas ambos compartían la manera de trabajar con sus problemas?	☐	☐	☐	☐	☐
	1	2	3	4	5

13. ¿Hubo otras situaciones que mejoraron o empeoraron la situación inicial por la cual visitó el CUSEP? Por favor, explique.

____

____

____

Código: ____________

Situación al finalizar sus visitas al CUSEP

14. ¿Cuál fue la razón principal por la cual terminó las sesiones terapéuticas en el CUSEP? Por favor, explique.

____

____

____

15. Desde que dejó de visitar el CUSEP, ¿recibió o está recibiendo otros tipos de ayuda o servicios psicológicos? ☐ Sí ☐ No

    A. ¿Qué tipo de ayuda? ______________________________

16. ¿Cuánto le molestaba la **situación que lo trajo a terapia** al terminar las sesiones en el CUSEP?

1	2	3	4	5	6	7
nada	casi nada	muy poco	poco	moderado	mucho	extremadamente

17. ¿A qué atribuyó la mejoría, si alguna, de la situación que lo trajo al CUSEP?

____

____

____

18. En términos generales, ¿cuánto beneficio siente usted que recibió de los servicios obtenidos en el CUSEP?

1	2	3	4	5	6	7
me perjudicó	nada	muy poco	poco	moderado	bastante	mucho

Código: ______________

Situación Actual y Evaluación

19. ¿Cómo se siente psicológica y emocionalmente en estos momentos?

1	2	3	4	5	6	7
extremadamente mal	muy mal	mal	regular	bien	muy bien	extremadamente bien

A. ¿A qué atribuye su estado emocional en este momento? Por favor, explique.

____

____

20. ¿Con cuánta frecuencia se encuentra usted pensando sobre la terapia o su terapeuta?

- ☐ nunca
- ☐ mensualmente
- ☐ semanalmente
- ☐ dos veces en semana
- ☐ diariamente
- ☐ varias veces al día
- ☐ en todo momento

21. ¿Cuál diría usted fue la principal ayuda que recibió en el CUSEP? Por favor, explique.

____

____

____

____

22. ¿Cuál diría usted fue la mayor dificultad que encontró al recibir los servicios en el CUSEP? Por favor, explique.

____

____

____

____

Código: ______________

23. En términos generales, ¿cuánto se benefició con los servicios recibidos en el CUSEP?

A continuación aparece un termómetro que se utilizará para contestar la pregunta anterior. Marque el lugar de este termómetro que mejor describe el grado en que se benefició o perjudicó con los servicios recibidos en el CUSEP. Puede marcar cualquier lugar en el termómetro. Este fluctúa de 100 grados (100°) a -100 grados (-100°). El 100° indica que se mejoró muchísimo. El -100° indica que se perjudicó muchísimo. El cero (0°) indica que ni se benefició ni se perjudicó con los servicios recibidos en el CUSEP.

100° Me beneficié muchísimo

75° Me beneficié bastante

50° Me beneficié moderadamente

25° Me beneficié poco

0° Ni me beneficié ni me perjudiqué

-25° Me perjudiqué

-50° Me perjudiqué moderadamente

-75° Me perjudiqué bastante

-100° Me perjudiqué muchísimo

Código: ____________

Cuestionario 2 - Satisfacción con los Servicios

Ayúdenos a mejorar nuestros programas contestando algunas preguntas sobre los servicios que usted recibió en el CUSEP. Estamos interesados/as en su opinión, sea positiva o negativa. Por favor, conteste las preguntas marcando con una X la frase que mejor describa su experiencia en el CUSEP. Además nos interesan sus comentarios y sugerencias en torno a los servicios recibidos. Gracias por su participación en esta evaluación.

MARQUE CON UNA X

1. ¿Cómo calificaría los servicios que recibió?

- ☐ Excelentes
- ☐ Buenos
- ☐ Regulares
- ☐ Pobres

2. ¿Recibió la clase de servicio que quería?

- ☐ Definitivamente No
- ☐ No siempre
- ☐ Generalmente Sí
- ☐ Definitivamente Sí

3. ¿Hasta qué punto ayudó nuestro programa a solucionar sus problemas?

- ☐ En casi todo
- ☐ En la mayor parte
- ☐ En solo algunos
- ☐ En ninguno

4. Si un amigo/a necesitara una ayuda similar ¿le recomendaría el CUSEP?

- ☐ No, definitivamente
- ☐ No, creo que no
- ☐ Sí, creo que sí
- ☐ Sí, definitivamente

5. ¿Cuán satisfecho/a está usted con la cantidad de ayuda que recibió?

- ☐ Nada satisfecho/a
- ☐ Indiferente o moderadamente no satisfecho/a
- ☐ Mayormente satisfecho/a
- ☐ Muy satisfecho/a

6. ¿Le han ayudado los servicios que recibió a manejar mejor sus problemas?

- ☐ Sí, me ayudaron mucho
- ☐ Sí, me ayudaron algo
- ☐ No, realmente no me ayudaron
- ☐ No, las cosas empeoraron

7. En general, ¿cuán satisfecho/a está usted con los servicios recibidos?

- ☐ Muy satisfecho/a
- ☐ Mayormente satisfecho/a
- ☐ Indiferente o moderadamente satisfecho/a
- ☐ No muy satisfecho/a

8. Si necesitara ayuda otra vez, ¿volvería a nuestro programa?

- ☐ No, definitivamente
- ☐ No
- ☐ Sí
- ☐ Sí, definitivamente

Código: ______________

Cuestionario 2 - Comentarios

Lo más que me gustó del CUSEP fue:

____

____

____

____

Si pudiera cambiar algo del CUSEP, sería:

____

____

____

____

Código: ______________

Cuestionario 3

Las siguientes aseveraciones hacen referencia a su forma de pensar y a cómo se sintió la mayor parte del tiempo con respecto a su terapeuta y a la terapia recibida en el CUSEP. Cada frase está seguida por una escala de siete niveles. Por favor anote a qué nivel está usted en acuerdo o en desacuerdo con cada aseveración.

Si está completamente de acuerdo con la aseveración, marque el número 7. Si está completamente en desacuerdo con la aseveración, marque el número 1. Use los números entre medio para describir variaciones dentro de los extremos.

7 Completamente de acuerdo
6 Fuertemente de acuerdo
5 De acuerdo
4 Ni en acuerdo ni en desacuerdo
3 En desacuerdo
2 Fuertemente en desacuerdo
1 Completamente en desacuerdo

	Completamente de acuerdo	Fuertemente de acuerdo	De acuerdo	Ni en acuerdo ni en desacuerdo	En desacuerdo	Fuertemente en desacuerdo	Completamente en desacuerdo
	7	**6**	**5**	**4**	**3**	**2**	**1**
1. EL/la terapeuta se preocupó de mí como persona	□	□	□	□	□	□	□
2. El/la terapeuta y yo no estábamos de acuerdo sobre las metas de la terapia.	□	□	□	□	□	□	□
3. Yo confié en el/la terapeuta.	□	□	□	□	□	□	□
4. El/la terapeuta careció de habilidad para ayudarme.	□	□	□	□	□	□	□
5. El/la terapeuta entendió mis metas para con la terapia.	□	□	□	□	□	□	□
6. Yo no estuve de acuerdo con el/la terapeuta con respecto a las metas para la terapia.	□	□	□	□	□	□	□
7. El/la terapeuta me ayudó.	□	□	□	□	□	□	□
8. No estuve satisfecho/a con la terapia.	□	□	□	□	□	□	□
9. No me sentí aceptado/a por el/la terapeuta.	□	□	□	□	□	□	□
10. El/la terapeuta y yo estuvimos de acuerdo con respecto a la manera en que se llevó a cabo la terapia.	□	□	□	□	□	□	□
11. Personalmente, el/la terapeuta no se preocupó por mí.	□	□	□	□	□	□	□
12. El/la terapeuta no me ayudó.	□	□	□	□	□	□	□
13. El/la terapeuta no apreció cuán importantes eran para mí mis relaciones con algunos de los miembros de mi familia.	□	□	□	□	□	□	□
	7	**6**	**5**	**4**	**3**	**2**	**1**

Código: ______________

Cuestionario 4

Este cuestionario contiene preguntas acerca de la situación que lo/la llevó a solicitar los servicios en el CUSEP. Pregunta, además, sobre sus experiencias en el Centro, la satisfacción que sintió con los servicios recibidos y sobre su evaluación de los mismos. Algunas preguntas requieren que se escriba una respuesta y otras que seleccione la alternativa que mejor describe su experiencia. Gracias por su participación en el estudio.

. ¿Qué problemas o dificultades le llevaron a solicitar ayuda profesional en el CUSEP por primera vez? Por favor, explique. (Use la parte de atrás si necesita más espacio).

____

____

2. ¿Cuánto le molestaba esta situación al solicitar los servicios psicológicos?

1	2	3	4	5	6	7
nada	casi nada	muy poco	poco	moderado	mucho	extremadamente

3. ¿En qué grado las siguientes situaciones le llevaron a buscar servicios al CUSEP?

1 Nada
2 Casi nada
3 Algo
4 Bastante
5 Mucho

	Nada 1	Casi nada 2	Algo 3	Bastante 4	Mucho 5
a. Problemas con mi esposo(a) o pareja	☐	☐	☐	☐	☐
b. Dificultad para iniciar o mantener una relación íntima	☐	☐	☐	☐	☐
c. Problemas sexuales	☐	☐	☐	☐	☐
d. Problemas en las relaciones con uno(a) o varios(as) amigos(as)	☐	☐	☐	☐	☐
e. Una vida social no satisfactoria	☐	☐	☐	☐	☐
f. Dificultades en las relaciones con miembros de la familia (que no sea esposo(a) o pareja)	☐	☐	☐	☐	☐
g. Problemas en las relaciones con personas en la escuela o en el trabajo	☐	☐	☐	☐	☐
h. Sentirme incómodo(a) con las personas en general	☐	☐	☐	☐	☐

Código: ______________

Cuestionario 4 - continuación

Continuación pregunta 3:

	Nada 1	Casi nada 2	Algo 3	Bastante 4	Mucho 5
i. No terminar las tareas (cosas) en el trabajo o en la escuela.	□	□	□	□	□
j. Problemas manejando responsabilidades familiares	□	□	□	□	□
k. No tener sentido de dirección o metas en la vida	□	□	□	□	□
l. Mal manejo de mi vida	□	□	□	□	□
m. Baja autoestima	□	□	□	□	□
n. No entenderme a mi mismo(a)	□	□	□	□	□
o. Reaccionar muy emotivamente a los eventos (cosas)	□	□	□	□	□
p. Sentir ansiedad, depresión, coraje o malestar	□	□	□	□	□
q. Enfermedad, dolor o problemas físicos	□	□	□	□	□
r. Uso de alcohol o drogas	□	□	□	□	□
s. Problemas con la alimentación	□	□	□	□	□
t. Problemas en el desarrollo o manejo de mi carrera	□	□	□	□	□
u. Ausencias o tardanzas en el trabajo o escuela	□	□	□	□	□
v. Dificultad causada por un miembro de mi familia que abusa de sustancias o tiene problemas emocionales	□	□	□	□	□
	□	□	□	□	□
	□	□	□	□	□

4. Utilizando la siguiente escala evalúe el lugar en que recibió terapia:

1 Nada adecuado
2 Poco adecuado
3 Algo adecuado
4 Bastante adecuado
5 Muy adecuado

	Nada adecuado 1	Poco adecuado 2	Algo adecuado 3	Bastante adecuado 4	Muy adecuado 5
a. Privacidad	□	□	□	□	□
b. Iluminación	□	□	□	□	□
c. Ventilación	□	□	□	□	□
d. Limpieza	□	□	□	□	□
e. Ambientación	□	□	□	□	□
f. Espacio	□	□	□	□	□
	1	2	3	4	5

Código: ____________

Situación al finalizar sus visitas al CUSEP

5. ¿Cuál fue la razón principal por la cual terminó las sesiones terapéuticas en el CUSEP? Por favor, explique.

____

____

____

6. Desde que dejó de visitar el CUSEP, ¿recibió o está recibiendo otros tipos de ayuda o servicios psicológicos? ☐ Sí ☐ No

   17.a. Si contetó sí, ¿qué tipo de ayuda? ____________________

7. Al concluir los servicios en CUSEP, ¿qué ocurrió con los problemas o dificultades que le llevaron a solicitar ayuda profesional en el centro por primera vez? (Refiérase a la pregunta #1 de este cuestionario).

____

____

8. Al terminar las sesiones en CUSEP, ¿cuánto malestar le producía la **situación que lo trajo a terapia** ?

1	2	3	4	5	6	7
nada	casi nada	muy poco	poco	moderado	mucho	extremadamente mucho

9. ¿A qué atribuyó la mejoría, si alguna, de la situación que lo trajo al CUSEP?

____

____

____

Código: ____________

Situación Actual y Evaluación

22. ¿Cómo se siente emocionalmente en estos momentos?

1	2	3	4	5	6	7
extremadamente mal	muy mal	mal	regular	bien	muy bien	extremadamente bien

A. ¿A qué atribuye su estado emocional en este momento? Por favor, explique.

____

____

20. ¿Con cuánta frecuencia se encuentra usted pensando en la terapia o su terapeuta?

- ☐ nunca
- ☐ mensualmente
- ☐ semanalmente
- ☐ dos veces en semana
- ☐ diariamente
- ☐ varias veces al día
- ☐ en todo momento

21. ¿Cuál diría usted fue la principal ayuda que recibió en el CUSEP? Por favor, explique.

____

____

____

____

22. ¿Cuál diría usted fue la mayor dificultad que encontró al recibir los servicios en el CUSEP? Por favor, explique.

____

____

____

____

Código: ____________

CUESTIONARIO 5 - Síntomas de Depresión

En el siguiente cuestionario escoja la oración dentro de cada grupo que mejor describa como se ha sentido durante la semana pasada, **incluyendo el día de hoy. Haga un círculo alrededor del número al lado de la oración que ha escogido. Si varias oraciones dentro de cada grupo le parecen apropiadas para su caso, haga un círculo alrededor de cada una.** Asegúrese de leer todas las oraciones dentro de cada grupo antes de escoger su alternativa.

1. 0 No me siento triste.
   1 Me siento triste.
   2 Me siento triste todo el tiempo y no puedo animarme.
   3 Me siento tan triste o infeliz que no puedo soportarlo.

2. 0 No estoy particularmente desanimado/a sobre el futuro.
   1 Me siento desanimado/a sobre el futuro.
   2 Siento que no tengo nada que esperar del futuro.
   3 Siento que el futuro no tiene esperanza y que las cosas no van a mejorar.

3. 0 No me siento como un fracaso.
   1 Siento que he fracasado más que la mayoría de la gente.
   2 Revisando mi vida, todo lo que puedo ver son muchos fracasos.
   3 Como persona me siento un completo fracaso.

4. 0 Las cosas me satisfacen tanto ahora como antes.
   1 No disfruto las cosas como antes.
   2 Ya no recibo verdadera satisfacción de nada.
   3 Estoy insatisfecho/a o aburrido/a con todo.

5. 0 No me siento particularmente culpable.
   1 Me siento culpable una gran parte del tiempo.
   2 Me siento bastante culpable la mayor parte del tiempo.
   3 Me siento culpable todo el tiempo.

6. 0 No siento que se me está castigando.
   1 Siento que quizás se me castigue.
   2 Tengo la expectativa de ser castigado/a.
   3 Siento que estoy siendo castigado/a.

7. 0 No me siento decepcionado conmigo mismo/a.
   1 Estoy decepcionado conmigo mismo/a.
   2 Estoy disgustado/a conmigo mismo/a.
   3 Me odio.

8. 0 No siento que soy peor que cualquier otro/a.
   1 Me critico a mi mismo/a por mis debilidades o errores.
   2 Me culpo por mis faltas todo el tiempo.
   3 Me culpo por todo lo malo que pasa.

9. 0 No tengo ninguna idea de matarme.
   1 Tengo ideas de matarme pero no lo llevaría a cabo.
   2 Quisiera matarme.
   3 Me mataría si tuviera la oportunidad.

10. 0 No lloro más que de costumbre.
    1 Ahora lloro más que antes.
    2 Ahora lloro todo el tiempo.
    3 Antes podía llorar pero ahora no puedo a pesar de que quiero hacerlo.

11. 0 No estoy más irritado/a ahora que lo de costumbre.
    1 Me molesto o me irrito más fácilmente de lo que acostumbraba.
    2 Ahora me siento irritado/a todo el tiempo.
    3 Las cosas que antes me irritaban ya no me irritan nada.

Código: ______________

Cuestionario 5 - continuación

12. 0 No he perdido el interés en otras personas.
 1 Ahora estoy menos interesado/a en otras personas que antes estaba.
 2 He perdido la mayor parte de mi interés por otras personas.
 3 He perdido todo el interés por otras personas.

13. 0 Tomo decisiones más o menos tan bien como siempre
 1 Trato de posponer tomar decisiones más que antes.
 2 Tengo más dificultad tomando decisiones que antes.
 3 Ya no puedo tomar ninguna decisión.

14. 0 No siento que me veo/a peor que antes.
 1 Me preocupa que me veo/a viejo/a o poco atractivo/a.
 2 Siento que hay cambios permanentes en mi apariencia que me están haciendo que me vea poco atractivo/a.
 3 Creo que me veo feo/a.

15. 0 Puedo trabajar más o menos tan bien como antes.
 1 Me toma un esfuerzo adicional para comenzar a hacer algo.
 2 Tengo que esforzarme mucho para hacer cualquier cosa.
 3 No puedo hacer ningún trabajo

16. 0 Puedo dormir tan bien como de costumbre.
 1 No duermo tan bien como acostumbraba.
 2 Me despierto 1 ó 2 horas más temprano que de costumbre y se me hace difícil volver a dormir.
 3 Me despierto varias horas más temprano que de costumbre y no puedo volver a dormir.

17. 0 No me canso más que lo de costumbre.
 1 Me canso más fácilmente que lo que acostumbraba.
 2 Me canso haciendo casi cualquier cosa.
 3 Estoy demasiado cansado/a para hacer cualquier cosa.

18. 0 Tengo el mismo apetito de siempre.
 1 Mi apetito no es tan bueno como antes.
 2 Ahora tengo mucho menos apetito.
 3 Ya no tengo ningún apetito.

19. 0 No he perdido mucho peso, si acaso, últimamente.
 1 He perdido más de 5 libras (2 1/2 kilos).
 2 He perdido más de 10 libras (5 kilos).
 3 He perdido más de 15 libras (7 1/2 kilos).

20. 0 No estoy más preocupado/a sobre mi salud que lo de costumbre.
 1 Estoy preocupado/a sobre problemas físicos tales como achaques y dolores o el estómago descompuesto o estreñimiento.
 2 Estoy muy preocupado/a sobre problemas físicos y es difícil pensar en otras cosas.
 3. Estoy tan preocupado/a sobre problemas físico que no puedo pensar en ninguna otra cosa.

21. 0 Recientemente no he notado ningún cambio en mi interés por el sexo.
 1 Estoy menos interesado/a por el sexo que lo que acostumbraba.
 2 Ahora estoy mucho menos interesado/a en el sexo.
 3 He perdido completamente mi interés por el sexo.

Código: ______________

CUESTIONARIO 6 - Lista de Cotejo de Síntomas 36 (LCS-36)

A continuación hay una lista de problemas y quejas que a veces las personas tienen. Lea cada frase cuidadosamente y piense cuánto le ha molestado esta situación en los pasados 7 días, incluyendo el día de hoy. Use la escala que se encuentra a continuación y marque el cuadro correspondiente. Por favor conteste cada frase.

1 No en lo absoluto
2 Un poco
3 Moderadamente
4 Bastante
5 Extremadamente

¿Cuánto le ha molestado a usted?	No en lo absoluto **1**	Un poco **2**	Moderadamente **3**	Bastante **4**	Extremadamente **5**
1. Vértigo, debilidad, desfallecimiento	☐	☐	☐	☐	☐
2. La idea de que alguien más puede controlar sus pensamientos	☐	☐	☐	☐	☐
3. Sentirse con miedo a espacios abiertos o en la calle	☐	☐	☐	☐	☐
4. Escuchar voces cuando otras personas no pueden oírlas	☐	☐	☐	☐	☐
5. Sentirse tímido/a o incómodo/a o avergonzado/a con personas del sexo opuesto	☐	☐	☐	☐	☐
6. Miedos repentinos sin razón	☐	☐	☐	☐	☐
7. Temperamento explosivo que no se puede controlar	☐	☐	☐	☐	☐
8. Sentir miedo de salir de su casa solo/a	☐	☐	☐	☐	☐
9. Dolores de espalda	☐	☐	☐	☐	☐
10. Sentirse solo/a, o solitario/a	☐	☐	☐	☐	☐
11. Sentirse triste, "melancólico/a"	☐	☐	☐	☐	☐
12. Sentirse desinteresado/a en las cosas	☐	☐	☐	☐	☐
13. Pensar que otra gente está consciente de sus pensamientos privados	☐	☐	☐	☐	☐
14. Sentirse que la gente no es amigable y usted le es antipático/a	☐	☐	☐	☐	☐
15. Sentirse que tiene que hacer las cosas muy despacio para "asegurarse" que van a salir bien	☐	☐	☐	☐	☐
16. Sentirse inferior a las demás personas	☐	☐	☐	☐	☐
17. Dolores musculares	☐	☐	☐	☐	☐
18. Sentirse que está siendo vigilado/a y que la gente murmura acerca de usted	☐	☐	☐	☐	☐
	1	**2**	**3**	**4**	**5**

Código: ______

CUESTIONARIO 6 - continuación

1 No en lo absoluto
2 Un poco
3 Moderadamente
4 Bastante
5 Extremadamente

	No en lo absoluto 1	Un poco 2	Moderadamente 3	Bastante 4	Extremadamente 5
19. Tener que revisar más de una vez lo que hace	☐	☐	☐	☐	☐
20. Tener que evitar algunas cosas, lugares o actividades porque lo/a aterrorizan	☐	☐	☐	☐	☐
21. Tener la mente en blanco	☐	☐	☐	☐	☐
22. Sentir adormecimiento o cosquilleo en algunas partes del cuerpo	☐	☐	☐	☐	☐
23. Tener problemas en concentrarse					
24. Sentir debilidad en algunas partes del cuerpo	☐	☐	☐	☐	☐
25. Sentirse tenso/a o extremadamente nervioso/a	☐	☐	☐	☐	☐
26. Sentir los brazos o las piernas pesados	☐	☐	☐	☐	☐
27. Sentirse incómodo cuando personas la/lo están mirando o hablando de usted	☐	☐	☐	☐	☐
28. Sentir la necesidad de repetir las mismas acciones como: tocar, contar, lavar	☐	☐	☐	☐	☐
29. Sentirse extremadamente preocupado/a de sí mismo, cuando está con otras personas	☐	☐	☐	☐	☐
30. Sentirse incómodo/a en grupos, como cuando va de compras o al cine	☐	☐	☐	☐	☐
31. Sentir que todo requiere un gran esfuerzo	☐	☐	☐	☐	☐
32. Tener ataques de terror o pánico	☐	☐	☐	☐	☐
33. Tener discusiones con frecuencia	☐	☐	☐	☐	☐
34. Sentirse solo/a aún cuando está rodeado de personas	☐	☐	☐	☐	☐
35. Sentirse sin valor o no apreciado/a	☐	☐	☐	☐	☐
36. Sentimientos de que las cosas familiares son extrañas o no reales	☐	☐	☐	☐	☐
	1	2	3	4	5

Escala de Alianza Psicoterapéutica – AP-10

Las siguientes aseveraciones hacen referencia a su forma de pensar y a cómo se sintió la mayor parte del tiempo con respecto a su terapeuta y a la terapia recibida en el CUSEP. Cada frase está seguida por una escala de siete niveles. Por favor anote a qué nivel esta usted en acuerdo o en desacuerdo con cada aseveración.

Si está completamente de acuerdo con la aseveración, marque el número 7. Si está completamente en desacuerdo con la aseveración, marque el número 1. Use los números entre medio para describir variaciones dentro de los extremos.

7 Completamente de acuerdo
6 Fuertemente de acuerdo
5 De acuerdo
4 Ni en acuerdo ni en desacuerdo
3 En desacuerdo
2 Fuertemente en desacuerdo
1 Completamente en desacuerdo

	Completamente de acuerdo	Fuertemente de acuerdo	De acuerdo	Ni en acuerdo ni en desacuerdo	En desacuerdo	Fuertemente en desacuerdo	Completamente en desacuerdo
	7	**6**	**5**	**4**	**3**	**2**	**1**
1. El/la terapeuta y yo estamos de acuerdo con la manera en que se lleva a cabo la terapia.	□	□	□	□	□	□	□
2. El/la terapeuta me ayuda.	□	□	□	□	□	□	□
3. Me siento bien con mi terapeuta.	□	□	□	□	□	□	□
4. Me siento comprendido o comprendida con mi terapeuta.	□	□	□	□	□	□	□
5. El/la terapeuta entiende mis metas para con la terapia.	□	□	□	□	□	□	□
6. Estoy cómodo o cómoda con mi terapeuta.	□	□	□	□	□	□	□
7. Estoy confiado o confiada con la habilidad del terapeuta para ayudarme.	□	□	□	□	□	□	□
8. Me siento apoyado o apoyada por mi terapeuta.	□	□	□	□	□	□	□
9. El/la terapeuta se preocupa por mí persona.	□	□	□	□	□	□	□
10. Me siento aceptado por el/la terapeuta.	□	□	□	□	□	□	□
	7	**6**	**5**	**4**	**3**	**2**	**1**